高中化学教学方法与实践研究

彭波 著

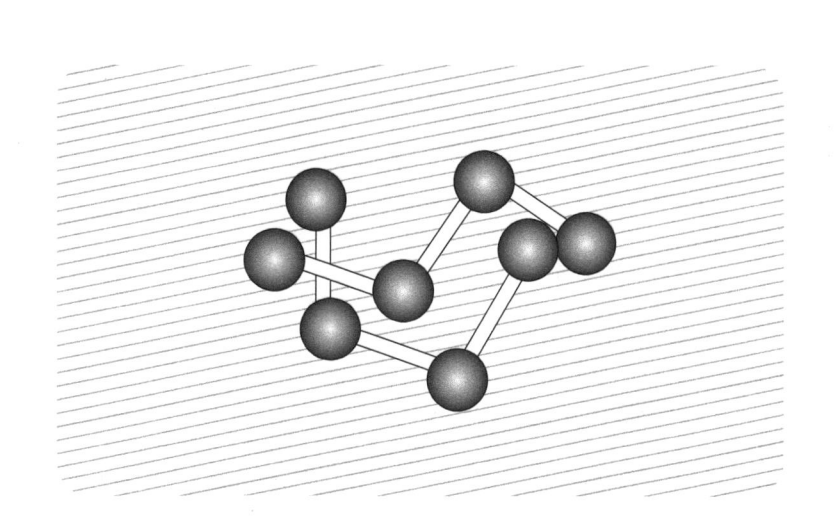

图书在版编目（CIP）数据

高中化学教学方法与实践研究 / 彭波著. -- 哈尔滨：哈尔滨出版社, 2024.7. -- ISBN 978-7-5484-8056-3

Ⅰ. G633.82

中国国家版本馆CIP数据核字第20249J4Z66号

书　　名：**高中化学教学方法与实践研究**
　　　　　GAOZHONG HUAXUE JIAOXUE FANGFA YU SHIJIAN YANJIU

作　　者：彭　波　著
责任编辑：赵志强
封面设计：王丹丹

出版发行：哈尔滨出版社（Harbin Publishing House）
社　　址：哈尔滨市香坊区泰山路82-9号　　邮编：150090
经　　销：全国新华书店
印　　刷：北京虎彩文化传播有限公司
网　　址：www.hrbcbs.com
E-mail：hrbcbs@yeah.net
编辑版权热线：（0451）87900271　87900272

开　　本：710mm×1000mm　1/16　印张：17.5　字数：234千字
版　　次：2024年7月第1版
印　　次：2024年7月第1次印刷
书　　号：ISBN 978-7-5484-8056-3
定　　价：88.00元

凡购本社图书发现印装错误，请与本社印制部联系调换。
服务热线：（0451）87900279

前言

在当今快速发展的教育领域中,高中化学作为自然科学的重要组成部分,不仅承载着培养学生科学素养、创新思维和实践能力的重任,还肩负着激发学生探索自然奥秘兴趣的使命。随着教育理念的不断革新和社会对复合型人才需求的日益增长,探索高效、实用且符合时代要求的高中化学教学方法与实践,显得尤为重要。本文旨在探讨如何通过教学方法和实践,提升化学教学质量,促进学生全面发展。

《普通高中化学课程标准(2017年版)》在"课程性质与基本理念"中指出,"普通高中化学课程是与义务教育化学或科学课程相衔接的基础教育课程,是落实立德树人根本任务、发展素质教育、弘扬科学精神、提升学生核心素养的重要载体;化学学科核心素养是学生必备的科学素养,是学生终身学习和发展的重要基础;化学课程对于科学文化的传承和高素质人才的培养具有不可替代的作用";在"学科核心素养与课程目标"部分进一步强调,"学科核心素养是学科育人价值的集中体现,是学生通过学科学习而逐步形成的正确价值观、必备品格和关键能力"。要上好一节化学课,教师除了需要先进的教学理念、恰当的教学设计之外，更需要处理好教学过程的各个环节，这就需要化学教师熟练掌握从课前准备到课后分析的一系列教学技能。

本书是高中化学教学方向的书籍，主要研究高中化学教学方法与实践。本书结合普通高中化学课程标准，从高中化学教学研究背景和理论介绍入手，针对高中化学课堂教学技能、有效课堂教学的设计和建构、化学教学模式进行了分析研究，另外为打造高中化学优质课堂，从化学基本概念、化学用语和元素化合物提出了相应的教学策略。还对高中化学探究式教学、以问题式教学实施促成学生学习主动性和任务驱动教学法在高中化学教学中的应用进行了研究。全书以化学教学为核心，阐述了不同的教学方法，对化学教学相关方面的从业人员具有一定的借鉴意义。

目录

- 前言

- 第一章　高中化学教学研究背景和理论

第一节　研究背景/1

第二节　指导化学教学的基础理论/9

第三节　化学教学特征与教学原则/16

第四节　化学教学过程与教学方法/25

- 第二章　高中化学课堂教学技能

第一节　课堂教学方法/36

第二节　课堂教学技能/48

第三节　课堂导入技能和调控技能/56

- 第三章　高中化学有效课堂教学的设计和建构

第一节　高中化学有效课堂教学设计/66

第二节　高中化学有效课堂教学建构/87

第三节　高中化学有效课堂教学实施/96

- 第四章　高中化学教学模式研究

第一节　高中化学生活化教学/115

第二节　PBL模式在高中化学教学中的应用/127

第三节　高中化学"开放式"课堂教学模式/143

◆ **第五章　高中化学探究式教学**

第一节　探究式教学的特征/156

第二节　探究式教学的设计/164

第三节　探究式教学的实施/174

◆ **第六章　以问题式教学实施促成学生学习主动性**

第一节　问题式教学实施中学生学习主动性的促成/185

第二节　以"问"之"交响曲"强化教学/201

◆ **第七章　任务驱动教学法在高中化学教学中的应用**

第一节　基于小组合作学习的任务驱动法在高中化学教学中的应用/225

第二节　任务驱动教学法在高中化学实验教学中的应用/242

第三节　任务驱动教学法在高中化学复习课中的应用/263

参考文献/272

第一章 高中化学教学研究背景和理论

第一节 研究背景

一、高中化学教学研究背景

《普通高中化学课程标准(2017年版)》(简称"新课标")明确指出:"学科核心素养是学科育人价值的集中体现,是学生通过学科学习而逐步形成的关键能力、必备品格与价值观念。"如何聚焦化学核心素养实施高中化学课程,是高中化学教学亟待解决的重大问题,值得化学教育界深入研究和悉心探索。

新课标同时指出:"依据化学学业质量标准,评价学生在不同学习阶段化学学科核心素养的达成情况,积极倡导'教、学、评'一体化,使每一个学生的化学核心素养得到不同的发展。""教、学、评"一体化,作为新的评价理念的要旨,具有极强的现实针对性。"化学学习评价包括化学日常学习评价和化学学业成就评价(后者主要包括化学学业水平合格考试和化学学业水平等级考试两种评价)。"就目前的化学日常学习评价而言,课堂练习和课后作业是重要的过程性评价方式。学生倾向通过大量"刷题"来提升应试能力,但日常学习评价很难反馈学生对知识的建构过程,也无法诊断学生化学核心素养的发展情况。就化学学业水平评价而言,"教、学、考"三个环节被严重割裂,课程标准未能充分发挥对于高考备考的指导作用,应试教育越演越烈,课程改革举步维艰。鉴于此,教育部在新课标中增加了"评价"的元素,基于"教、学、评"一体化重构高中学科教学。

二、理论探索

(一)学习进阶

学习进阶描述了学生在不同学习阶段针对同一主题概念所遵循

的典型学习路径,这种路径通常是围绕核心概念或知识点,形成一个从简单到复杂、彼此相连的概念或知识序列。一般将学习进阶分为高阶水平和低阶水平两种。这种划分帮助揭示了学生在认知发展过程中如何进行连续的推理,从基础知识逐步过渡到更复杂的思维层次。其一般模型如图1-1所示。

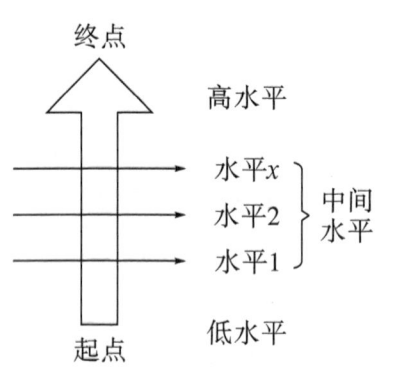

图1-1 学习进阶的一般模型

学习进阶的观念将学习视为一个逐步积累和持续发展的过程,认为学生对某一主题的理解会经历多个不同的阶段。在对一个主题进行长时间的学习后,学生的理解和思考逐渐成熟和深化,最终能够达到较高的认知水平,并掌握整个学科的知识体系,实现自我认知的持续发展和演化。良好设计的学习进阶能够成为课程体系的核心结构,提供实现课程目标的路线图,并通过及时合理的评估来监测学生的思维发展,支持教学和评估的有效整合。

(二)学科关键能力

美国知名教育心理学家布卢姆(Bloom)在20世纪50年代发表的《教育分类目标学》中,将认知领域的教育目标细分为六个子领域:识记、理解、应用、分析、综合、评价。借鉴布卢姆的教育目标分类法,结合中学生在解决问题时遇到的问题情境的复杂性或新颖性,我们提出了包括"认识记忆(记忆能力)、理解掌握(领会能力)、模仿应用(应用能力)、分析评价(迁移能力)和创新创造(创新能力)"在内的五个目标能力等级。这些等级构成了核心素养中的关键能力(记为 Band,简称 B)。依据学习进阶理论,第一等级(B1)的"认识记忆"能力和第二等级(B2)的"理解掌握"能力属于低阶认知水平,而第四等级(B4)的"分析评价"能力和第五等级(B5)的"创新创造"能力则属于高阶认知水平。第三等级(B3)的"模仿应用"能力则位于这两者之间。关键能力的"二阶五等"具体层级与学生学业成就水平的对应关系见表1-1。

表1-1 学生关键能力的具体层级与学业成就水平的对应关系

"二阶"	"五等"	学生学业成就表现水平
低阶认知水平	等级一(B1)（认识记忆）	学生对所学化学知识有初步认知和了解,能正确复述、再现、辨认或直接使用这些知识
	等级二(B2)（理解掌握）	学生能领会所学化学知识的含义、意义和适用条件,能正确判断和解释有关化学问题,既"知其然"更"知其所以然"
	等级三(B3)（模仿应用）	学生能够在理解所学各部分化学知识本质区别和内在联系的基础上,运用所掌握的知识或技能进行必要的巩固及应用,解释、论证相同或相似情境下的化学问题(属于近迁移学习)
高阶认知水平	等级四(B4)（分析评价）	学生能运用已形成的同一技能,分析评价未见过的、不同的问题或情境(属于远迁移学习)
	等级五(B5)（创新创造）	学生能够选择创新方式解决不同的情境任务,能提出具有创造性的解决方案并具备实践能力和推广意识(属于创新学习)

不同等级的关键能力反映了学生在学习过程中所表现出的不同心智模式。第一等级"记忆力"和第二等级"领会力"主要集中在对知识的识记和理解;第三等级"应用力"强调在相同或相似的情境下使用特定方法解决问题;第四等级"迁移力"则突出在全新的情境中应

用已知的方法来解决问题；而第五等级"创造力"侧重于在完全陌生的情境中采用新颖或创造性的方法来解决问题。

关键能力是体现学生在化学领域核心素养的具体要求和综合能力，也是教学过程中制订教学目标的重要依据。在关注学生的关键能力发展时，教育者需要融合新课程的三维目标，不仅要关注通用的科学过程和方法，更要深入探讨和强调化学学科特有的思想和方法。这种综合性的关注帮助学生更好地理解化学的本质和内涵，从而在学科学习上取得更全面的进步。

（三）SOLO 分类理论

在 20 世纪 80 年代，澳大利亚教育心理学家约翰·比格斯（John B. Biggs）和凯文·卡利斯（Kevin F. Collis）提出了 SOLO 分类理论。"SOLO"代表"可观察的学习成果结构"（Structure of the Observed Learning Outcome）。这一理论通过等级划分，旨在描述学生的思维操作目标，并用以评估学生的学习质量。根据学生在解决学习任务中的表现，SOLO 理论将思维水平从低到高分为五个结构层次：

第一，前结构水平（Prestructural，"P"）：学生未掌握解决问题的基本知识，找不出解决问题的方法。

第二，单点结构水平（Unistructural，"U"）：学生能根据一个线索或信息来解决问题。

第三，多点结构水平（Multistructural，"M"）：学生能找到多个解决问题的线索或信息，但不能将这些信息有机整合。

第四，关联结构水平（Relational，"R"）：学生能找出多个重要信息之间的联系，并利用这些信息整合解决复杂问题。

第五，拓展抽象结构水平（Extended Abstraction，"E"）：学生能在问题本身之外进行个性化推理，并总结出多个抽象特征。

SOLO 分类理论认为，思维结构的发展是从简单到复杂，从具体到抽象的过程，反映了思维从点到线到面再到立体和系统的发展过程。在教学实践中,通过评估学生解决问题时的SOLO等级,可以有效地了解其能力水平。SOLO不仅关注学生学习结果的数量,即掌握的知识点有多少,更注重学习结果的质量,即掌握的知识点之间是否形成了有效的联系。

使用SOLO分类不仅能帮助教师科学设计试题,确保试卷的信度、效度和区分度,还能精准地评估学生的思维能力水平。通过分析试题的SOLO分类,可以确立学生的思维梯度,从而实现教学、学习和评估的有效结合。在评价过程中,特别注重分析学生在回答学科问题时的思维结构层次,从而准确判定其思维水平。

三、设计思想

(一)课程简介

1.高中化学课程体系简介

在新课程的实施过程中,面对可能出现的种种困惑,一线教师的首要任务是深入研读新的课程标准,认真钻研新教材,并充分了解高中化学课程的体系和结构。普通高中的化学课程是继九年义务教育阶段的《化学》或《科学》课程之后的基础教育课程,它在科学文化传承与高素质人才培养中发挥着不可替代的重要作用。化学课程的主要目的是帮助学生培养具有化学学科特色的关键能力和必要的品格,从而促进学生在化学学科上的核心素养的形成与发展。这不仅要求教师们精通课程内容,还需要他们掌握有效的教学方法和策略,以确保教学活动能够有效地支持学生的学科学习和能力提升。[1]化学课程反映了社会主义核心价值观,是学生终身发展的重要基础,也是落实立德树人目标的基础课程。

普通高中化学课程分为必修、选修Ⅰ和选修Ⅱ三类课程,以适应不同学生的学习需求和发展目标。

必修课程为所有学生必须完成的课程,构成普通高中学生学习的共同基础,也是高中生顺利毕业的基本要求。必修课程强调化科学的核心观念和发展趋势,旨在促进所有学生化学学科核心素养的发展,以适应未来社会的需求。此类课程包括五个主题:"化学科学与实验探究""常见的无机物及其应用""物质结构基础及化学反应规律""简单的有机化合物及其应用"和"化学与社会发展",共计4学分,不分模块划分。

选修Ⅰ课程为学生根据个人兴趣和升学考试的要求选择修习的课程。这些课程旨在培养学生对化学的深入学习与探索的兴趣,引导学生更深入地认识化学科学,了解化学研究的内容与方法,从而提升学生的化学学科核心素养。选修Ⅰ课程包括"化学反应原理""物质结构与性质""有机化学基础"三个模块,每个模块2学分,总共6学分。这类课程面向高考要求,不允许学生仅选择其中部分模块进行学习,因此也被称为选择性必修课程。

选修Ⅱ课程则更加注重学生的自主选择,适合对化学有特殊兴趣和需求的学生。这类课程目的是拓宽学生的化学视野,加深学生对化学科学及其价值的认识。选修Ⅱ课程包括"实验化学""化学与社会"和"发展中的化学科学"三个系列,每完成9学时可获得0.5学分,最高可获得4学分。这些课程具有很高的灵活性和自主性,完全实现校本化,使学生可以根据自身的需要进行灵活选择和自主学习。

2.高中化学必修课程简介

在新课标的推广和新必修课程首次实施的背景下,教师面临的关键问题是如何有效地教授、学生如何有效地学习,以及如何进行合理的评估,确保"教、学、评"三者的一体化。新课标从宏观层面为普适性的内容要求设定了框架,这些要求定义了学习阶段结束时学生应达到的水平。然而,在具体的教学实践中,一线教师需要更详细的指导,特别是关于教材内容的具体教学要求。

新课程设计通过整合必修1和必修2的内容,并重新组织主题,有效地解决了原有课程设计中存在的问题。例如,新设计增强了实验的比重,优化了有机化学内容的衔接,减少了对具体知识点的偏重,并更加聚焦于大概念和学生核心素养的培养。这些改动不仅提高了教学的系统性和连贯性,而且通过明确的学业要求,加强了教学的指导性和可操作性。针对"教、学、评"的一体化,新的《教学标准》针对新课标的局限性进行了补充,提供了具体的教学实施标准。这包括了课时、单元和学期(年)等不同时间节点上的学业质量标准。通过这些细化的标准,教师可以更有针对性地计划和执行教学活动,确保教学内容既符合课程标准,又适应学生的学习需要。这种方法不仅帮助教师优化教学策略和方法,也为学生提供了更明确的学习目标和评价标准,从而有效地促进了教与学的相互适应和教学质量的整体提升。

(二)设计思想

《教学标准》的编写核心思想是通过"二维三度"概念实现"教、学、评"的一体化设计。其中,"二维"包括核心认知(基本知识、基本技能、基本方法)和关键能力(目标等级),而"三度"涉及教学程度(质量水平)、测评难度(通过率)以及思维梯度(SOLO等级)。这种设计旨在确保教学内容、学习质量和评价体系之间的协调一致,使教材的使用更加高效。

课时教学标准的制订过程包括以下六个步骤:

1. 分析课标和教材内容

在这一步,教师需要分析课程标准和教材,确定核心认知内容,即明确应教授的基本知识、基本技能和基本方法。同时,初步确定教学程度和目标能力水平。

2. 拟定测评标准

基于教学目标,确定考点和难度,确保测评标准与教学内容的对应性。

3.编写测评试题和双向细目表

根据确定的测评标准编写试题,并制订双向细目表以确保试题的有效性和一致性。

4.进行测试和统计成绩

实施编写好的试题,通过测试收集数据,统计学生的成绩。

5.大数据统计分析

使用大数据工具分析"教、学、评"一致性的结果,评估教学内容和评估标准的有效性及其在实际教学中的应用情况。

6.调整与修正

根据分析结果进行教学和评估标准的调整和修正,以更好地满足学生的学习需要和提高教学效果。

这种系统性的方法不仅提高了教学的针对性和有效性,而且通过持续的评估和调整,确保教育活动能够更加精准地满足教育目标。通过这种综合性的设计,教师能够更清楚地掌握教什么、学到什么程度、考什么以及如何通过考试评价学生的学习成果,进而实现教学活动的最优化。

第二节　指导化学教学的基础理论

一、辩证唯物主义认识论及自然科学方法论

化学教学过程是特殊的认识过程,其特殊性在于它是个体(学生)对化学学科知识的认识过程,它具有间接性、引导性和教育性。因此,辩证唯物主义认识论及自然科学方法论、一般教学理论和学习理论是指导化学教学的基础理论。

(一)辩证唯物主义认识论

辩证唯物主义认识论提出,认识是人脑对客观事物的主动反映,这种主动反映通过两个"飞跃"体现:从感性认识到理性认识,再从理性认识到实践。该理论将教学视为一个具有客观规律的过程。本质上,教学是教师将已知的科学真理转化给学生,并引导他们将知识转变为能力的特殊认识过程。教学过程涉及教师指导尚未成熟的学生通过学习知识来间接认识世界和促进自身发展。成年人会根据儿童的接受能力和年龄特点,教授他们已知的知识、结果和方法,并专门培养他们的认识能力。化学教学本质上是一种认识过程,受到认识规律的约束。辩证唯物主义认识论及其衍生的教学认识论阐明了认识过程的普遍规律,为理解教学过程提供了理论支持。

(二)自然科学方法论

辩证唯物主义认识论通过自然科学方法论来实施其对自然科学的指导作用。在自然科学基础知识的教学中,关键在于引导学生实现两个认识上的"飞跃"和两个学习上的"转化",这需要正确运用自然科学方法论。自然科学方法论是哲学与自然科学之间的桥梁,它认为科学的认识过程和方法应按照由浅入深、由低级到高级的辩证过程来发展和应用。这一理论总结了科学认识过程的一般程序。

现代科学教育改革强调学生学习方式的转变,特别是鼓励学生参与自然科学的探究活动,强调在这些活动中培养科学探究能力,实现能力培养与知识技能的获取、方法策略的掌握、情感态度价值观的

形成的有机统一。科学探究本质上是科学家在研究自然规律时的活动,这里指的是将科学家的探究方式引入学生的学习活动,使学生以类似科学探究的方式来学习科学。在探究性学习中,学生将运用观察、实验条件控制、数据处理、分类等方法,进而进行比较、归纳,形成初步结论;结论可能与预期不符,引发新问题,学生在无法用已有知识解释时,会产生解决问题的欲望,进而运用回忆、比较、推理等方法,提出假设并进行验证,其结果可能验证假设或否定之。这个过程不是简单累积或循环,而是一个由浅入深、由模糊到清晰、由假设到验证、由错误到正确的连续过程,也是从感性认识到理性认识、再到实践的不断螺旋上升的过程。

科学探究活动的基本环节包括:发现问题、提出假设、验证假设、形成结论、交流质疑等,这些环节体现了自然科学方法论的观点。化学教学作为一种特殊的认识过程,必须运用自然科学方法论,遵循认识规律,结合学科特征和教学特征,具体解决教学实践中的问题。这样,既体现了辩证唯物主义认识论对教学过程的指导作用,又避免了将教学认识论简化为哲学认识论的倾向。具体地,化学教学从引导学生认识具体物质和现象开始,从已知到未知,由感性认识到理性认识,再通过实践活动运用化学知识、发展认识能力,如让学生进行观察、实验;记录处理数据;运用比较分类、分析综合、推理判断等逻辑思维方法;探究化学知识。在教学形式上,应创造条件让学生动脑、动口和动手,通过感官进行思维加工,实现教学中的"飞跃"和"转化"。

二、教学理论

教学理论是依据教育学和心理学等原理探索教学现象较深层次的普遍规律,并为解决具体教学问题提供指导的理论。化学教学理论是建立在一般教学理论之上的。历史上,特别是近现代形成了不少教学理论,它们对化学教学理论有深刻的影响,也是指导化学教学的基础理论。这些理论主要有:

(一)赫尔巴特传统教学论

赫尔巴特(Johann Friedrich Herbart)是德国著名的教育学家,是传统教育理论的重要代表之一。他深受裴斯泰洛齐(Johan Heinrich Pestalozzi)等瑞士教育家的影响,历史上首次建立了基于心理学的教学理论体系。赫尔巴特特别强调教学中"兴趣"的重要性,并认为教育的终极目标是提升人的道德素质。他提出了著名的"形式阶段说",将教学过程细分为四个阶段:

明了阶段——清晰地向学生讲解新知识,让学生在学习时集中"注意力";

联想阶段——帮助学生将新旧知识联系起来,激发学生心理上的"期待";

系统阶段——引导学生将新旧知识进行系统化整合,通过联合新旧观念进行概括和总结,学生在逐渐"探索"中完成学习任务;

方法阶段——鼓励学生将所学知识应用于实际情境,学生的心理特征表现为"行动"。

赫尔巴特的"四阶段论"后续被其继承者发展成为包含预备、提示、联系、总结和应用的"五段教学法"。

(二)杜威的实用主义教学论

杜威(John Dewey),美国著名教育家,是实用主义教育理念的开创者。他批评赫尔巴特的"重教轻学"方式,提倡以儿童的实际经验替代传统的书本知识。在教学组织形式上,他反对传统的课堂教学模式,认为这种模式机械地将儿童聚集在一起,课程和教学方法过于统一。在师生关系上,他反对教师中心论,主张以儿童为中心的教育方法,强调"儿童中心论"。杜威强调学生的主动参与,提出"教育即生活"和"学校即社会"的观点,认为教学应遵循学生的思维过程,并指出教学方法的要素应与思维的要素一致,这些要素包括:

第一,为学生提供真实的经验情境,激发其对活动的兴趣;

第二,在该情境中引入一个实际问题,刺激学生的思考;

第三，让学生掌握解决问题所需的知识，进行必要的观察和研究；

第四，要求学生逐步推进自己的解决方案；

第五，给学生机会通过实践来验证想法，确保这些想法的准确性，并让他们自行发现其有效性。

（三）凯洛夫的新传统教学论

凯洛夫（N.A. Kaiipov），苏联著名教育家，他致力于将唯物论和辩证法应用于教育学研究，逐渐形成了一套新的教学理论体系。凯洛夫认为教学过程是一个特别的认识过程，涵盖了教师的教与学生的学两个方面；他提倡并完善了班级授课制度，认为课堂教学是教育工作的基础形式；教师在教学过程中应考虑学生的年龄特点，将基本知识传授给学生的同时，也应发展学生的特定能力；教学方法应由教学任务和内容决定，且教学方法应多样化，不应局限于单一形式。

（四）赞可夫的发展性教学论

赞可夫（Zankov），一位著名的心理学家和教育学家，专注于"教学与发展的关系"主题，进行了长达二十年的深入研究。他提出了学生"一般发展"的概念，认为这是指"心理活动的多方面发展"，并强调了个性发展的整体性与动态性。在这一理念指导下，他还制订了实验教学论体系的几项原则：第一，采用高难度教学原则。教材应具备一定的难度以吸引学生的注意力，并帮助学生在挑战中学到知识。教学难度应保持在学生的"最近发展区"，避免回落到学生的"现有发展水平"。

第二，采用高速度教学原则。对教材进行深入多角度的解析，以提高学习的质量。

第三，理论知识起主导作用的原则。在教学中应强调规律性知识，使学生能够通过已学知识推导出新的认识。

第四，使学生理解学习过程的原则。培养学生的自主学习能力，使其逐渐成为学习过程的主体。

（五）布鲁姆的掌握学习教学论

布鲁姆（B. S. Bloom）是一位在全球具有广泛影响的美国教育家。他的教学理念"为掌握而学，为掌握而教"以及"只要提供适当的学习条件，几乎所有人都能学会任何东西"深受推崇。布鲁姆的"掌握学习"理论建立在以下假设之上：如果教学合理且务实，如果学生在遇到学习难题时能获得必要的帮助，如果学生的学习活动足够实践以达到掌握的水平，如果对掌握的水平可以设定明确的标准，那么大多数学生的学习能力都能达到较高的水平。布鲁姆的教学实践分为准备阶段和操作阶段。

布鲁姆还强调，在学校教育中，评价占据极其重要的位置。他批评传统的评价方式实际上是对学生进行等级分类，这对于改进教学和实现教育目标的作用甚微，甚至可能对学生的人格和性格发展产生负面影响。因此，他主张采用一种以发展每个学生的能力为中心的教育评价方式，改善教学工作。按照"掌握学习"的模式，布鲁姆将教育评价分为诊断性评价、形成性评价和总结性评价三种类型。

（六）苏霍姆林斯基"活的教育学"思想

苏霍姆林斯基（Sukhomlinsky）非常注重学生个性的培养，强调要将每个学生培养成为个性全面和谐发展的人。他认为教育的一个重要任务是激发学生内在的潜能，确保每个学生的天赋和才能得到最充分的发挥。苏霍姆林斯基还倡导进行道德教育，培养学生的同情心和责任感，他认为一个人从社会获得的与他给予社会的应该保持严格的和谐。在智育方面，他看重智育的双重任务：掌握知识和发展智力，强调通过智育使学生形成科学的世界观，并培养学生一生中不断丰富智慧和将知识应用于实践的需求。此外，他将劳动教育视为学校教育不可或缺的一部分，认为劳动是推动学生"一般发展"和"个性全面发展"的重要途径。

（七）瓦根舍因、克拉夫基的范例教学论

瓦根舍因（Martin Wagenschein）和克拉夫基（W. Klafki），两位

德国教育家,提出了范例教学论。该教学论主张通过典型的问题和例子引导学生进行独立学习。范例教学的核心内容包括:

1. 三个特性

基本性、基础性和范例性。

2. 三个统一

问题解决学习与系统学习的统一、掌握知识与发展能力的统一以及主体与客体的统一。

3. 五个分析

分析教学内容的意义和可掌握的基本知识、分析知识和能力在儿童智力活动中的作用、分析课题对儿童未来的意义、分析内容的结构以及分析哪些因素助力儿童掌握教学内容。

4. 四个阶段

范例地阐明"个"——用典型事例阐明事物的本质特征,范例地阐明"类"——通过归纳分析掌握事物的普遍特征,范例地掌握"规律",范例地获得关于世界和生活的"经验"。

这些教学理论虽然主张和关注点不同,但都旨在深化对教学过程、教学目的、教学方法以及教学管理等方面的理解,为化学教学的理论研究和实践提供了宝贵的指导。

三、学习理论

化学教学是特殊的认识过程,也是学生的学习过程。对于学习,古今中外不少的教育家、心理学家进行了深入的研究,提出过许多颇有价值的思想和理论。

(一)中国传统的学习理论

在中国春秋战国时期,孔子已经提出了包括"博学"(广泛获取感性知识和书本知识)、"慎思"(深入思考学习内容)、"时习"(及时复习已学知识)、"笃行"(将所学知识应用于实际生活)在内的学习理念。继孔子之后,孟子也强调了学习个体差异的认识,提倡教师应因材施教。朱熹则结合《中庸》的五段论和孔子的教学思想,提出了博学审问、慎思明辨、时习笃行的六段式学习过程,这一过程成为中国传统学习模式的典范。此外,传统教育家还特别强调非智力因素在学习过程中的重要性,并将"志"视为学习的重要前提条件。

这种学习过程模式由七个环节构成:知、学、问、思、辨、习、行。其中,"志"扮演动力系统的角色,负责发动和维持学习动力;"学、习、行"则是行为操作系统,负责实现知识的学习和实践应用;"问、思、辨"构成思维加工系统,负责知识的深化和提炼;"习"主要执行强化和反馈功能;而"行"则具有评价、检测和反馈的功能,确保学习效果的实际应用和持续改进。这一整套流程不仅展示了中国古代教育的深厚底蕴,也为现代教学提供了宝贵的参考。

(二)联结学习理论

桑代克(E. L. Thorndike)是美国知名的教育心理学家,也是联结主义理论的奠基人。他的学习理论是首个系统性的教育心理学理论,曾广受赞誉并对后世产生深远影响。桑代克开创了动物心理实验的先河,其中最知名的实验是让饥饿的猫从特制的笼子中逃脱的实验。这个笼子装有一个可以打开门的脚踏板,外面放有鱼或肉。实验中,饥饿的猫被放入笼中,最初它们会无目的地咬或撞击,但偶然间触发了脚踏板,从而打开门逃出并得到食物。经过多次重复后,猫能够迅速进入笼子并打开门。桑代克由此提出,学习的本质是刺激(S)与反应(R)之间的联结。他明确提出"学习即联结,心即是一个人的联结系统",认为"学习是结合,人之所以擅长学习,是因为他形成了许多这样的结合"。他将动物通过尝试和错误偶然成功的行为定义为学习,并认为学习过程是通过反复尝试逐渐减少错误的过程,这种理论后来被称为"试误论"。

尽管如此,联结学习理论的一个主要缺陷是忽略了学习的认知过程和学习者的主观能动性,仅用机械的条件反射来解释人类的学习过程,这种观点具有一定的片面性。

第三节　化学教学特征与教学原则

一、化学教学的特征

化学作为一门自然科学，其教学和学科发展均深受实验的影响。化学的根本属性和实践经验都表明，实验是化学教学的基本特征。

首先，化学是基于实验的科学。化学研究依赖于实验来探索和验证客观规律。实验的客观性、验证性和系统性是化学的核心特征，它们使化学成为一门科学。历史上化学的每一次重大进展都与实验密切相关，无论是理论的形成还是对理论的验证，都需要通过实验来进行。实验不仅是理论的来源，也是检验理论正确性的标准，同时还推动了化学科学的不断发展。

其次，化学教学的实验性不仅反映了化学学科的特点，也是辩证唯物主义认识论在化学教学中的具体体现。化学教学中的实验性特点，标志着它与其他学科的区别。实验在化学教学中的应用，展现了从感性认识到理性认识的过程，符合科学发展的规律。

化学实验在教学中扮演着不可替代的角色。实验不仅丰富了学生的感性知识，激发了学习兴趣，还能有效地帮助学生形成正确的化学概念，牢固掌握化学知识，并提高了他们观察、分析和解决问题的能力。通过亲手实验，学生不仅能学习到实验技能，还能培养通过实践探索和认识客观世界的意识。此外，化学实验也有助于培养学生严谨的科学态度和实事求是的科学精神。

在化学教学中体现"以实验为基础"的特征，可以通过以下几个方面实现：

第一，让学生亲自进行实验和观察现象，体验通过实验探究科学规律的过程。

第二,结合实验事实和过程,帮助学生理解化学概念和理论的形成。

第三,通过介绍化学史的重要事件,让学生了解化学科学的发展历程。

第四,引导学生利用实验和已学知识解决实际问题,以此来巩固知识和技能,同时培养科学的态度和方法。

通过这些方法,化学教学不仅传授知识,更重视通过实验培养学生的科学思维和实践能力,进一步提高学生的科学素养。

二、化学教学原则

(一)突出学生的主体性或主动性原则

在国际教育趋势和国内基础教育改革的指导下,《普通高中课程方案和语文等学科课程标准(2017年版)》明确了化学教育改革的方向,重点提升学生的科学素质,强调科学、技术与社会的互动,推广以科学探索为核心的多元学习方式,增强评价的激励与发展功能。《标准》提倡在教学中为学生提供更多自主探索的机会,使他们在知识获取、整合及应用的过程中,培养科学的态度和方法,逐渐形成终身学习的意识和能力。教学应注重学生的主体性和主动性,以学生为中心,确保教育活动围绕学生的需求展开。

教育的核心目标是培养学生,所有教育活动都应以学生为本,创造适宜的教育环境,实施学生主体、教师主导的教学原则,重视学生的创新能力和全面发展。作为素质教育的组成部分,学生的主动参与是提高教学效果的关键。教学应是教与学的互动,学生应成为学习过程的主体和主人。教师的任务是设计和组织课程,吸引学生积极参与,避免单一的传统讲授方式。

教育改革的核心是改变传统教学模式,激发学生的参与和自主探究的积极性。教学方式的改变应包括减少教师的讲授时间,增加学生自主学习的时间,以适应学生自主发展的需要,通过活动、合作、探究的方式促进学生的知识掌握和创新能力的提升。在此过程中,应鼓励学生自行发现问题、探索方法、寻求解决方案。

(二)激发兴趣和培养自信原则

爱因斯坦曾经说过:"兴趣是最好的老师,它常常比责任感更有驱动力。"这句话在心理学上揭示了学生对某些事物的兴趣倾向,这种兴趣不仅与他们的认知过程紧密相关,而且往往伴随着愉快的情绪体验。当这种心理特征长时间稳定时,它能够转化为强大的内在动力。

教育心理学上,影响学生学习兴趣的因素主要分为两大类:一是学生从事的学习活动感受到的价值,二是对成功的预期感。若学生认为成功遥不可及,他们即便认为学习内容有价值,也难以激发兴趣,因为会觉得努力无果。反之,若学习活动的价值感不强,即便成功易于达成,学生也可能不会投入太多热情。因此,培养学生的自信心至关重要,这种自信是学生对自身主体性的重要体现。

在实际教学中,通过持续的积极反馈和激励,学生可以构建强烈的自我认同,对自我进行正面的认知和评价,从而在学习中表现出主动和积极的态度。这种态度可以极大地激发学生的主动性和积极性。教师在教学中应该多给予学生积极的肯定和引导,特别是在普通班级中,应该注重教学质量,以表扬为主,及时肯定学生的每一点进步,让学生体验到成功的喜悦。这种做法不仅有助于学生逐渐建立自信,也帮助他们树立对未来的积极态度,这是持续创新和学习的基础。

(三)注重探究式原则

科学探究作为一种学习方式,在教育领域占据极为重要的地位。教育内容标准针对不同的学科主题提出了具体的科学探究活动建议,这些建议旨在改变学生的传统学习模式,引导他们以主动和积极的态度掌握化学知识,同时也能够激发他们的学习兴趣,培养其创新思维和实际操作能力。此外,科学探究还被纳入义务教育阶段的化学课程中,作为核心内容之一。内容标准中不仅设有专门的科学探究主题,还明确指出了具体的探究内容和培养目标,强调通过探究活动发展学生的科学探究能力。这种教学方法不仅促进了学生知识的深入理解,还有助于学生能力的全面提升。

探究本质上是一种探讨和研究的活动,涉及深入探求知识、追求真理以及解决问题的过程。在当前教育改革的背景下,教学创新被广泛提倡,而创新本质上是在探究实践活动中通过理论指导实践,以实践促进理论的发展,从而推动整个教育事业的进步。

教师在探究式教学中应关注引导学生主动发现和提出问题,并通过积极的探索活动解决这些问题。例如,在进行"空中生烟"的化学实验时,教师可以引导学生不仅感受实验现象的奇妙,还要思考产生这种现象的科学原理,从而激发学生进一步探究的兴趣和动力。

探究教学中还需要特别重视科学方法的教育。教师在教学过程中应把握以下三个要点:首先,准确了解学生的需求;其次,确保学生的探究问题能够达到其"最近发展区",即在当前能力稍有挑战但又能够通过努力解决的问题;最后,指导的核心目的是让学生愿意学习、享受学习、有效学习并且能够独立学习。

通过深入研究教材和精心设计教学,教师可以将科学方法的要素融入教学中,如引导学生对化学现象进行分类、提出假设、设计和控制实验条件进行探究等,让学生在实践中体验科学方法的应用,从而有效地提高学生的科学素养和综合能力。

学生因知识背景不同而在思考问题时的方式也各异,这种多样性导致他们对同一问题的认识角度和水平存在差异。在教育过程中,学生的探究可以基于多种动因:他们可以探究知识发展的过程、在新旧知识的连接点上进行探究、在遇到疑问时进行探究、在解决实际问题时探究,或在追求事物的新奇、差异和变化时进行探究。不同的理解程度和思维方式都可以触发探究活动。

学生进行科学探究的主要目的不在于创造发明,而是在教师的激励、启发和引导下,运用科学方法探索那些他们尚未完全理解或掌握的知识领域。这一探究过程是一个从无知到有知,由浅入深,逐步从掌握知识到学会如何学习知识,最终将知识转化为实践能力的过程。在这个过程中,学生通过利用已有的知识经验来解决教材中的未知问题,通过"学习、思考、质疑、提问、探索"等多种活动方式来挖掘自身潜力,不仅获得新的知识同时也增强了个人的能力。

在探究式教学中,教师应有目的地组织学生进行交流和讨论,这不仅有助于培养学生的交流与合作能力,还能促进他们的评价能力的发展。推荐采用小组为单位的探究活动,例如可以组织学生分组探讨"调查家庭金属废弃物的种类及其回收价值和可能性"的课题。在实施探究活动时,教师应特别注重情感、态度及价值观的教育目标,确保这些目标在课程实施中得到有效体现。采取这样的教学策略,不仅能够丰富学生的学习经验,还能为他们提供在真实世界中应用知识和技能的机会,从而更全面地促进学生的个人成长和发展。

(四)培养学生的问题意识原则

在义务教育阶段的化学课程中,科学探究活动扮演着至关重要的角色,它不仅促进学生积极地掌握化学知识,而且在认识和解决化学问题的过程中发挥核心功能。科学探究的步骤包括提出问题、做出假设、制订实验计划、执行实验、收集与分析数据、得出结论以及进行反思和评价,最后通过表达与交流分享探究成果。这些活动不仅能激发学生对化学的兴趣,还有助于深化他们对科学本质的理解,并学习科学探究的方法,从而培养其初步的科学探究能力。

科学探究过程是提高学生科学素养的关键途径,因此在化学教学中占有举足轻重的地位。提出问题是科学探究的第一步,教师需要着重培养学生的问题意识。认知心理学指出,"怀疑是求知的前提",这强调了在教学中激发学生的好奇心和探索欲望的重要性。

为了有效地实施科学探究,教师在备课和授课过程中应该采取学生的视角,进行心理换位,模拟学生的提问过程,以此来启发学生思考。这种方法不仅帮助学生在探究中主动思考和提问,还能促使他们在学习过程中体验科学方法的实际应用。通过这种互动和参与式的教学方法,学生能够在真实的探究环境中,更好地理解科学概念,提高科学探究的技能,从而在日后能够独立进行科学研究和问题解决。这种教学方式有助于学生建立正确的科学态度,如批判性思维、开放性思维以及合作与交流的能力,这些都是现代科学素养的重要组成部分。

(五)理论联系实际原则

在设计化学课程内容时,应基于学生的现有经验和心理发展阶段,同时充分体现化学学科的特征,强调科学、技术与社会之间的相互联系。《普通高中课程方案和语文等学科课程标准(2017年版)》中明确了五个核心内容主题:科学探究、身边的化学物质、物质构成的奥秘、物质的化学变化和化学与社会发展。这些主题不仅提供了学生所需的基础化学知识,也用作情感、态度与价值观教育的媒介。

教学中应强调理论与实践的结合,培养学生将所学知识运用于实际情境的能力。化学与日常生活中的多个方面如生产、环境、卫生和健康等息息相关。教学的目的不仅是让学生系统地掌握化学知识,更重要的是引导他们关注社会问题、理解社会需求,并利用化学知识解决实际问题。这种教学方法能在科学探究过程中激发学生的兴趣,提高他们的观察能力、分析能力、独立思考能力和问题解决能力,同时也培养他们科学的思维方式和方法。

实际教学中,教师应从学生日常生活中熟悉的现象出发,引导学生发现问题并进行探究,获取相关知识和经验。教学内容应与学生的实际生活紧密结合,使学生感受到化学物质和化学变化在日常生活中的普遍存在和重要性,从而增强学习动机,加深对化学知识应用的理解。例如,在教授水的知识时,可以从化学角度探讨水的组成和性质,讨论水污染的来源和影响,以及水的净化技术。

日常生活中的衣、食、住、行也提供了丰富的化学教学素材,如燃料和燃烧、溶液的性质、酸碱盐的特性、有机物及其应用等。教师可以根据具体的教学需求和学生的情况,选择和筛选相关的教学内容,不断更新和丰富教学资源,以满足学生的学习需求和兴趣。通过这种方式,化学教学不仅仅是知识的传递,更是一种能力的培养和价值观的塑造过程。

(六)重视化学实验原则

在化学教育中,"活动与探究建议"强调了学生的实践活动,旨在充分发挥他们的实验潜能。作为一门实验性强的自然科学,化学实验是学生学习和探究的基石。实验不仅是化学学科的核心,也是其灵魂。为了改进传统教育中偏重理论、忽视实验操作的倾向,以及过分强调结论而忽略过程的问题,教育过程中应当注重培养学生的化学科学素质和各种相关技能,尤其是实验技能。有学者将实验的功能精辟地概括为五个方面:获知、激趣、求真、循理、育德:

1. 获知

学生通过实验活动获取化学的知识和技能。

2. 激趣

实验能够激发学生对化学的兴趣和科学探索的热情。

3. 求真

实验有助于培养学生的科学精神,如实事求是的态度和勇于探索的精神,强调实践是检验真理的唯一方式。

4. 循理

通过实验,学生锻炼运用化学知识和技能的方法,学习掌握科学的规律和思维模式。

5. 育德

实验还能培养学生的一系列科学品质,如诚实、严谨、合作、谦逊和刻苦。

在教学实践中,演示实验应当既生动又真实,以激发学生的学习兴趣和培养他们的观察力。教师应巧妙地利用实验来创设问题情境,提出具有针对性的疑问,引导学生带着问题进行观察和思考。此外,尽可能地将演示实验转化为探索性实验,在教师的指导下进行,以培养学生的主动探究能力和自学能力。这种实验教学不仅助于学生掌握化学知识,更重要的是帮助他们形成科学的思维方式并加深对科学精神的理解。

(七)创设问题情境原则

"可供选择的学习情境素材"提供了与课程内容密切相关的丰富

背景资料,包括化学的历史信息、日常生活中的自然现象、化学科技的进展及其在社会上的重大成就,以及化学对社会发展的影响等方面。这些素材的目的是帮助教师深入理解教学目标,并运用这些背景资料来创设教学情境,有效激发学生的学习主动性和积极性。通过这些情境,学生能够体验到化学、技术与社会之间的紧密联系,并认识到化学在推动社会可持续发展中的重要作用。创设具体的学习情境旨在增强学习的针对性和情感参与,从而激发学生的兴趣,使学习过程更加高效。

在设计学习情境时,应注重情境的真实性、生动性、直观性和启发性。演示实验、化学问题、小故事、科学历史事实、新闻报道、实物展示、图片、模型和影像资料等都是有效的工具。例如,在教学"元素"时,可以展示地壳、海水和人体中的元素含量表;在介绍"化学材料"时,可以利用从古代石器、瓷器、青铜器到现代新材料的图片或实物;在"环境保护"的课程中,可以让学生观看关于环境污染影响的视频和图片。同时,教师可以设计具有思考性和启发性的问题,如探讨"为什么新制的氧化钙加水可以煮熟鸡蛋?"来设置学习情境。

在教学实践中,教师应引导学生从真实的情境中发现问题,并进行有针对性的讨论,提出解决方案,促进学生认知的逐步发展。组织小组辩论关于"常用的几种燃料中哪一种最理想?"的讨论,进行"活性炭和明矾的净水作用"的实验,或者观看"硬水对人们生活的影响"的视频等,都是帮助学生深入理解相关知识的有效方法。

第四节　化学教学过程与教学方法

一、化学教学过程

化学教学是一个将教师教学和学生学习统一起来的活动过程，旨在引导学生掌握化学的基础知识和基本技能，同时培养其能力，形成正确的情感态度和价值观。

化学教学是一个双向的活动过程，不仅仅是教师的单向传授，学生不只是教学的接受者，更是学习的主体，同时也是课堂活动的核心参与者。成功的教学应当符合学生的认知特征，能够激发学生的积极性，让他们主动参与到学习活动中，这种方式有利于学生自主构建知识结构，促进其全面发展。相反，忽略学生参与、忽视学生感受与理解的教学方式往往效果不佳。在教学过程中，学生应该积极听取教师的讲解，跟随教师的引导，完成布置的任务；而教师则应倾听学生的意见，观察学生的反应，根据学生的反馈调整教学策略，以适应学生的需要。学生的思维活跃且不可预测，他们的提问或回答可能启发新的教学方法或成为新的教学资源；教学过程同样也是教师自身学习和进步的过程。此外，师生之间的情感和情绪交流也是教学活动中不可或缺的部分：教师的热情可以激励学生，学生的反应也会影响教师的教学状态。

化学教学活动本身是一个特殊的认识过程。首先，其认识对象具有特殊性，即化学的基础知识和技能，这些都是人类长时间积累下来的间接经验。其次，认识方式也具有特殊性，即在教师的指导下进行，教师综合考虑教学内容、条件和学生的认知水平来设计教学方案，引导学生完成学习任务。最后，认识目标的特殊性，不仅包括化学知识和技能，还包括学习过程中的方法和情感态度价值观的培养。在化学教学中，学生不仅要学习已知知识，还应获得探索未知的经验，体验社会交往，形成对科学的积极情感和态度。

化学教学过程的基本构成要素包括教师、学生、教学内容和教学条件。其中,教师和学生是主要的人的因素,教学内容和条件是辅助的物的因素,其中人的因素是决定性的。有效的教学过程需要教师精心安排教学内容,充分利用教学条件,并发挥学生的主观能动性。

二、化学教学方法

化学教学过程是教师和学生互动的统一活动,旨在引导学生掌握化学的基本知识和技能,同时培养他们的能力,并形成正确的情感态度和价值观。这一过程涵盖了教师、学生、教学内容和教学手段这四个核心因素,其中教学手段又包括教学方法和教学物质条件。这些因素共同作用,决定了教学活动的质量和效果。

在现实的教学环境里,师生关系通常相对固定,教学的内容主要由教学大纲和教科书界定,而教学资源的多寡则受到学校经济状况的影响。与此相对,教学方法则显示出更大的灵活性和可变性。化学老师可以针对具体的教学内容、学生的认知水平与兴趣,以及学校的资源条件,灵活地选择或创新教学方法,以达到更佳的教学效果。不恰当的教学方法选择可能会引致教学效率低下,从而影响教学品质。因此,教学方法的选取与创新对于化学教师来说是一项关键的创造性工作,也是教学改革中的重要组成部分。

目前的教学法研究表明,教学方法的分类相当繁多,但由于分类的依据存在差异,不同的教学方法类型和层次经常被混合,这对比较研究造成了困难。因此,追溯这些教学方法的发展源流,并对它们进行系统分类是必要的。

在中国,教学理论研究通常采用分析法,对教学体系进行细分,包括课程教材、教学原则、教学组织形式和教学方法等,逐一进行深入研究,最后在实际教学中综合运用。按照这种方法系统化的化学教学方法包括讲授法、谈话法、讨论法、演示法、实验法、练习法和读书指导法等。

西方的教学理论则倾向于采用综合法来研究教学,提出了如发现法、程序教学法、范例教学法和设计教学法等,这些方法通常涉及教学原则、教学组织形式甚至课程教材,本质上构成一种教学体系。这种综合研究方式更能贴近教学的实际需求,因为教学本身是一个综合体,难以将各个组成部分完全分开,综合研究也有助于处理教学体系中各种因素的相互关系。

当前,在中国的化学教学方法改革中,新创造的教学方法大多采用综合法,例如"读读、议议、讲讲、练练"的教学法和单元结构教学法。分析法的优势在于它可以简化复杂的教学因素,便于深入研究教学方法的特点与规律,也方便初学者掌握。

为了方便讨论,我们可以将使用分析法研究出的化学教学方法称为第一类,而采用综合法得出的教学方法称为第二类。

(一)第一类化学教学方法

1. 讲授法

讲授法是一种依赖教师口头传授的教学方式,用以系统性地向学生传达化学知识。这种方法可以在较短的时间内让学生掌握大量的知识,并通过启发式提问促进学生的积极思考,引导他们探索问题的解决方案,进而培养其抽象思维能力。作为一种传统且历史悠久的教学手段,讲授法在化学教学中占有基础地位,通常与其他教学方法相结合使用。然而,讲授法的局限性也不容忽视,例如教师在课堂上占用较多时间可能不利于学生的主动学习,有时也会阻碍学生技能的发展。如果教师未能有效利用启发式教学,或者教学内容的逻辑顺序与学生的认知结构不匹配,学生就可能变成被动的接受者,容易陷入机械记忆,这对于经验较少的教师尤为常见。因此,讲授法有时会因其"填鸭式"教学而受到批评。

讲授法的成功在很大程度上依赖于教师的语言表达能力。一些教师尽管具备深厚的专业知识和充分的备课,但如果语言表达欠佳,可能会导致学生对课程内容的兴趣减少,从而影响教学效果。有效的教学语言首先需要清晰、准确、简洁,确保内容科学且逻辑严密,同时遵循语法规范,避免不必要的重复。此外,教师的表达应当生动,能恰当运用形象的比喻、语调变化及适宜的肢体语言,使教学更具吸引力,激发学生的学习兴趣。然而,值得注意的是,教学是一项严肃的智力活动,不应沦为纯娱乐。教学中语言的生动性应在不损害科学性和课堂秩序的前提下进行,避免过分追求娱乐化,以免影响学生的知识学习和品德培养。

2. 谈话法和讨论法

谈话法是教师通过与学生的直接对话来进行教学的方式,讨论法则是在教师的指导下,让全班或小组成员就一个中心问题进行意见交换的学习方法。这两种教学方法的核心目标不仅是简单地传授知识,而是通过激发学生利用已有的知识和经验,独立思考,从而掌握新知识。因此,从学习心理的角度看,谈话法和讨论法均具有探索性质,优势在于能有效发挥学生的主动性,激发他们的积极思维,并有助于提高学生的口头表达技能。

谈话法广泛适用于不同年级的学生,特别是在低年级更为常见。这种方法常被用于复习旧知识、巩固已学知识以及介绍新的课程内容。在演示实验过程中,教师经常利用谈话法来引导学生进行观察和思考。要有效地运用谈话法,教师需要进行充分的准备,制订详细的谈话提纲,并提出具有启发性的问题。如果是通过一系列问题来引导学生推导出科学结论,那么这些问题之间应该具有严谨的逻辑关系。同时,教师在提问时应确保问题面向全体学生,给予足够的思考时间,保证问题的广泛性,并根据学生的实际水平适当调整问题的难度,实现因材施教。

讨论法则更适合用于高年级的学生,这类学生通常具备一定的知识基础和独立思考的能力。在实施讨论法前,教师需要事先布置讨论主题,明确讨论的具体要求,引导学生复习相关知识、搜集资料,并准备好发言提纲。在讨论进行时,教师应有效组织讨论,鼓励学生勇于表达自己的观点,进行深入交流,并确保讨论紧扣主题。讨论结束后,教师应总结讨论的主要内容,并提出一些需要进一步思考的问题,以供学生在后续的学习和研究中继续探讨。

3. 演示法

演示法在化学教学中扮演着至关重要的角色,它的主要目的是使学生获得直观的感性知识,加深对学习对象的理解,并将理论知识与实践相结合。此外,通过演示实验、展示实物标本、模型、挂图以及利用幻灯、电影和电视录像等多媒体材料,演示法还能极大地激发学生的学习兴趣。在进行演示时,教师必须将其与讲授方法相结合,这样才能有效地引导学生进行观察,让学生们获得更加全面和清晰的知识印象。基于这些观察,教师进一步引导学生的思考,帮助他们形成正确的化学概念,深入理解化学现象的本质。

4. 实验法

化学作为一门实验科学,实验法自然成为化学教学的核心方法。学生通过亲身参与实验,不仅能够直观地理解化学理论,还能够实际操作,从而深化理解和应用化学知识。在课堂上,学生进行的实验通常分为两种类型:随堂实验和整堂实验课。随堂实验通常较短,旨在通过快速的操作来验证或展示特定的化学原理或现象;而整堂实验课则提供了更为系统的实验操作经验,使学生有充分的时间进行更复杂的实验设计和执行,从而在实践中掌握化学知识和技能。

5. 练习法

练习法是化学教学中一项重要的活动,旨在帮助学生巩固知识、培养技能,同时也是学习过程中的关键实践环节。通过有计划的练习,学生能够加深对化学用语、基本概念、基础理论、化学计算和实验操作的理解和掌握,从而达到培养智力和能力的目的。

练习方法可以分为口头练习、书面练习和操作练习三种形式：

口头练习:这种练习方式应避免单纯要求学生死记硬背定义或简单回答"是"与"不是"的问题。教师提出的问题应具有启发性,能够促进学生的思维活动,并训练学生的口头表达能力,要求学生的回答清晰且准确。

书面练习:为了提高书面练习的效率,常见的做法是采用是非题、选择题、填空题或计算题等形式,这些题型使得学生在书写时的文字量相对较少,能够更快地完成作业。此外,为了加强学生的组织思维、论述能力以及文字表达技巧,可以安排学生在课外完成小论文或其他类型的书面作业。

操作练习:此类练习主要涉及让学生亲自进行实验或组装模型,目的在于培养学生的实验操作技能及解决实际问题的能力。例如,在化学实验中,基本操作如估量液体、取用液体、操作试管等,学生容易犯错误的部分应通过结合化学知识的实际操作进行强化练习。对于学习有机化学的学生来说,他们往往缺乏对分子空间结构的直观感知,因此,通过组装分子模型的操作练习,可以帮助他们更深入地理解分子的立体结构,同时促进他们空间想象力的发展。

通过这些练习方法,学生不仅能够巩固和深化已学的化学知识,还能够有效地发展其科学探究和实际操作的能力,这对于化学学科的学习至关重要。

6.读书指导法

读书指导法是一种通过教师的引导,帮助学生通过阅读化学教材和参考书籍来获得知识和发展智力的教学方法,这种方法极为有助于培养学生的自学能力。在此方法中,教师应该要求学生在上课前进行预习,课后进行复习,预习和复习的过程中都需要阅读相应的教材。此外,如果条件允许,学生还应该阅读相关的参考书籍,以便更全面地理解和掌握知识。

(二)第二类化学教学方法

1. 发现法

发现法是一种教学策略,由教师提供特制的教材,使学生通过自主探索和尝试的过程发现新知识,进而培养他们提出问题和进行科学探索的能力。这种方法由美国心理学家杰罗姆·布鲁纳(Jerome Seymour Bruner)提倡,并在20世纪60至70年代在西方广为流行。成功实施发现法的关键在于教材的设计,需要注意以下几点:

第一,缩短过程:简化科学家原始的复杂发现过程,使其更直接易行。

第二,降低难度:将原始的发现过程调整至适合学生的认知水平。

第三,精减歧途:从原始的发现中去除多余的探索路径,简化为几种主要的方法,既降低了学习难度,也有助于提升学生的辨别能力。

2. 局部探求法和引导发现法

这两种教学策略都是发现法的改进版本。局部探求法通过把一个复杂问题分解为多个简单的子问题,让学生能够逐步探索和发现,或者允许学生只专注于探索一到两个问题,而其他问题则由教师通过启发式对话进行引导解决。这种方法有效地简化了探索过程,使得发现法可以更广泛地适应不同的教学情境。

引导发现法则加强了教师在学生探索过程中的引导作用,减少了学生在发现活动中的自行操作,以避免他们可能遭遇的挫折感,从而降低了整体的探索难度。采用这种方法时,完整的发现过程通常被细分为准备、初探、交流、总结和应用五个阶段。这种分步骤的结构化方法不仅有助于学生系统地理解和吸收新知识,而且保证了学习过程的连贯性和高效率。

3."读读、议议、讲讲、练练"教学法

"读读、议议、讲讲、练练"教学法旨在激活学生的学习主动性,克服其学习过程中的被动性,最大化地发挥学生的主体作用。该方法包含四个核心环节:

(1)读

在教师的指导下,学生在课堂上阅读教材,深入理解课文内容。

(2)议

阅读之后,学生就阅读中遇到的疑难问题展开讨论,通过集体智慧解决问题。

(3)讲

教师的讲解是这一教学法的连贯线,涉及整个教学过程。例如,在布置阅读任务时提出启发性问题,在学生讨论后进行总结,以及直接讲授那些学生难以自行通过阅读和讨论掌握的复杂内容。

(4)练

通过在课堂上安排各种练习和实验,本教学方法旨在帮助学生巩固已学知识并培养相应技能。这种方法基于"教为主导、学为主体"的原则,将阅读指导法、讨论法、讲授法、练习法和实验法进行有效整合,体现了启发式教学的核心理念。如果能够妥善执行,这种多元化和互动性强的教学模式可以显著提高教学效果,促进学生的全面发展。

4.单元结构教学法

单元结构教学法是一种新的教学方法,它结合了布鲁纳(Bruner)的结构主义观点和发现法、程序教学法以及传统讲授法的优点,通过重新组织化学教材来实施。在运用这种方法时,教师需要进行两项重要的准备工作:

首先,教师需要根据理论主线和实验基础,将知识点按照内在逻辑关系编排成不同的"结构单元"。其次,教师需根据这些结构单元,

制订出引导学生自学的"学习程序"。

单元结构教学法的教学过程一般包括以下几个步骤：

第一，启发学习：教师在学习单元的起始阶段，应对单元内容及其重要性进行概括性介绍，以激发学生的学习动机，并明确学习的目标、方法和思路。

第二，自主学习：学生根据教师提供的学习程序进行自主学习，包括阅读教材和参考书籍、进行实验、解答预习题目和思考题等。

第三，检查与讨论：教师检查学生的自学情况，并组织讨论。学生需要报告自己的学习成果，回答教师的提问，对那些理解不深或存在异议的问题进行课堂讨论。随后，教师进行点评、纠正和示范，对关键和难点内容进行详细讲解，加强学生的理解。

第四，总结与系统化：在单元学习结束时，教师安排综合性作业或要求学生撰写小论文，以促使学生对所学知识进行分类、对比、概括和总结，帮助他们形成系统的知识结构。

实践显示，单元结构教学法能有效地实现教学主导与学生主体活动的统一，有助于学生全面掌握基础知识，并培养其思维及自学能力。然而，如何精确划分结构单元，以及如何最佳地配合学生的认知结构，这些问题还需要进一步的探索和完善。

三、选择和运用化学教学方法的注意事项

在化学教学领域中，教学方法大致可分为两大类，每类方法都适用于特定的环境和条件。第一类教学方法是基本的教学手段，它们的成功运用依赖于严格遵循正确的教学原则，采用启发式教学，满足课程教材的要求，并与教学组织形式相协调，以此确保教学效果的优化。第二类教学方法则是基于综合研究设计的，虽然这些方法在设计时考虑得较为全面，但在具体实施过程中，可能会遇到指导思想与教学规律不一致或教学措施与实际情况不相符的问题。

选择和运用教学方法，应该注意这样几点。

（一）符合课题教学的目标与任务

教学方法应当直接服务于教学的目标和任务。例如，若教学目标是向学生传递新的知识，通常可以先通过演示法提供直观的感性知识，然后利用讲授法或谈话法帮助学生把这些感性知识转化为理性知识。如果目标是培养学生的化学计算技能，那么练习法应当被优先采用。鉴于单堂课的教学目标可能涵盖多个层面，教师应灵活地组合多种教学方法，以实现最佳的教学效果。

（二）与教学内容的性质相适应

教学方法需要与所教授内容的性质紧密相连。例如，元素和化合物的教学最适合采用演示法和实验法，这能直观地展示化学反应和物质的性质；而对于理论性较强的内容，则更适宜采用讲授法、谈话法或讨论法来进行深入解析。对于需要记忆的化学术语和符号，结合使用讲授法和练习法通常会更加有效。

（三）要与学生实际情况相适应

教学方法的选择还应根据学生的年级、知识背景和认知水平来调整。例如，初中学生可能更适应讲解法和演示法，而高中学生则可能从讲演法和讨论法中获益更多。同时，班级的整体氛围也应影响教学方法的选择：例如，对于学风活跃、喜欢提问和讨论的班级，谈话法和讨论法可能更为合适；而对于较为沉默的班级，则可能需要教师采取特定措施激发学生的积极性。

（四）考虑学校的设备条件

选择教学方法时应考虑到学校的实际设备条件。例如，如果学校的化学实验室设施完善，试剂供应充足，教师便可以更频繁地采用实验法，并适当结合发现法进行教学。反之，若学校缺乏相关设施，教师则可能需要依赖演示法或其他不需要复杂设备支持的教学方法。

（五）适应教师自身的专业能力和教学风格

在选择教学方法时，教师应充分考虑自己的专业能力和个人教学风格。例如,具有较强口头表达能力的教师可能更偏好使用讲授法和谈话法;而在化学实验技术方面有优势的教师则应更多采用演示法和实验法。同时,教师在发挥个人教学长处的同时,也需要确保学生能获得全面且均衡的学习体验,比如,即便是偏好讲授的教师也应确保学生有机会参与实验活动。

(六)要按规定教学时间完成教学任务

在化学教学中,选用适当的教学方法对于教学效果至关重要。不同的教学方法在传授相同知识量时,所需的时间也有所不同。通常情况下,讲授法和演示法较为节省时间,而发现法、谈话法、讨论法和实验法则需要更多的时间。因此,在面对特定的课题时,教师需要综合考虑教学目标和可用的时间来选择最合适的教学方法,避免过度依赖单一的教学手段。

在教学实践中,通常需要将多种教学方法有机结合来达到最优的教学效果。例如,在一堂课程中,教师应不仅限于使用讲授法,而应适时引入演示、学生实验、谈话或讨论等多样化的教学方式。教学成败很大程度上取决于这些方法的恰当选择与有效结合。

特别是像发现法这样的综合型教学方法,它不仅对教材有特定的要求,还通常涉及多种基础教学方法的结合使用,例如阅读、实验、讨论和讲授等。教学质量的高低不仅取决于教材的组织,也依赖于教学方法的合理选择与组合。

因此,教师在实际教学中得出了一个重要的结论:"教学有法,但无定法,贵在优选"。这意味着教学的质量在很大程度上依赖于教师能否根据实际情况灵活地选择和组合适当的教学方法。这种能力是评价教师教学水平的一个重要标准,反映了教师在教学过程中的创造性和适应性。

第二章 高中化学课堂教学技能

第一节 课堂教学方法

化学课堂教学方法涵盖了教师施教和学生学习的共同活动方式,旨在帮助学生掌握知识技能并促进其全面发展。这些方法不仅包括教师的教学和学生的学习,还包括师生之间的互动和人际关系构建,它们对实现教学目标、完成教学任务及其质量和效率具有决定性影响。目前,教学方法主要分为注入式和启发式两种对立类型。

注入式教学方法以教师为中心,视学生为被动接受知识的容器,强调知识的单向传递,忽视学生的主观能动性,其中教师仅作为信息的提供者和传递者,而学生则扮演记忆的角色。

相对而言,启发式教学法更加注重从学生实际出发,通过各种教学活动激发学生的学习积极性,引导学生自主学习,这种方法更符合当前教育的要求。特别是在"互联网+"的教育新时代,教师应更多采用启发式教学方法。

在化学教学中,有两种典型的启发式教学方法值得提及:化学实验启发教学法和化学多媒体组合教学法。化学实验启发教学法通过实验活动刺激学生的学习兴趣,提升其实践和创新能力,而多媒体组合教学法则利用现代信息技术丰富教学手段和内容,增强教学的互动性和趣味性。应用这些教学方法时,教师需根据教学内容和学生情况进行精准选择和多样化设计,以达到教学最优化。

一、化学教学方法的分类

根据教学活动中学生的不同认知方式,将常用的教学方法分为五大类,即以语言传递为主的教学方法、以直观感知为主的教学方法、以实际训练为主的教学方法、以引导探究为主的教学方法和以情感陶冶为主的教学方法。

(一)以语言传递为主的教学方法

这类教学方法最为广泛,主要包括讲授法、谈话法、讨论法和读书指导法等。

1. 讲授法

讲授法是教师通过口头表达,系统地向学生讲授知识和技能的方法。这种方法可以进一步分为讲授、讲述、讲解和讲演四种形式。讲授法的优点是能在较短的时间内向学生传授大量的系统化科学知识,并可结合思想品德教育。实施讲授法时,需要保证内容的科学性、系统性和思想性,注意到课程的认真组织、系统完整性、层次清晰、重点突出和语言精确。讲述通常用于介绍化学历史、化学物质的组成、结构、性质及其变化;讲解主要用于分析化学现象,解释和论证较复杂的问题;而讲演适用于对特定主题进行系统性介绍,更适合高年级学生。

2. 谈话法

谈话法是教师与学生之间的互动对话过程,通过这种方式引导学生利用已有的知识和经验进行独立思考,以获得新的知识。这种方法的优势在于能极大地激活学生的思维过程,有利于培养学生的语言表达能力,同时让教师能直接掌握学生的学习状况,并及时调整教学策略。在实施谈话法时,教师需要提前准备好对话的主题、内容和具体问题,确保问题的明确性和具体性,擅长引导学生进行思考,并在对话结束前进行适当的总结。

3. 讨论法

讨论法通过全班或小组成员就一个中心问题进行自由发言的方式进行。这要求学生具备一定的基础知识和独立思考能力。讨论法的优点是能够促进学生之间的思想交流,深化对知识的理解,激发学习热情,锻炼语言表达能力。教师的角色主要是设计引人入胜的问题,明确讨论的要求,指导学生收集资料,并确保讨论围绕主题进行。讨论结束时,教师应总结并提出进一步思考的问题。

4. 读书指导法

读书指导法是指导学生通过阅读教材和参考资料来获取知识的教学方法。这种方法特别强调学生的自主学习能力,教师通过制订阅读计划和阅读指导,帮助学生理解和消化书本知识。适当的阅读任务和有针对性的问题可以促进学生深入思考,加强理解和记忆。读书指导法适用于几乎所有学科,尤其适合理论密集和知识量大的学科,如化学。教师在实施该方法时,应注意选择合适的阅读材料,提供明确的阅读目标,并鼓励学生在阅读过程中积极思考和提问。

(二)以直观感知为主的教学方法

这种教学方法具有形象性、具体性、直接性和真实性的特点,主要有演示法和参观法两种。

1. 演示法

演示法是通过教师展示实物、教具或实验来向学生阐释和验证具体事物或现象的教学方法。这种方法包括实物、标本、模型和图片的演示;图表、示意图、地图等的展示;以及电影、录像等多媒体的演示。演示法突出直观性和理论与实际相结合的教学原则,要求操作规范,能够吸引学生的注意力,促进学生的观察力,并通过分析和归纳帮助学生得出结论。

2. 参观法

参观法,亦称为现场教学法,是一种组织学生进行实地考察和研究的教学方式,目的是让学生获得新知识,并巩固验证他们已有的知识。这种方法的优点在于它能将教学内容与实际生活及生产活动直接联系起来,极大地激发学生的学习兴趣和求知欲,拓宽学生的视野,并使学生能够直接接触社会,从而获得教育和启示。实施参观法时,需要事先进行充分的准备工作,确保教学的目标和要求清晰明确。在参观过程中,应指导学生积极地收集资料和做记录;参观结束后,应组织学生进行总结和反思。

(三)以实际训练为主的教学方法

实践导向的教学方法主要以培养学生的技能、行为习惯和能力为核心,通过让学生参与各种实践活动,旨在提升其分析和解决问题的能力,并形成良好的行为习惯。这类方法包括练习法、实验法、实习法和实践活动法。

1. 练习法

练习法涉及在教师的指导下进行的各种技能和知识的强化练习,如口语练习、问题解答、绘画、写作以及体育技能练习等。此方法的优势在于有效促进学生技能的多方面发展,并对学生的意志力和个性有积极影响。实施此法时,应明确练习目标和要求,采取多样化的练习方式,重视学生基础知识和技能的提升,及时进行反馈评价,并培养学生自我检查的习惯。

2. 实验法

实验法让学生使用特定的仪器和设备自主操作,通过实验观察物质或现象的变化,获取直接经验,从而培养技能和科学探索能力。这种方法尤其适用于自然科学教学,如化学实验。它的优势在于理论与实际的结合,激发学生的求知欲,培养使用科学仪器的能力、科学态度和严谨作风。实验法要求教师编写详尽的实验计划,提供充分的实验指导,以及完成实验报告的批改和总结。

3. 实习法

实习法通过指导学生将课堂知识应用于真实世界的操作中,如数学测量或化学实习等,强化理论与实际的结合。这种方法有助于学生把书本知识转化为解决实际问题的能力,对学生未来职业发展具有重要意义。教师需要有计划、有目的地组织实习活动,并在实习结束后指导学生完成实习报告和进行成绩评估。

4.实践活动法

实践活动法通过让学生参与社会实践活动,培养其解决实际问题的能力。在实施这种方法时,教师的角色更多是作为顾问和指导者,确保学生能够主动参与,自主探索,而不是教师代替学生进行活动。这种方法强调学生中心,鼓励学生在实际环境中应用所学知识解决问题。

(四)引导探究为主的教学方法

这种教学方法旨在引导学生自主进行探究和研究,以促进知识的获取。这类方法通常包括发现法、探索法或研究法。通过这种方法,学生在教师的指导下,对给定的课题和材料进行分析、综合、抽象和概括,从而自主地发现并掌握相关的原理和结论。这种教学方式强调学生在知识形成过程中的积极参与,其优势在于能够最大限度地发挥学生的独立性、探索性、活动性和创新性。在实施时,教师需要精确设定探究的课题和流程,精心组织教学活动,并创造一个有利于学生发现的教学环境。

(五)以情感陶冶为主的教学方法

情感陶冶为主的教学方法,是一种通过将学生置于类似真实活动的情境中,利用各种教学元素综合影响学生的方式。这种方法的优点是能弥补传统教学对情感培养的忽视,有助于激发学生的学习动机,丰富他们的生活体验,促进创造力以及高尚道德和审美情感的发展。然而,这种方法的缺点在于适用范围较窄,多作为辅助教学手段。该方法可细分为欣赏教学法(如对自然、人生、艺术的欣赏)和情境教学法（通过创设特定情境激发学生的情感体验，如生活展示、图画展示、实物演示、音乐渲染、语言描述等）。根据化学新课标的要求，未来的课堂教学中应更多地注重创设与生活、生产和社会相关的情境。

二、化学教学方法应用注意事项

化学教学方法丰富多样，选择时需具有针对性和多样化，遵循最优化的原则，并重视情境性与启发性。可依据激发学生学习动机的方法（例如创设新奇和成功的情境、阐释学习的意义、设定期望要求、实施有效评价等）来挑选适当的教学方式。在组织和实施教学活动过程中，应注意运用个别教学、分组教学和团体教学等不同形式，并明确区分课堂教学、实验教学和电化教学等组织方式。同时，教学方法的选择应遵循学生的认知活动方式，从接受到复现、从复现到探索、至自主探索逐步推进。

教学活动中的内部活动方式主要包括分析、抽象、综合、概括、判断、推理、比较、归类和论证等，而外部活动方式则涵盖陈述、谈话、讨论、阅读、展示、演示、参观、实验、练习、实习等。在选择教学方法时，应注意内外部活动的有效结合。

在实施教学方法时，还必须对教学活动进行检查、反馈和调控。检查方法主要包括测验（口试、笔试）、观察（练习、作业、表情等）和调查（谈话、问卷、自陈等）。反馈则通过评定成绩和做出评论来实现，而调控方式包括教师控制、教材控制、机器控制和学生自控。现代的教学方法已不仅仅是教学活动的简单组织与实施，而是一个多层次、多维度和多类型的复杂体系，教师必须合理选择和优化教学方法以适应这种复杂性。

三、化学教学方法的选择、组合和优化

在化学教学中，选择、组合和优化教学方法是确保有效教学的关

键。教学方法的选择应综合考虑多种因素，包括教学目标、学生特点、课程内容、教学环境和教师个人特点等。首先，针对不同的教学目标，可以采用不同的教学方法。例如，对于知识传授型的目标，讲授法可能是首选；而对于培养实验操作能力的目标，则需要实验法。其次，学生的年龄特点和认知水平也是选择教学方法的重要考量因素。针对年幼的学生，可以采用趣味性强、互动性强的教学方法，如游戏教学法；而对于高年级学生，则可以更多地运用探究式教学法，激发其自主学习的兴趣。此外，教学环境和条件也会对教学方法的选择产生影响。有了良好的教学设备和实验条件，教师可以更灵活地运用演示法和实验法进行教学，增强学生的实践能力和动手能力。

针对不同的教学内容和教学阶段，需要灵活组合多种教学方法。化学教学内容涉及理论知识、实验操作、问题解决等多个方面，因此需要根据内容特点和教学目标综合选择教学方法。例如，在教授化学反应原理时，可以采用讲授法介绍基本概念，再配合演示法展示具体反应过程，最后通过实验法让学生亲身参与，加深理解。在组合教学方法时，要注重教学方法的衔接和过渡，确保学生能够顺利理解和掌握知识。

教学方法的优化需要不断地根据实际情况进行调整和改进。教师应根据教学效果和学生反馈及时评估和调整教学方法，以提高教学效果。在优化教学方法时，可以采用反思式教学，即教师反思自己的教学做法和学生的学习情况，发现问题并进行改进。此外，还可以借鉴其他学科和教学领域的先进教学理念和方法，如跨学科教学、项目化学习等，不断丰富和完善化学教学方法。

总之，选择、组合和优化化学教学方法是教学过程中至关重要的环节。教师应根据教学目标、学生特点、教学内容和环境等因素综合考虑，灵活运用各种教学方法，不断优化教学过程，以提高学生的学习效果和能力。

四、国内外教学方法的改革

国内目前教学方法的改革主要有愉快教学法、情境教学法、案例教学法、尝试教学法、成功教学法等。国外有代表性的教学改革包括美国心理学家布鲁纳(Bruner)倡导的发现法，美国教育家布卢姆(Bloom)的教育目标分类和掌握学习策略所形成的目标教学法，教育心理学家斯金纳(Skinner)的程序教学法，教育家沙塔洛夫(Vladimir Shatalov)的纲要信号图教学法，还有范例教学、暗示教学、非指导性教学法等。

（一）纲要信号图教学法

纲要信号图教学法是一种教学方法，分为六个步骤：首先，详细讲解教材内容；其次，使用纲要信号图进行第二次讲解，突出重点、分析难点和概括逻辑关系；然后，将小型图示发给学生进行消化；接着，要求学生课后按图示复习；再次，让学生在下一次课上根据记忆在练习本上画出图示；最后，让学生在课堂上按图示回答问题。这种方法有助于学生理解教材内容，提高学习效率。

（二）暗示教学法

暗示教学法是一种由保加利亚医学和心理学博士洛扎诺夫创立的教学方法。与传统的教学方法相反，暗示教学法将课堂教学视为一种游戏和表演。在这种方法中，课程内容包括250个单词、一些新语法、一个主题对话以及一份教学剧本。教材配有一套专门的练习，学生在活动中扮演角色、进行游戏和表演。在教学过程中，学生被要求根据情境进行各种活动，如介绍情况、取新名字、假设新职业等。这种方法为学生提供了一种生动、趣味的学习体验，促进了学生的参与度和学习效果。研究表明，学生在使用暗示教学法学习外语时，可以在较短时间内掌握新语言，通常在6至7周内基本掌握一种新语言。因此,暗示教学法被认为是一种有效的教学方法,能够激发学生学习的兴趣,提高学习效率。

(三)非指导性教学法

非指导性教学法是一种教学方法,其核心理念是以学生为中心,强调学生的自我认识和情感体验。与传统的指导性教学相反,非指导性教学法不仅注重知识和技能的传授,更关注学生的态度和情感发展。在这种方法中,教师不再是课堂的中心,而是成为学生发展的促进者。这种教学法强调个体学生的成长潜力,注重情感因素的影响,通过情感联系和真诚的交流来促进学生的自我认知和成长。在非指导性教学中,教师不仅是知识的传授者,更是学生心理成长的引导者。这种教学方法倡导在融洽的心理气氛中进行自我反省和情感体验,通过与他人的交流和情感交流,使学生能够更好地认识自我、改变自我、实现自我。因此,非指导性教学法强调人际关系和人际接触在教学中的重要性,旨在提高学生的情感智力和人际交往能力,促进学生全面发展。

五、主动学习法

主动学习,作为一种强调口头和书面表达、参与式学习以及"做中学"的创新教学方法,已在美国广泛应用了几十年,并因普渡大学主动学习中心的建立以及麻省理工学院在其本科生物理导论课程中全面采用技术支持的主动学习而受到全球关注。在国内,无论是本科教育还是基础教育阶段,教育趋势都越来越重视学生为中心,注重激发学生的学习兴趣和潜力,通过创新教学形式、改革教学方法、加强实践活动来实现这一目标。

那么,什么是主动学习?在教学中又该如何使用合适的策略来促进学生主动学习?

(一)主动学习与被动学习

主动学习和被动学习是两种截然不同的教学方法,它们在学生的知识获取、理解和应用方面有着显著的差异。主动学习强调学生参与学习过程,通过亲身实践和思考来积极获取知识,而被动学习则更注重教师的传授和学生的被动接受。

首先,主动学习鼓励学生积极参与学习过程,通过口头表达、书面表达和动手实践等方式主动获取知识。学生在这种情况下更多地处于学习的主导地位,他们需要积极思考、提出问题,并参与各种互动活动,例如角色扮演、辩论、研讨和实践等。相比之下,被动学习则是学生被动接受教师的讲解、阅读材料和观摩演示,缺乏主动性和参与度。

其次,主动学习有助于加深学生对知识的理解和应用。在主动学习的过程中,学生更多地参与到知识的构建和探索中,他们通过自主思考和实践,培养了问题解决能力和创新思维。相比之下,被动学习往往只能使学生对知识表面了解,缺乏深入的理解和应用能力,因为学生缺乏思考和实践的机会。

此外,主动学习有助于提高学生的知识留存率。通过亲身实践和积极参与,学生更容易将所学知识内化为自己的思维方式和行为习惯,从而更持久地记忆和应用这些知识。相反,被动学习往往只是暂时性地掌握知识,缺乏深度的记忆和应用。

最后,主动学习有助于培养学生的自主学习能力和批判性思维。通过自主思考和实践,学生不仅学会了获取知识的方法,还培养了自我管理和解决问题的能力。而被动学习则容易使学生变得依赖教师和外部资源,缺乏自主学习的能力和主动探究的精神。

综上所述,主动学习和被动学习在教学方法、学生参与度、知识理解和应用、知识留存率以及自主学习能力等方面存在明显差异。

主动学习强调学生的积极参与和主动探究,有助于提高学生的学习效果和学习动机,是一种更为有效和可持续的教学方法。

(二)主动学习课堂操作策略

那么主动学习在课堂实践中都有哪些操作策略呢?

1.课堂讨论策略

课堂讨论策略在各类班级和学科中广泛使用,尤其在复习阶段表现最为出色。学生在对课程内容有基本的了解和掌握后,更能进行富有成效的讨论。在此过程中,教师扮演着关键角色,需提前给予指导和启示,确保学生能开展批判性思维,并对同伴的观点进行逻辑性的评价和反应。哈佛大学的迈克尔·桑德尔教授因其课堂上的精彩讨论而闻名,他的教学几乎不涉及长时间的直接讲授,而是把大部分时间用于促进学生之间的讨论,他在课堂上的角色更类似于一位协调者。

2.思考—配对—分享策略

这种策略要求学生先独立思考课堂内容,然后与一至两名同伴讨论,最终在全班前分享自己的见解。这要求学生不仅要有足够的背景知识来对课堂内容做出深刻的总结,还要能将自己的观点与同伴的观点相比较和联系。在分享环节中,学生应提出富有洞见的见解。在整个过程中,教师作为指导者,需要澄清复杂的概念,并强调关键点,以确保这一需求较高的任务能顺利进行。

3.学生二人组策略

此策略中,学生需成对进行提问和讨论。在活动开始前,学生应阅读相同的材料并准备问题。然后,教师随机配对学生,如学生 A 和学生 B。学生 A 提问,学生 B 回答,随后围绕该问题展开讨论,之后交换角色。这一过程会在教师的监督下继续,确保每对学生都有机会参与。教师的角色是提供即时的反馈和解答疑问。

4. 一分钟论文策略

这种策略要求学生在极短的时间内准备并提交对所学内容的精练总结。尽管称为"一分钟论文",实际上学生通常需要约10分钟来准备和练习,以确保总结的准确性和流畅性。

5. 即时教学策略

作为一种课堂预热手段,即时教学策略在课程开始前要求学生预习特定问题和阅读材料,从而引导学生思考即将学习的课程目标,并在课堂上进行深入讨论。这有助于学生有效地准备学习材料,增强他们的目标感和掌控感。

6. 同伴互教策略

在这个策略中,某位学生需要对一个特定主题进行深入研究,并准备教学材料向全班进行讲解。这种方式能让"小老师"更深入地理解和掌握教学内容,同时其他学生也可能更容易从同龄人那里接受知识。

7. 工作室漫步策略

工作室漫步策略将教室布置成工作室,并划分成多个讨论组,学生可以自由交流和分享意见。最终,学生需要通过PPT演示向全班呈现对特定话题的见解。这种策略形式灵活,能够激发学生的积极参与和思考能力。

第二节　课堂教学技能

课堂教学是指教师在课堂上实施精心设计的教学计划（包括教案和学案），旨在达到预期的教学效果。在课堂上，教师应该扮演主导的角色，激发学生的积极性，确保信息的及时反馈和调控，并严格控制教学时间，以提高教学效率。在教学过程中，应该培养学生的宏观辨识与微观探索、变化观念与平衡思维、证据推理与模型认知、实验探究与创新意识、科学精神与社会责任等五大化学核心素养。

一、教学语言技能

教学语言是传达教学信息的工具，是课堂教学不可或缺的要素。在化学教学中，教学语言的基本要求包括遵循语言的逻辑规律、准确、生动、合乎语法、用词恰当等。此外，教学语言还应该符合教育教学的需要，包括清晰、洪亮、流利、发音标准、语速适中、语调变化等。针对化学学科的特点，教学语言应正确运用化学术语，准确表达化学概念，符合化学语言规范。

在教学过程中，教师使用教学语言进行讲授应确保内容的完整性、层次的明确性和逻辑的清晰性。讲授内容需要精确、简洁同时也要生动，以便吸引学生的注意力，确保学生能够听得清楚、听得明白。此外，教学语言还应具备启发性，能够有效引导学生进行分析、阐述和论证，从而激发学生的积极思维。这样可以保持教师与学生活动的协调性和同步性。在讲课时，教师还应适时使用黑板书写、图画、表情和手势等辅助教学手段，并及时收集关于讲授效果的反馈，以便进行必要的教学调整。

二、指导学习活动技能

学生在化学学习中的活动包括课堂听课、记笔记、观察、思考、实验、探究、讨论、自学、练习，以及课后的复习、作业、预习、阅读、资料收集、实践等。教师在教学中应不断组织和引导学生参与这些课内外学习活动,以提高学生的学习技能和能力。

（一）指导听课技能

在课堂上,学生的听课和记笔记是至关重要的学习活动。教师在上课前应进行有效的学习引导,让学生了解学习目标、方法和步骤,注重每节课的小结工作,以帮助学生构建系统化的知识结构。在讲课时,教师需要重复讲解重点和难点内容,利用停顿、提高语调和控制语速,配合板书,确保学生能够听清和看清。同时,通过积极的情感表达和丰富的语言技巧,激发学生的学习积极性,引发他们的学习兴趣。在课堂上,教师还应指导学生合理分配注意力,善用耳、眼、脑、手相互配合,及时记录笔记。学生在记笔记时,应选择重点内容进行记录,包括思路、提纲、疑难问题、重要补充内容和学习指导等,并使用简明扼要的文字、图表和符号做好笔记,以提高效率。此外,可以组织班级优秀笔记展示和交流活动,逐步提高学生对笔记的要求,进一步提高听课和记笔记的效果。

（二）指导讨论技能

讨论是一种集体学习活动,在教师的组织和引导下,学生们相互质疑、论辩、启发和补充,共同得出问题的答案。这需要学生具备一定的知识基础、思考能力和讨论习惯,同时也需要教师具备较强的组织与管理能力以及丰富的教学经验。教师组织和引导学生讨论的关键是控制讨论的方向和时间,提高讨论的效率和学生的积极性。首先,教师需要围绕教学目标精心设计讨论题,确保其具有一定的思考性、辩论性和适中的难度,最好结合化学实验、情境导入、课堂练习和作业等活动方式。其次,教师应让学生理解讨论题的意义,并给予足够的思考时间,可以通过提前公布讨论题、引导学生复习相关知识、阅读教材和参考资料等方式。再次,教师要鼓励学生积极发言,在认真思考和准备的基础上,各抒己见,勇于坚持正确的观点,修改和放弃错误的观点,同时紧扣主题,相互切磋学习。最后,教师要及时帮助学生排除疑难、障碍和干扰,引导他们自行分辨是非、纠正错误,得出正确的结论。教师不应轻易表态和包办,但也不能袖手旁观,应注意时机,积极引导,培养学生自主组织讨论的能力。

(三)指导练习技能

练习是教学过程中重要的环节,旨在巩固知识、形成技能和培养能力。通过练习,学生能够将所学知识与实际联系起来,进一步加深和提高学习效果,同时也是教师获取反馈信息的重要途径。然而,练习过程中应注意避免陷入题海,力求达到精练和高效率。

首先,教师应根据学生的发展需求精心选择和编制练习题,确立明确的练习目标,突出重点和难点,确保练习题具有典型性、思考性、开放性和趣味性。此外,练习题应尽量贴近生活和实践,难度和题量适中,避免重复练习,以保护和激发学生的学习兴趣。

其次,教师应引导学生复习相关知识,进行审题和解题指导,讲解要求和格式,并通过分步练习的方式组织复杂练习,逐步提升学生的操作技能。在练习前,教师还应指导学生复习相关知识,并讲解解题思路,引导学生理解题目要求,注重一题多解和举一反三的训练。

再次,教师应通过巡视检查及时收集教学反馈信息,对学生进行分类指导。对表现良好的学生,可以增加要求更高的补充练习;对出现错误或有困难的学生,则进行个别指导和课后辅导;对普遍困难的题目,应加强讲解,并提供机会让学生进行黑板演示,组织全班同学观摩和评价。

最后,教师应及时对学生的方法、过程和结果进行讲评,组织学生进行互评和自评。教师还应做好练习总结,总结出解题或操作的规律,并布置适当的课后作业,以进一步提高学生的解题技巧和理解能力。

(四)指导自学技能

在化学课程中,自学活动包括阅读、实验、思考、问题解决、课前预习、复习和表达等多个方面。在组织和指导学生自学的过程中，教师首先应引导学生认识到自主学习的重要性以及它对个人发展的影响。接着，通过示范，帮助学生逐步学会如何收集和筛选学习资料，并自主设定学习的任务和重点。此外，教导学生在自学阅读时要主动做笔记，摘录关键点，整理自己的心得体会，并通过大量练习来加深对知识的理解和掌握。学生应注意将新旧知识相联系，通过独立思考或与同学讨论来解决问题，并进行有效的概括和总结。最后，学生需要掌握不同类型内容的学习规律，而教师则应组织学生进行自学成果的交流、讨论和示范。对于理论性知识，重点在于建立概念、原理和定义，通过抽象、概括和推理得出结论，并掌握其应用和具体例证；对于元素和化合物的知识，应关联实验现象，理解物质的结构、性质、用途与制法之间的联系，并形成清晰的概念图。

（五）指导合作技能

合作学习是一种以小组为基本单位的学习形式，旨在通过成员间的互动合作来促进学习，实现整体学习成效的最大化。在组织合作学习时，教师首先需要明确每个成员的个人责任，培养团队精神，并鼓励每位成员在平等民主的环境中独立思考并积极参与，表达各自的见解。教师应重视小组成员间的相互支持、鼓励和帮助，确保每位成员都能达到预设的学习目标。此外，教师需要合理组建学习小组，激发学生的共同参与意识，精心设计合作学习的内容，发挥每位成员的作用。同时，教师要把握合作学习的时机，提升每个成员的参与意愿，合理安排合作学习的时间和环境。最后，进行恰当的评价是关键，它可以极大地激发学生的学习热情。在合作学习的过程中，每个成员的有价值的提问、出色的发言或成功的实验都应得到小组内的认可和赞扬，这不仅增加了学习的乐趣，还能有效提升学生继续合作的动力。

(六)指导探究技能

探究式教学是一种鼓励学生自主学习的教学模式,它通过提供观察、调查、假设、实验、表达、质疑和讨论等机会,使学生能够将学到的知识运用于解决实际问题中。这种教学方法不仅有助于提升学生的智力和创造性思维,还有助于发展他们的自学能力和学习技巧,同时也促进了学生在化学核心素养的五个主要方面的成长,为学生的终身学习和职业生涯奠定了坚实的基础。在这个过程中,教师的角色是激发学生的探究热情,引导他们发现问题、提出问题、分析问题并解决问题,从而促使学生主动掌握知识和发展各种能力。

在组织和指导探究式教学时,教师首先需要挖掘教材中潜在的探究元素,充分利用化学实验进行探究活动,并创设问题情境,鼓励学生设计实验,以发展其发散和批判性思维。其次,教师应该激发学生的探究和思考兴趣,引导他们质疑和创新,使其能够主动参与探究活动。教师还需敢于放手,给予学生足够的思考空间,引导他们自主发现问题和解决方法,允许他们犯错,并在轻松的氛围中展现自己的才能。

最后,教师要按照科学探究的规律指导学生开展活动,包括情境创设、问题发现、假设提出、资料收集、验证实验、结论形成和讨论交流等环节。同时,教师要强调科学精神和社会责任,引导学生注重方法总结和思维规范。

三、板书板画技能

在课堂教学中,教师常利用黑板、白板、磁性板等,通过简洁的文字和化学符号来传递教学信息,这种方式被称为板书。板书不仅是课堂教学中不可或缺的手段,也是课堂教学的重要组成部分。同时,合理的板书设计是制订课时教学计划的关键环节,也是教师基础教学技能之一。

板画主要涉及绘制常见化学实验仪器及其装置的图示,对于学生巩固和深化化学基本知识极为重要。板画的制作需遵循现行化学课程标准。高中学生应该学会初步绘制简单的仪器和装置图。通过板画，学生可以熟悉仪器的名称、性能、规模及其连接方式，科学地理解仪器装置的工作原理。此外，板画也可作为直观的教学辅助工具，不仅能提升教学质量，还能激发学生的学习热情。在板画训练中，应从简单到复杂，分步骤进行绘制，确保图形准确、比例恰当、条理清晰、重点突出，以达到实验装置要求的直观、美观的教学效果。

四、模型、图表和标本使用技能

化学模型是根据化学实物原型，通过加工和模拟制成的仿真品，用于直观地展示化学实物的三维结构。因实物难以获取或需改变其大小，制作模型成为必要选择。常见的模型包括化工生产的标志性设备模型，例如炼钢高炉；化工流程模型，如接触法制硫酸的简化流程模型；以及物质结构模型，如电子云模型、有机物分子的球棍模型和比例模型等。图表是化学教学中运用的各种图形和表格，包括描述实验设备、基本操作的实验图，化工设备和工艺流程的示意图，物质结构如电子云图、原子结构示意图，以及展示物质相互关系的图表和各类曲线图如溶解度曲线图等。标本则是经过精选和处理，外观和品质符合教学需求的化学实物，如矿物、化工产品、冶金产品、化学试剂和晶体标本等。

这些模型、图表和标本在化学教学中扮演了不可替代的角色，对于学生在宏观与微观层面的认知（如电子云和原子结构图）、理解物质变化和平衡（如物质相互关系图）、推理和模型认识（如溶解度曲线图）、实验探究和创新意识（如实验设备图和工艺流程图）、科学态度和社会责任（如炼钢高炉模型和化工矿物标本）的培养中具有显著效果。因此，在化学课堂教学中应充分利用这些教学资源，配合知识模块的教学，发挥它们的最大作用，以提升教学质量和效果。

五、作业和辅导技能

布置作业是课堂教学的重要组成部分,其主要目的是明确告知学生应完成的任务及方法。作业的形式多样,包括阅读教科书与参考资料、完成练习题、开展调查、实地参观、图表绘制及实验等(学生可在家中进行一些简单的实验)。在布置作业时,需要确保作业内容聚焦课程重点,针对难点进行解答;表达应清晰明了,作业范围明确;用词需科学准确。此外,作业应激发学生的思维,培养他们分析和解决问题的能力;应提升学生对作业重要性的认识,激发其学习动机;同时,教师需要重视作业方法的指导。对于学有难度的学生,最好提供个别辅导。注意作业的适当量,过多的作业可能会减少学生的学习兴趣,甚至被视为负担。批改作业时,可以结合多种方式,如全收全批与部分批改、精批细改与典型批改、集体批改与个别批改等。辅导则是为了补充课堂教学的不足,通过辅导可以更好地了解学生在学习中遇到的问题和意见,研究学生的认知规律,实现教学相长,这对于提高教学质量至关重要。辅导应目的明确,重点在于指导学习方法,提升学生能力,同时激发学生的学习自觉性,确保学生愿意积极参与。在辅导中,教师应耐心引导,热情鼓励学生。

六、提问技能

提问是教师通过事先设计的一系列相关问题,通过师生对话的形式,引导学生思考并正确回答,围绕课程的关键点和难点展开讨论。在提问和解答时,要避免简单的问答形式,注重双向交流,确保问题的质量:问题要能够让学生回答,但不能过于简单,以免无须思考即可解答。课堂问题主要包括导向性问题(探究性问题)、评价性问题和形成性问题,还包括用于引导学生思考的反问、变换问题和有效追问等。

在提问过程中,选择适当的时机和对象,采用合适的方式提问,以吸引学生的注意,真正达到激发思考、培养学生能力的目的。问题提出后,教师应鼓励学生大胆发言,并善于倾听学生的回答,根据学生的答案进行有效追问。教师需要培养和提升提问技巧,避免使用简单的判断性问题如"是不是"或"对不对",而应学习和训练更灵活和有效的高级提问技术,如深化提问、转换提问、反问和回问等。

同时,教师不应只关注少数活跃学生的回答来营造课堂氛围,对于沉默或边缘的学生也应给予关注和适当的提问,根据学生对问题的掌握情况,采取强化和相应的补救措施,以提高课堂的实际效果。

七、情感表达与副语言技能

教师的情感技能对于提升课堂教学效率至关重要。这些技能中,尤其关键的是让学生感受到教师的态度和情感,比如热情、信心、亲近感和鼓励,这些都能显著提高学生的学习信心和动力。教师传递情感的非语言手段包括各种面部表情、眼神、微笑、声调以及头部和手部的动作,如点头、摇头、挥手或拍肩膀等。虽然这些教学非语言行为以口头语言为基础并与之配合,本身并未形成独立的语言系统,因此不能称为语言,但在课堂教学中它们发挥着极其重要的作用。

因此,教师应当积极学习和训练,掌握正确的情感表达和非语言技能,以更有效地与学生沟通,增强教学信息的传递效果,从而提高教学质量。这不仅涉及理论学习,还包括通过实践不断改进和调整自己的非语言交流方式。

第三节　课堂导入技能和调控技能

一、课堂导入技能

课堂教学情境导入是指将知识放置于其存在和应用的环境背景或活动背景中，使学生不仅学到知识，而且能够在这一环境中应用所学知识，同时这种情境还可能包括社会性的人际交往元素。教学情境的特点和功能在于其能够激发和促进学生的情感、认知和实践活动，提供丰富的学习资源，并有效改善教学和学习过程。通过这种方式，教学情境不仅加深学生对知识的理解，还增强了知识的实际应用能力，使教学活动更加生动和有效。

（一）教学情境导入的功能和特点

学习过程不应仅仅是被动接收信息，而是应通过理解和加工信息来主动构建知识。在这个过程中，情感发挥着重要作用，因为它能够促进认知的发展。一个良好的教学情境不仅提供生动且丰富的学习材料，还为知识的实际应用提供机会，这有助于知识、技能与体验的整合。在这样的教学情境中，学生不仅能理解所学知识，还能深入探究知识的本质，并运用知识解决问题，从而发展其个人能力。只有将学习内容置于其社会和自然的具体情境中，学生才能真正理解学习的意义并感受到学习的价值。

在课堂导入环节，艺术性的体现主要表现在其针对性、启发性、新颖性和趣味性。针对性意味着情境导入需要满足学生的听课需求，具有很强的目标性；启发性表明情境导入应能激发学生的思维能力；新颖性则指出情境导入应能吸引学生的注意力；而趣味性则关系到情境导入能否激发学生的学习兴趣，提升学习效率。通过这些元素的有效整合，教学可以变得更加生动和有效，更好地促进学生的全面发展。

(二)课堂教学情境导入方法

课堂教学情境的导入有四个主要方向,首先是结合学科和生活,例如通过展示制作皮蛋的过程来引入盐的教学;其次是结合学科与社会,如以西部盐湖开发的情境来讲解食盐和纯碱的制备;第三是通过问题探究来创建教学情境,比如通过比较食盐与硝酸钠的溶解能力来引入溶解度的讨论。以下是化学教师常用的九种情境导入方法的详细介绍。

1.直接入题,明确介绍

直接入题的导入方法指的是课程开始时,教师立即明确地介绍本课的教学目标、要求以及教学内容和进程,使学生清楚了解他们将学习的内容或将解决的问题。当课程内容为学生带来全新的知识或领域,且难以在学生现有的知识结构中找到关联点时,这种直接的导入方式尤为适用,但在化学教学中,应尽量减少使用此方法。

2.复习旧知,引入新课

这种导入方式利用学生已知的知识或生活中的常识作为基础,通过复习来扩展新的教学内容。这种方法的关键在于精心选择与新教学内容紧密相关的旧知识点,从而实现温故而知新的效果。

3.设置悬念,激发兴趣

悬念式导入是在课堂开始时故意提出一些启发性的问题,不立刻揭示答案,让学生感到好奇并主动寻求答案。这种方式尤其适用于那些内容较为枯燥的化学章节,通过创设悬念,能够激发学生探索未知的欲望,增加学习化学的兴趣。

4.利用故事,引发思考

使用寓意深刻且内容幽默的故事进行教学是提高课堂吸引力的一种方法。这种故事式导入需要确保故事与新课内容紧密相关,内容生动有趣且具启发性。故事讲述应简洁有力,通常持续2到3分钟即可,既能吸引学生注意,又能有效传达教学内容。

5. 直观演示,提供形象

直观演示方法是指教师在课程开始时,通过展示图片、动画、影像等直观教具来引导学生观察实物或模型,如电视播放或现场实验,从而吸引学生对新知识的关注。例如,在讲解有机物分子结构时,通过展示球棍模型和比例模型,引导学生从模型中理解并构建出分子的结构,进而通过模型的组装和重定位,帮助学生从宏观上理解有机物分子的微观结构及其变化。

6. 创设质疑,实验探究

为了培养学生的质疑精神、探索欲和创新能力,教学中需要创建质疑的教学情境,将学生的学习过程从"被动接收"转变为"主动探究"。以"二氧化硫的性质"为例,常规教学可能直接告诉学生二氧化硫的酸性氧化物性质、漂白性和还原性。然而,通过设置问题"二氧化硫是如何使这三种有色试液褪色的?其反应原理是什么?应如何验证?"可以激发学生的思考。接着,通过实验探究,例如向褪色后的酚酞溶液加入氢氧化钠观察颜色变化、加热品红溶液看颜色是否复原、向褪色后的高锰酸钾溶液中加入氯化钡来检测硫酸根的沉淀,这些步骤不仅验证了学生的假设,也符合现代教育理论的要求,对提高学生的学习效果极为有利。

7. 联系实际,引发兴趣

在化学教学中,教师可以从学生的实际经验出发,或提供与生活、生产及社会相关的实际案例(包括新闻报道或历史事件等),通过叙述、讨论或提问等方式,激发学生的思考,引发对新知识的兴趣。例如,在介绍"油脂"的课程中,可以讲述一个关于古埃及法老宴会上一位厨师不慎将油溅到热炭灰上,并在清洗时发现油脂和炭灰混合物具有洁净作用,这可能是最早的肥皂制作原理,引导学生探究与此相关的化学问题。

8. 魔术引入,增强兴趣

通过化学魔术来引入新课是一种提高学生学习兴趣的独特方法。教师可在课前准备一个与课程内容相关的化学"魔术",以神秘而吸引人的方式展示给学生,如通过"茶水变色"演示二价铁与三价铁的转换,用"空杯生烟"的魔术展示氨气的性质,或"滴水生火"来演示过氧化钠的反应特性。

9. 新闻事件,关注社会热点

教师在授课前应搜集与课程内容相关的新闻事件或社会热点,以图片、文字或视频形式展示,从而引起学生的共鸣,提高他们的科学意识和社会责任感。例如,通过提及"珠江水雷"事件,可以自然引入钠的化学性质的讨论,帮助学生理解科学在现实生活中的应用和影响。

(三)课堂教学情境导入注意的问题

在课堂教学中,情境导入是一种高效的教学策略,它能够为学生创造一个有意义的学习环境,激发学生的学习兴趣和积极性。为了最大化情境导入的效果,教师在设计和实施时需要注意以下几个关键问题:

1. 相关性与全面性

情境导入应紧密关联课程的主要内容,确保所创建的情境能够涵盖课堂教学的关键点和核心知识。这要求教师在设计情境时,能够准确把握课程的教学目标和学生的学习需求。

2.持续性

优秀的情境导入不仅仅在课程开始时使用,它应该贯穿整个教学过程。教师需要通过各种教学活动,如讨论、实验、问题解决等,持续维护和利用最初设置的情境,以增强学习的连贯性和深度。

3.时效性与发展性

情境应尽可能地反映最新的科学发展和社会事件,这样不仅能够增强教学内容的时代感,还能够提升学生对学习内容实际应用的认识和兴趣。

4.真实性

导入的情境应基于真实的数据、事件或科学原理,避免虚构或不切实际的场景,这有助于增强学生的认知真实性和学习的实用价值。

5.适宜性

情境的设计应考虑学生的年龄、背景、文化和教学环境,确保所有学生都能理解并从中受益。情境应避免包含任何极端、暴力或可能导致学生情绪不适的元素。

6.互动性与参与性

情境导入应鼓励学生积极参与和互动。通过问题激发、角色扮演或模拟实验等方式,可以有效提高学生的参与度,使学习过程更加生动和实效。

7.创新性

教师应不断寻求创新的情境导入方法,比如利用科技工具、多媒体或跨学科的连接,使课堂更加丰富和吸引人。

总之,情境导入在教学中是一种强大的工具,能够极大地提高学生的学习效果。教师应根据具体的教学内容和学生的实际情况,灵活地设计和应用各种情境,以实现教学目标,促进学生的全面发展。

二、课堂调控技能

课堂调控是保障教学活动达到既定目标、顺利完成教学任务的重要举措。教师在课堂教学中注意通过课堂观察等途径收集学生信息,在充分了解学生的基础上采取有效的管理和调控措施。

(一)课堂观察技能

课堂观察是教学调控与管理的基础,通过这一过程,教师能够观察并收集学生在行为、个性以及其他多方面的信息。这种观察能为教师提供重要的教学反馈,帮助他们及时调整教学方法,并增强对学生的了解,这对于提高教学评价的质量和规划未来的教学活动极为有利。

要有效进行课堂观察,制订周密的计划至关重要。教师需要明确课堂观察的主要内容,包括但不限于学生对学习目标的理解、学习态度、学习成果、参与度、兴趣爱好、情绪状态、注意力集中、人际交往能力、思维品质、创造力、认知和表达能力以及遵守纪律的情况等。在具体实施时,教师应针对每节课的特定教学内容选择几项关键指标进行重点观察,并设计相应的观察指标,同时注意不应忽略课堂中的偶发事件。

此外,课堂观察应面向全体学生,采用时间抽样法可以系统地对不同学生进行轮流观察。这种方法结合了定期的全面扫描和对特殊情况的关注,以确保观察的全面性和深入性。通过这样的系统观察,教师能够获得更全面的课堂信息,以便更有效地支持学生的学习并优化教学策略。还要做好观察记录表,教师要努力排除来自自身的各种干扰,如成见、先入为主、光环效应、标签效应和趋同现象等,还要排除来自观察现场的各种干扰,对于一时难以弄清和做出判断的现象,可以课后多与学生接触,做进一步了解,以便准确地做出判断和评价。

(二)课堂常规管理技能

课堂管理的常规内容主要包括空间与时间利用、纪律和秩序的维持等。

1. 空间管理技巧

空间不仅是教学的限制因素,也是重要的教学资源。在化学教学中,对教室空间的合理规划和管理至关重要。教室座位的布局会直接影响学生的视野、学习成绩及心理健康发展,并进一步影响教学效果。为了促进学生的全面发展,教师需要科学地安排学生的座位分布。将不同气质和性格的学生进行空间上的错开配对,能有效促进合作学习,帮助学生形成良好的心理品质。此外,定期调换学生座位也是必要的,这有助于学生的成长。在组织探究教学时,采用弧线形或U形的座位排列,可减轻来自教师的监控压力,有利于学生间的交流和合作。有条件的学校应当推行小班化教学,这样更便于开展探究教学、实验研究及小组合作学习。

2. 时间管理技巧

时间管理是学习过程中的关键要素。尽管课程计划和标准为各年级的化学教学设定了总学时,但各学校的实际教学时间却存在差异。研究表明,在成绩较好的学校中,由于学生或教师的缺席、教学中断、学生注意力分散以及学校安排的各类活动等原因,大约有20%的教学时间被浪费,而在成绩较差的学校,这一比例可能高达40%。教学时间的浪费往往与教学活动的随意安排、重复性教学、缺乏明确教学目标和教学环节衔接不畅等因素有关。因此,在教学过程中,教师应精心设计教学环节,合理分配和严格管理教学时间,以确保课堂的高效性,并最大化课堂效益。同时,学校管理层也应加强时间管理,尽量避免在常规上课时间内安排大型活动,确保教学时间得到有效保障。

3.纪律管理技能

在化学课堂的教学中,实施适度的宽严结合的教学纪律对于确保课堂顺利进行和提高教学质量至关重要。教师在教学过程中需恰当地利用纪律的强制性、学生的自我约束力以及教师个人魅力的吸引力。

首先,建立和谐的师生关系是基础。通过尊重学生的人格和自尊,而非仅依赖严格的规章制度,可以让学生自觉遵守和维护纪律。例如,通过组织演讲、表演、辩论和比赛等多样化的活动,提高学生的责任感和对集体的归属感,自然促使他们遵守纪律。了解学生的家庭背景,如文化水平、教育观念和家庭结构,尤其是对来自单亲家庭或有特殊家庭观念的学生,采用换位思考的方法,从多角度理解和接近学生,这样的班级往往能维护良好的课堂纪律。

其次,针对班级具体情况进行细致的分析和教育也是必要的。对于课堂上易发生纪律松懈的现象,如无目的的讨论等,教师应及时纠正,并通过实例教育让学生认识到维护课堂纪律的重要性。例如,对经常带头讨论的学生进行单独指导,并在班级中强调课堂纪律的重要性。

最后,教师应制订详尽的纪律管理规定,明确课堂上的行为准则,如不随意说话、非讨论时间不进行讨论、专心听课等。违反纪律的学生,可以采取适当的惩罚措施,如在班前背诵课文或写化学方程式,以此强化学生对课堂纪律的遵守。

(三)问题处理技能

在教学过程中,教师面对各种课堂问题需采取恰当的处理策略以保证教学活动的顺利进行。

　　首先,教师需要对课堂上出现的问题作出准确的判断。在面对学生睡觉、使用手机、打闹等行为时,教师必须评估这些行为是否立即需要解决,以及是否会影响后续的教学活动。问题的性质、轻重程度、起因和解决方法都需要被详细分析。教师应考虑问题的根源是否部分在于教学方式,以及是否可以动员学生共同寻找解决方案。

　　其次,教师应善于处理突发事件。对于课堂上的不可预测事件,处理方式不仅能体现教师的个人魅力,也关系到学生对教师的整体看法。在处理这些事件时,教师的语气、态度和行为举止都至关重要。应使用平和且具有教育意义的语言,比如提醒学生"请保持冷静"或"请不要扰乱课堂秩序"。处理问题时要保持公正,避免因个人好恶影响判断,确保不论学生表现好坏都受到公平对待。

　　最后,对于课堂上的小事件,教师有时可采取"冷处理"策略,即不急于立即解决,以避免过激反应,这可以让师生都有机会冷静下来,课后再针对事件进行详细讨论和处理。这样做有助于学生自我反思,增强他们的自我管理能力和是非判断力,有助于他们形成正确的价值观和人生观。通过这种方法,教师不仅处理了问题,还促进了学生的个人成长。

　　(四)课堂调控技能

　　课堂调控是实现教学目标的重要手段。教师在课堂调控中需要设定明确的学习期望,让学生理解并接受学习目标,从而促进学生的主动学习。通过创建吸引人的教学情境,教师可以激发学生的学习兴趣,同时利用兴趣的迁移和发展来进行情感调控。此外,教师应通过学生的自评、互评以及教师的评价,让学生及时获取学习反馈,进而强化学习效果。在评价过程中,应重视表扬和鼓励,帮助学生全面、正确地认识自己。

教师还需在课堂中妥善控制教学节奏,这涉及教学的密度、速度、难度、强度等多个方面。合理的教学节奏可以防止学生疲劳,提高教学效率。为此,教师需要深入探究并把握课堂的最佳教学时段,利用学生的最佳脑力和情绪状态,恰当地结合短时与长时注意,及时形成教学高潮,并适时调整教师与学生的活动,确保课堂教学的高效进行。

在处理课堂上出现的问题时,教师需要灵活而果断地做出反应,及时进行调控。遇到学生在课上睡觉、使用手机或产生吵闹和打架等行为,教师应立即采取措施。例如,对于上课睡觉的学生,教师可以在课后找出原因,针对性地解决问题。对于上课玩手机的情况,教师可以设定明确的规则,如课前收集手机,或与学生签订使用手机的协议。对于吵闹和打架的极端行为,必须立即解决,不能延迟处理。此外,当学生的学习积极性低落或表现疲惫时,教师应通过调整教学策略或学习任务来激发学生的兴趣和活力。当学生注意力不集中时,教师应适当引导,短暂放松后引导学生回到学习状态,保证教学活动的连续性和效果。

第三章 高中化学有效课堂教学的设计和建构

第一节 高中化学有效课堂教学设计

一、有效课堂教学设计的理念

（一）关注学生的"学"，学生的参与度高

教学过程本质上是教师有目的、有计划、有规律地组织学生学习的活动。从根本上说，"教学"应重点关注"学"，即通过"为学而教"的方式进行，根据学生的学习需求来调整教师的教学方法和策略，确保学生的主动参与。

有效的教学不仅仅关注教师在课堂上的教学内容和教学投入，或者学生的课堂活跃程度，而是更深入地关注学生的参与度、学习的进步和知识能力的发展。教学过程不应该是简单地向学生传授知识，而应该是一个通过互动，激发学生主动学习和掌握知识的过程。这个过程中还涉及"质"与"量"的问题，即不仅要考量学生是否有所进步（质的改变），还要评估这种进步的程度（量的改变）。

为了实现有效教学的目标，教师需要以科学、认真和有效的方式进行教学。然而，教师的关注点不应仅局限于学生在某个学科的发展，而应当秉持"一切为了学生，为了学生一切，为了一切学生"的教育理念，重视学生的全面发展。学生的发展不仅仅是学科知识的纵向深化，更是全面、多方面的成长，以培养学生成为全面发展的人。因此，在教学中，教师不应过分强调自己所教学科的重要性，而应将学科教育放在促进人的全面发展的大框架内考量。

（二）高效利用时间，注重教学的效益化

教学效益的概念与生产效益截然不同，不仅仅是教师在最短时间内覆盖最多教学内容的问题,更关键的是要考虑学生在单位时间内的学习过程和成果。换言之,教学效益侧重于学生的"收获"究竟有多大。为了提升课堂教学的有效性,教师需要进行充分的准备并科学地组织教学,确保能够高效利用课堂的有限时间,最大化教学效益。

在这种教学理念下,强调的是反对无效的"奉献"。所谓无效的"奉献",指的是那些看似投入时间多、付出大,但实际上并没有带来相应学生进步的教学行为。这种做法不仅没有帮助学生取得应有的学习成果,反而阻碍了他们的进步与发展,是对教学资源的一种浪费。因此,教师的目标应是追求教学的高效与质量,通过精确的教学设计和执行,真正实现教学工作的价值和目的。

(三)明确任务指向,关注量化测评

教学目标是教师专业行为的核心,为每节课设定的目标,同时也是评估教学有效性的关键标准。要判断一堂课是否有效,首先必须明确教师和学生在教学开始前所期待达成的具体教学目标;没有明确的目标,任何形式的效果评估都失去了基础。因此,设定清晰的教学目标是有效教学的首要条件。

有效教学应科学结合定量与定性分析、教学过程与结果评估,全面地评价学生的学习成效和教师的工作表现。为了量化评估教师的教学实施效果,教师在制订教学目标时必须确保目标的明确性和具体性。每节课都应明确其教学目标,这不仅有助于学生对知识的正确理解和牢固掌握,还促进知识的有效迁移和应用,同时也方便对教师的教学成效进行评估。具体明确的教学目标使得教学措施更加有针对性,从而实现教学活动的最大化效益。

(四)实施教学反思,促进教师成长

教学反思是教师专业发展的关键环节,它有助于教师进行自我审视和自我提升。为了实现有效教学，教师需要自觉培养反思的意识并习惯于对自己的教学行为进行总结和审视。教师应不断地问自己："什么样的教学才是有效的？""我的教学方法有效吗？"以及"是否存在更优的策略来提升课堂的教学效益？"这样的问题不仅促进教师深入思考，也是驱动教学改进的动力。

有效教学与否，很大程度上依赖于教师是否愿意并能够对自己的教学方法和成效进行深入反思。教师的持续自我反思是提升教学质量的必要条件，它使教师能够识别并修正教学中的不足，探索更加高效的教学策略。因此，教师需要将反思实践整合到日常教学中，确保每堂课后都能进行系统的思考和总结。通过这种持续的、系统的反思，教师能够不断完善自己的教学技能，促进个人职业成长，从而真正实现课堂教学的高效和有效。

二、有效课堂教学设计依据

有效课堂教学的设计需要依据课堂教学目标、教学内容、学习和教学理论与学习者的特点进行制订。

（一）课堂教学目标的设定

有效的教学设计始于明确的教学目标。这些目标决定了选择何种教学方法。在我国，教学目标通常被划分为三大类：知识与技能、过程与方法以及情感态度与价值观。根据这些分类和具体层次，教师需要有针对性地制订教学策略，确保教学设计与教学目标的一致性。

（二）教学内容的选择

有效的教学内容应当能解决实际的教学需求，影响教学任务的处理方式。教学内容的选择应基于知识特性和学习要求的不同，采取适合的教学模式。例如，化学教学以实验探究为主导，但具体到不同知识点时，教师应根据知识的具体要求选择适当的教学方法和策略。

（三）应用教学理论

教育学和心理学的学习理论为教师提供了一套行之有效的教学和学习原则，帮助教师科学地理解学习的机制，并指导教学实践。有效的教学设计应依据这些理论，遵循人类学习的普遍规律，采用科学的教学方法和策略，以促进学生的全面发展。

（四）考虑学习者的特性

考虑到每位学生的学习能力和认知水平都不尽相同，教师在设计教学时需要考虑学生的年龄、智力、能力、学习习惯和态度。教师应根据学生的具体情况进行个性化的教学设计，实现"因材施教"，这样才能最大限度地提高每位学生的学习效果，确保所有学生都能从教学中获得必要的益处。

三、有效课堂教学设计原则

（一）提升学生的元认知能力和激发学习动机

学习建立在学生已有的知识和技能基础之上。教师在教学时应遵循学生的现有知识和认知水平，以此为基础设定新知识的接入点，避免超越学生的认知能力，以免引起学生知识结构的混乱和发展的阻碍。依据桑代克（Sandike）的准备律，当学生准备好学习时，他们会因适当的学习挑战而感到满足，并取得更好的学习成效。因此，有效教学不仅要适应学生当前的知识水平和认知能力，还应激发和保持学生的学习动机，使学习过程既愉快又高效。

（二）明确展示教学目标

有效的教学设计应确保学生明白学习的最终目标，即学习结束后应达到的具体水平和能力。教师在授课前应明确展示教学目标，例如在教授元素化合物的知识时，应明确化合物的物理性质、化学性质及其反应原理等是学习的关键内容。这样学生可以更有针对性地吸收对达到教学目标有帮助的知识，从而更有效地利用心理资源，提高学习效率。

(三)提供积极的指导和评价

教学是一个充满互动的过程,教师在设计教学策略时应考虑如何有效地指导学生,并给予积极的反馈。对学生回答问题后,教师应给予准确的反馈。如果教师未能仔细听取并识别学生回答的细节,仅以笼统的正确或错误评价学生的回答,可能会导致学生对正确答案的理解不清,从而影响学习成效。教师应精确地回应学生的每一个答案,帮助他们清晰地理解问题,从而提高教学的整体效果。

(四)实现学习成果的可见反馈

研究显示,当学习者了解到自己的学习成果时,学习效果往往更佳。在一项实验中,参与者被要求在眼睛被遮住的情况下画出10厘米的线段,分为三组,每组在不同比例的实验次数中了解到自己的绘画结果。结果显示,获得反馈的频率越高,学习进步的速度也越快。因此,在教学过程中,让学生及时了解自己的学习成果是提高学习效率的关键。教师应设计有效的反馈机制,确保学生可以实时接收到关于他们学习进展的信息,从而有助于他们在学业上取得更好的成绩。

(五)考虑学生的个体差异

每位学生都具有独特的个性和学习需求。学生在年龄、能力和认知风格上的差异意味着他们的学习方式和习惯也会有所不同。例如,一些学生可能对讲授法反应良好,而另一些学生可能更适合通过观察学习。在设计教学策略时,教师需要充分考虑这些个体差异,采用因材施教的方法,以确保每位学生都能通过最适合自己的学习方式实现全面发展。这种个性化的教学策略不仅能促进学生学业成绩的提高,还能帮助他们在心理和社交能力等多方面得到均衡发展。

四、高中化学课堂有效提问研究

(一)相关概念界定

1. 提问的定义与作用

在教学中,"提问"指的是教师在课堂上有目的地提供教学提示或向学生传达相关刺激,以暗示学生应采取何种行动或怎样行动。这种提问不仅包括教师向学生提出问题,还包括在教师的引导下,学生对教师及同学的提问。其主要目的是引导学生积极参与课堂活动,增进学习的互动和深度。

2. 有效提问的含义

"有效提问"强调的是"有效性",即能够实现预期目的和产生效果的提问方式。在教学环境中,这种提问不仅要对学生有效,促进他们在知识、情感态度和学习能力等方面的全面发展,也要对教师有效,帮助提高教师的教学技能和促进其专业成长。有效提问是基于教师对教学内容和学生实际情况的深入理解,通过设计精确的问题,在课堂上创建良好的问题情境,以激发学生的主动思考和对话参与。

3. 高中化学课堂中的有效提问

在高中化学课堂上,有效提问是教师依据化学课程标准,并结合学生的认知水平进行问题设计的过程。这涉及在教学中创设适当的问题情境,选择合适的时机提出问题,从而引导学生积极思考和参与讨论。教师需要根据学生的反应及时进行评价,通过这种互动确保学生在认知和情感上的发展,同时也促进教师自身教学技能的提升。这种方法旨在通过精心设计的问题激发学生的探索精神,进而提高化学课堂的教学质量和效果。

4. 高中化学课堂有效提问的特征

在高中化学课堂上,区分有效提问与低效提问极为重要。低效提问通常表现为以下几个特点:首先,自问自答式的提问,这类问题往往没有实际的教学意义,因为教师在提出问题后会立即自行给出答案;其次,是采用封闭式的选择性提问,如使用"是不是""对不对""有没有"等形式,这种方式可能导致学生在回答时失去自我思考的空间;第三,提问的难度设置不当,过于简单使得学生可以轻易回答,或过于复杂使得学生束手无策;最后,是思考时间的分配不足,即使是质量较高的问题,由于没有为学生留出足够的思考时间,也难以达到良好的教学效果。

那么,有效的提问应具备哪些特征呢?有效提问应当能促进学生的积极思考,引导他们深入探讨问题,并通过恰当的问题设置激发学生的学习兴趣和参与度,最终实现教学目标。这种提问方式应与教学内容和学生的实际水平紧密结合,恰当调节问题的难度,并给予学生充分的思考时间,使每一个问题都能有效地促进学生认知的深化和拓展。那什么样的提问才是有效提问呢?有效提问有以下几个显著特征。

(1)有较高的知识关联度

所谓知识关联度是指教师所提出的问题与学生现有知识的连接程度。在制订有效的问题时,教师应深入观察外部现象或资料,并结合学生的已有经验进行分析和对比,进而将这些信息有效地关联起来,形成既有挑战又在学生能力范围内的问题。

以乙醇结构的探究为例,教师可以先通过引导学生理解有机物的成键特征,如"碳四键、氢一键、氧两键",帮助学生推断乙醇可能的结构简式,例如:CH_3-O-CH_3 或 CH_3CH_2OH。同时,结合学生已知的信息,如金属钠通常储存在煤油中避免与水反应,煤油由多种碳氢化合物($C-H$)组成,可以引出一系列问题:煤油中含有哪些类型的化学键?水中存在哪些化学键?为什么金属钠可以与水剧烈反应,却能在煤油中安稳保存,这说明它与哪种类型的化学键反应?

基于这些问题,教师最终可以提出一个问题:"考虑乙醇的两种可能结构,你会如何设计实验来验证乙醇的实际结构是什么?"这种方式不仅将学生的已知知识与新的问题相关联,而且通过实验探究的方法引导学生自行发现和验证乙醇的真实化学结构,从而深化学生的理解和学习。

(2)有较好的预设明确度

在有效的教学提问中,问题的指向预设和解答域预设通常都是明确的。指向预设主要关注问题的对象,比如实体的存在、性质、状态、原因(因果关系)或是特定的命题。而解答域预设则定义了问题的答案应在哪一范围内寻找,为回答者指明了答案的可能区域。相反,无效或低效的提问往往在这两方面缺乏明确性,导致解答者难以给出准确的答案。

例如,在问题"二氧化硫为什么能使酸性高锰酸钾溶液褪色?"中,虽然表面上看问题指向了二氧化硫导致高锰酸钾溶液褪色的原因,但却没有明确指出是由于其哪种性质引起的。这个问题的解答域也不明确,不清楚是应从二氧化硫作为酸性氧化物的普遍属性考虑,还是其漂白性,或者是从氧化还原性质出发。这样的提问方式使得解答者难以准确判断应从哪个角度入手。

然而,如果问题修改为"结合二氧化硫中硫元素的化合价进行分析,为什么二氧化硫能使酸性高锰酸钾溶液褪色?"则问题的指向预设和解答域预设都变得更加明确。这样的提问直接指向了二氧化硫中硫元素的化学性质,特别是其氧化还原行为,为学生提供了一个清晰的思考和解答路径。通过这种方式,学生可以更系统地分析问题,从而更容易找到问题的答案。

(3)有较高的信息综合度

较高的信息综合度意味着问题的提出应该涵盖多个信息点,并且这些信息点在不同方向上相互联系,不仅仅是单一信息的简单重复。这类问题的设计更注重信息的广度,而非仅仅深入某一方面。

例如,提问"为什么 SO_2 能够使酸性 $KMnO_4$ 溶液褪色而 CO_2 却不能?"这个问题涵盖了 SO_2 和 CO_2 与 $KMnO_4$ 反应性的对比,这不仅仅探讨了一个单一的化学反应,而是比较了两种不同化合物的化学性质,信息的综合度较高。相比之下,"SO_2 为什么能够使酸性 $KMnO_4$ 溶液褪色?"这一问题虽然关注特定的化学反应,但信息量较单一,信息的综合度较低。

另一个例子,提问"根据氯气和水的反应,试推测氯水中存在哪些微粒?"较之于"试从以下实验现象进行分析,氯水中可能存在哪些微粒?第一,氯水为黄绿色液体;第二,向氯水中滴加几滴紫色石蕊试液,溶液先变红后褪色;第三,向氯水中滴加硝酸酸化的硝酸银,有白色沉淀产生。"后者提问的信息综合度更高。通过列举具体的实验现象,不仅挑战学生对实验现象的观察能力,还要求他们对结果进行分析和解释,从而对可能存在的微粒种类进行推测,这样的问题设计更能激发学生的思考和探索。

因此,设计具有较高信息综合度的问题可以更有效地促进学生的综合思考能力,帮助他们从多个角度和层次理解和掌握知识,这种提问方式对于深化学生的理解和应用具有重要作用。

(二)高中化学课堂有效提问的理论基础

1.最近发展区理论

在 20 世纪 20 至 30 年代,心理学家维果斯基(L. S. Vygotsky)提出了著名的最近发展区理论。该理论区分了学生的"现在水平"与"潜在水平"两个发展阶段。现在水平是指学生独立解决问题的能力,而潜在水平则是在适当帮助下学生能够达到的能力水平。最近发展区描述的是这两者之间的距离。

在教学活动中,尤其是在设计课堂提问时,最近发展区的概念显得尤为重要。如果提出的问题过于困难,超出了学生的最近发展区,学生可能会感到无法应对,从而不愿意或无法回答;反之,如果问题过于简单,仅仅处在学生的现在水平,虽然学生能够轻松回答,但这种提问无助于推动学生的认知发展,只是对已知知识的重复。

有效的提问应该适度超出学生的现有认知水平,恰好位于学生的最近发展区内。这样的提问不仅能引发学生的"困扰"和"挑战",还能激发他们的思考,促进认知能力的提升。通过这种方式,学生在必要的支持和挑战中得以成长,同时也促进了师生之间的真正互动。只有在这样的教学互动中,学生的思维活动才能被充分调动,学习效果也因此得到最大化。

2.建构主义理论

建构主义在当代教育心理学中被视为一种革命性的理论,它与传统的行为主义有着根本的不同。建构主义强调知识不是静态的,而是通过学习者在特定条件下的积极参与和内在生成的动态构建过程。这一理论认为,知识的获取不是简单的传递或接收,而是学生在主动参与和对话中形成的。

尽管化学的知识体系已由前人建立,对学生来说这些知识还是新的未知领域。在这种情境下,教师的角色是引导学生理解和掌握这些已有的知识结构,并帮助他们在此基础上构建自己的理解。建构主义理论强调,有效的教学提问应该基于对学生已有知识经验的深入理解,通过设计引发学生求知欲的问题情境来激发他们的学习兴趣。

在建构主义的教学实践中,教师应灵活调整提问的难度和范围,确保这些问题恰好位于学生的"最近发展区",既不过于简单也不超出学生的理解范围。此外,给予学生及时和恰当的正面反馈也非常关键,这不仅能增强学生的学习动力,还能帮助他们在学习过程中建立自信,从而更积极地参与到学习活动中。总之,建构主义下的教学需要教师精心设计互动和问题,以促进学生在主动探索中构建和扩展自己的知识体系。

3.问题教学法

问题教学法是伴随新课程改革兴起的一种教学策略,主要通过教师设计的情境以问题的形式呈现教材中的知识点。学生通过发现和解决一系列问题的过程来达到掌握知识、提升技能和发展自学能力的目标。这种方法的实施可以分为三个主要步骤:首先,创造问题情境,引导学生发现并提出问题,明确需要解决的具体问题;其次,进行问题探究,学生通过个人或集体智慧设计并实施解决方案;最后,对解决的问题进行反馈整理和质疑,以此深化知识的理解和应用。教师可以根据具体的教学需要灵活地运用这些步骤。课堂提问与问题教学法在本质上有相似之处,都通过教师设定的问题情境激发学生的参与和讨论,推动问题的解决。有效的课堂提问需借鉴问题教学法的框架设计,以激发学生的思考和创新精神。

4.课堂互动理论

课堂互动发生在特定的时间和地点(即课堂),涉及特定人群(教师与学生、学生与学生)之间的基于平等对话的特殊人际互动。这种互动包括师生双方在课堂上进行的各种形式、性质和程度的心理作用和行为互影响。课堂提问是实现课堂互动的一个主要途径,主要通过教师与学生之间的言语和非言语行为展开互动。在课堂提问中,教师的言语行为包括使用语言、符号、图形来提问和引导学生思考,目的是达到教学目标;学生的言语行为主要是响应教师的提问和参与讨论,以及在学习过程中向同学和教师提出问题。非言语行为,如肢体动作、面部表情和眼神交流,在课堂提问中也扮演重要角色,是师生互动的重要组成部分。教师通过观察学生的非言语行为可以更好地理解学生对问题的理解程度。课堂互动理论启示我们,教师应在确保与学生平等对话的前提下,综合运用合适的言语和非言语行为与学生进行有效互动。同时,教师需要综合学生的言语和非言语表现所传达的信息,根据实际情况调整问题的类型、难度和提问顺序,以提高课堂提问的效果和课堂互动的整体质量。这种方法不仅增强了教学的互动性,还有助于提高学生的学习动力和教学过程的效果。

(三)高中化学课堂中有效提问的实施策略

1.有效问题设计的策略

(1)选择适合的问题类型

提问的核心目的是激发学生在课堂上的主动参与,实现教学目标,并推动学生思维的发展及终身学习能力的培养。根据现代教育学的研究,参与高阶认知活动可以有效促进学生思维的成长。因此,在教学过程中,教师应将课程内容细分为若干教学单元,并为每个单元设计涵盖方法论和技能训练的多维度问题,确保每个单元中至少包含一个促进高阶认知发展的核心问题,同时适当运用随机提问以增强课堂互动性。

例如,在讲解乙烯的化学性质时,假设学生已经能够熟练描述乙烯的颜色、状态、气味和密度等物理性质。为了加深学生对乙烯水溶性的理解,教师可以提出这样的问题:"如何设计一个实验来验证乙烯在水中的溶解性?"这种提问不仅聚焦了学习的关键点,也从方法论和实践操作的角度推动学生全面理解知识,从而促进他们的思维发展。通过这种教学方法,教师能有效引导学生深入思考和探索,强化他们对科学概念的理解和应用能力。

(2)控制问题的难易程度

在教育测量领域,问题的难度可以通过公式 pH＝1－P/W 来计算,其中 p 代表能正确回答问题的学生数,W 为课堂上的学生总数。这个难度指数 pH 的范围是从 0 到 1,其中 pH 值越大表示问题越难。通常情况下,一个有效的问题难度应该控制在 0.3 到 0.8 之间,这样大部分学生都能通过努力找到正确的答案。

在实际教学活动中,教师首先需要深入了解学生的生活背景、兴趣爱好及他们已有的知识和认知水平。在此基础上,教师应在学生的最近发展区提出问题,使问题既不过于简单也不过分困难,从而激发学生的探索欲望并促进其思维发展。此外,对于一些较难的问题,教师可以通过设置一些逐步深入的问题或是过渡性问题来降低难度,例如在探讨为什么将 $NaOH$ 溶液滴入 $FeCl_2$ 溶液中会见到白色沉淀迅速变为灰绿色再到红褐色的现象时,可以通过以下问题来引导学生思考:红褐色沉淀是由哪种物质形成的?在此过程中铁元素的化合价有变化吗?这种变化表明了什么化学过程?$Fe(OH)_2$ 是被氧化还是被还原了?是什么因素导致了这种变化?学生自然会联想到氧气的作用。通过这样的问题设计,教师不仅成功地引导学生解决了问题,还巧妙地过渡到了下一个知识点,有效地促进了学生思维能力的发展。这种问题设计使得学生在实验探究的环节中更加积极主动,从而提高了教学的整体效果。

(3)安排好问题的层次结构

布鲁姆(Broome)的问题分类标准将问题从低到高按认知水平分为六个层次:知识、理解、应用、分析、综合和评价。这种分类帮助教师根据不同的教学需求和目标,设计不同层次的问题。问题本身并没有绝对的有效或无效之分,关键在于教师如何根据教学情境恰当地应用这些问题。

在教学过程中,教师应根据教学目标、内容及学生的认知发展阶段,合理安排各种问题的呈现顺序和所占比例。一般情况下,教师会使用循序渐进的提问方法,首先通过基础知识问题来了解和评价学生对基本事实的掌握情况。然后,通过应用级别的问题来检验学生对知识的理解和应用能力。最后,通过较高层次的分析、综合与评价问题,推动学生进行深入思考和批判性思维的培养。

此外,考虑到教学的主要目的是提升学生的思维能力,教师可以适当提高高认知层次问题的比例,确保学生在认知上获得实质性的提高。这种方法不仅帮助学生深入理解知识,还能激发他们的探索精神和创新能力。

(4)创设适宜问题情境

依据建构主义理论,学生的学习总是在特定情境中进行。如果问题与具体情境脱节,通常难以激起学生的兴趣或促使他们进行深思。因此,在课堂教学中,教师应致力于创造相关的问题情境,让问题以生动直观的形式呈现,激发学生的认知冲突,从而激活他们的思维活动。

①联系生活实际,创设问题情境

在具体教学活动中,教师可以利用来自日常生活、化学历史、丰富的化学实验等多种资源,并结合多媒体技术来创设情境。例如,在讲解《铁及其化合物》时,可以将日常生活中的一个普遍现象——削皮苹果的变黄——引入课堂,以此为例启发学生思考。

首先,教师可以向学生提问:"苹果为什么会在削皮后变黄?"这个问题直接关联学生的日常经验,促使他们开始思考可能的化学过程。当学生在思考过程中遇到困难时,教师可以进一步引导:"你们知道 Fe^{2+} 和 Fe^{3+} 在水溶液中的颜色是什么吗?"通过这样的提示,学生可以联想到氧化还原反应的相关知识。

接着,教师可以继续提问:"市售的苹果汁为什么要添加还原剂如维生素 C(VC)来防止苹果汁变色?"此问题不仅扩展了学生对化学反应实际应用的认识,也引出了进一步的探究:"除了 VC,还有哪些常见的还原剂可以还原 Fe^{3+}?"这样的问题设置不仅加深了学生对 Fe^{2+} 和 Fe^{3+} 氧化还原反应的理解,而且自然而然地过渡到了有关铁离子检验与转化的更深入教学内容。

通过将具体的生活现象引入课堂,教师能够有效地激发学生的学习兴趣,使他们在积极探索和解决问题的过程中深化对化学知识的理解和应用。这种方法不仅提升了学生的学习动机,还帮助他们建立起化学知识与现实世界的联系,增强了学习的实用性和意义。

②利用化学实验,创设问题情境

在化学教学中,通过实验创设问题情境是一种极其有效的方法,它依靠化学实验的直观性和趣味性来极大地激发学生的好奇心和探究欲。例如,在讲授钠的氧化物相关知识时,教师可以让学生亲手做"滴水生火"的实验。学生们看到棉花团剧烈燃烧通常会表现出惊讶的反应,并强烈希望探究背后的原因。在这种情况下,教师可以解释,这是因为棉花团内部包含了少量的过氧化钠(Na_2O_2)。之后,教师可以引导学生探讨过氧化钠的化学特性,并思考如何设计实验来检验这些性质。

③利用信息技术创设问题情境

借助现代信息技术,将动画、声音、图像、图表及文字有机结合,展现在大屏幕上,这不仅增强了信息的真实感和感染力,还能有效提升学生的学习兴趣。比如在解释二氧化硫(SO_2)的特性时,教师可以先利用视频或动画展示酸雨的影响,通过这种震撼的视觉效果吸引学生注意力。接着,教师可以提出问题,询问酸雨的主要成分是什么,是哪些物质导致了酸雨的形成,以及在此过程中发生了哪些化学变化。同时,教师还可以探讨二氧化硫的具体化学特性,引导学生不仅深入理解课题,还能将课堂学习与现实世界问题紧密联系起来。

2.有效提问实施的策略

教师在课堂上精心设计的问题是否能够达到预期效果,很大程度上依赖于教师提问技巧的高低,这包括合理选择提问的时机和对象。此外,教师提问的速度、对学生答案的处理方式及其方法同样关键。那具体在问题提出环节教师需要注意的是:

(1)提问时机恰当

孔子曾提道:"不愤不启,不悱不发",这在当代教学中体现为课堂提问的艺术,强调提问应随着教学进程和学生思维的发展适时进行。通常,学生在面对难题时会首先尝试用已知的方法和经验解决问题,这种现象称为思维定式。然而,当传统方法无法解决问题或者遇到思维障碍时,教师的及时提问显得格外重要,能够通过引导性和层次清晰的问题,帮助学生从新的视角或更深的层次分析和解决问题,进而提高他们的问题分析和解决能力。

例如,在探究补铁药是否含有铁元素的实验中,如果向待测液中添加KSCN溶液后没有出现预期的血红色反应,学生可能会怀疑药品的真实性。这时,教师可以引导学生思考并分析:为什么没有出现预期颜色?可能是因为存在的是二价铁。接着,教师可以进一步提问:如何验证溶液中确实存在Fe^{2+}?这样的提问不仅激发了学生的好奇心,也促进了他们深入思考和积极参与实验探究的过程。这种教学方法不仅帮助学生理解科学概念,还培养了他们的科学探究和批判性思维能力。

(2)对象面向全体

在课堂教学中,学生的积极参与是衡量教学有效性的重要指标之一。教师在提问环节可以通过选择提问的方式、确定回答问题的学生以及评价学生的回答等三个方面来确保学生的最大参与度。

首先,提问方式包括教师提出问题后选择学生回答的方式。常见的提问方式包括指定学生回答、学生自愿举手回答、全班一起回答以及教师自问自答等。实际操作中,教师应优先考虑先提出问题再选择学生回答的方式,以鼓励所有学生进入思考状态。在选择回答者时,教师不应仅限于选择举手的学生,也可以根据问题的难易程度和学生的情况,选择未举手的学生回答,同时对答对的学生给予肯定,以提升他们的自信和参与意愿。

其次,提问对象是指教师在提出问题后选择的回答学生。教师应根据问题的难度适当分配给不同水平的学生,实行"因人施教"的原则。对于基础较差的学生,可以让他们回答简单的问题,从而感受到成功的喜悦和提高学习兴趣;而对于基础较好的学生,则可以挑战更复杂的问题,进一步提升他们的分析能力。这种方法确保了不同水平的学生都有机会参与,从而提高了课堂的整体效率。

最后,评价学生回答的方式也十分关键。教师在评价时应针对学生的具体回答内容进行,但反馈时应面向全体学生。学生的答案往往体现了多样的思考方式,教师应关注并引导全班学生参与到问题的讨论中,以体现素质教育的全面性。因此,在提供反馈时,教师应面向全班,使每位学生都能参与到问题的深入探讨中,从而提高课堂提问的参与度和教学的整体有效性。

(3)及时判断评价

在课堂中,对学生回答进行及时且准确的评价是确保有效提问的关键。在具体执行过程中,教师可以从以下几个方面着手:

①评价语言激励性

在评价学生时,教师应主要采用表扬和激励的方式。即便学生回答有误,也应从中挖掘正面因素,给予一定程度的认可,鼓励学生重新投入到问题的积极思考中。尤其当学生提出独特见解或创新性问题时,教师应予以肯定,并使用接纳和探索性的评价方式引导学生深入思考,如:"你的这个想法很有创意,能否进一步解释你的思考过程?"或"你提出的方案很有见地,你觉得实施过程中会遇到哪些挑战,我们应如何应对呢?"这样的互动不仅激发学生的创造力,还促进他们的思维发展。

②评价方式多样化

教师在评价学生的回答时可以采用多种方式,包括语言评价和非语言评价。语言评价可以是口头的,如赞扬学生:"非常好"或"你的答案让我们都受益匪浅",以表达教师的肯定和鼓励;非语言评价则可以通过教师的表情、肢体语言等表现出来,如鼓掌、点头或眼神交流,传递正面的反馈。此外,还可以设置奖项如"创意思考奖"或"最佳解答奖",增强学生的参与感和动力。

③评价形式多样化

评价可以是教师对学生的直接评价,也可以是学生间的互评。在学生互评中,教师可以在过程的最后进行点评和小结,为更多学生提供表达自己观点和想法的机会。这种方式不仅提高学生的思维活跃度,还有助于激发他们的潜力。虽然学生的评价可能较为简单和直接,但往往更易于被其他学生接受,因为他们处于相似的认知水平。

④评价尺度多样化

对不同水平的学生,教师应采用不同的评价标准。对成绩优秀的学生可以提出更高要求,激励他们不断进步,如指出他们的答案可以更加精炼;对基础较弱的学生,则需要更多的肯定和鼓励,如"我相信你可以做得更好,再试一次吧!";而对成绩较差的学生,更需发现他们回答中的亮点,给予积极反馈,帮助他们建立自信。这种差异化的评价方式可以确保每位学生都得到适合自己的指导和激励,从而提高整体教学效果。

(4)恰当反馈引导

当学生正确回答问题时,教师可以通过适当的延伸问题或追问来深化讨论,或邀请其他学生对答案进行更深层次的探讨和补充。同时,教师可以通过不同的方式表达学生的观点和例证,甚至在随后的教学中重复提及这些观点,让学生意识到他们对教学活动的重要贡献,从而增强他们的自豪感和成就感,激励他们更加积极地参与到问题的思考中。

反之,当学生的回答偏题或未能回答问题时,教师应采取鼓励和启发的方式进行引导。这包括通过提供提示和暗示帮助学生找到正确的答案。教师可以通过重新提出问题来确认学生是否理解了问题的核心,接着引导学生回忆和理解已学的知识,帮助他们理解解决问题的根据和逻辑,从而运用已掌握的知识解决问题。在这一过程中,教师还应促进学生的深入思考,鼓励他们开发新思维或对现有观点进行评估和判断,从而促进学生在思维和知识上的成长。

3.有效反思的策略

及时且有效的反思对于教师在课堂提问中的表现是非常关键的。研究表明,能够在每次课后及时进行反思的教师相对较少,特别是对课堂提问单独进行反思的教师更是少见。为了提高反思的质量,教师可以考虑以下几个方面:

(1)全程化的反思时间

传统观念认为教师应在课后进行反思,但根据舍恩的理论,有效的教师反思应该涵盖提问前、提问中、提问后三个阶段。提问前的反思应在上课前进行,教师需要根据有效提问的原则优化自己的提问策略;提问中的反思涉及对教学活动的实时监控,及时调整和解决问题;提问后的反思则着重分析课堂的亮点与不足,以便改进。因此,教师在提问过程中应选择适当的时间进行反思,确保整个教学过程中的每个环节都得到有效的监控和调整。

(2)反思形式的多样性

教师反思是一个包含多方对话的积极过程,可以是自我对话、与学生的交流、与同行的讨论等多种形式:

①自我反思

这是一种内部对话,教师思考和分析课堂提问的设计、执行和效果。这种反思可以通过备课笔记、录音或视频分析等方式进行,帮助教师从多角度审视自己的教学行为。

②通过学生进行反思

由于课堂提问直接面向学生,教师应收集学生的反馈,了解他们对提问的感受和看法。这可以通过课后访谈或问卷调查等形式完成,有助于教师调整教学策略,以更好地促进学生的发展。

③通过同伴和专家进行反思

教师可能会受到自身观念的限制,比如倾向于使用低层次的提问或提供不具体的反馈。此时,同行和专家的观点就显得尤为重要,他们可以帮助教师发现并改进这些问题。教师可以通过课堂录像或微格教学等方法,邀请同行或专家对特定提问进行分析和评价。

通过这些方法,教师不仅能对自己的教学行为进行深入反思,还能持续提升教学质量,确保教学活动更加高效和有成效。

(3)全面化的反思内容

为了全面提升提问技巧,教师应对课堂提问进行全面反思。这包括依据有效提问的标准或课堂提问评价量表,从多个维度进行考量:问题设计的理念和依据、提问的语言表达、选择提问的时机、确定提问对象、应对课堂回答的方式以及处理即兴问题的策略等。反思不仅要关注提问中的问题,还需分析亮点,不仅针对预设问题的处理,也需审视临时提出的问题的应对方法。同时,反思应涵盖教师和学生的提问,帮助教师逐步塑造自己独特的提问风格。

(4)反思与实践的结合

反思后,教师需要将反思成果转化为实践,以免反思仅停留在理论层面。通过在提问设计和执行中应用这些反思成果,教师可以具体比较当前与过去提问的变化:提问技能是否提升?哪些方面有所变化?这些变化带来的效果如何?还有哪些环节可以改进?通过在反思与实践之间不断循环,教师能够持续提升提问技巧,并逐步形成自己的风格。

美国教育家泰勒在《课程与教学的基本原理》中提出的"泰勒原理",强调教学活动的四个步骤:确立教学目标、选择学习经验、组织学习经验和评价学习效果。提问作为课堂教学的重要手段,其实施也应遵循这一模式,确保提问的有效性。同时,《普通高中化学新课程标准》也指出,培养学生的问题意识和独立思考能力是教学的关键目标,教师应通过有效的课堂提问,引导学生思考,促进其问题解决能力的发展。

第二节　高中化学有效课堂教学建构

教师在构建不同教学内容的教学模式时,需要精确把握课堂教学的基本结构。化学课程中的常规课型包括新授课(如元素化合物课、概念理论课和化学计算课)、实验课(包括化学技能和实际操作)、练习课(包括课堂讲评)以及复习课。由于教学内容的差异,教材表现形式和教学组织过程也会有所不同,进而影响学生参与学习的方式,因此针对不同的教学内容应选择适当的教学设计模式。

有效的教学应遵循三个基本原则:先学后导、缘学而导、以学促学。在新课程改革中,常用的教学设计模式主要分为教师中心模式、学生中心模式和双主模式。这些模式的分类基于教学过程中的主体地位。

针对化学教学的特点,不同课型的设计应围绕学生的学习特性和教学内容的具体需求,突出知识的生成和发展过程,培养学生的化学思维方法。教学中应体现师生互动、探究学习和自主学习的新模式,优化课堂教学,以适应新的课程标准和满足学生的发展需求,为学生未来的终身学习和发展奠定基础。

结合高中化学教学的实际情况,根据主要课型的特征和代表性的化学教学内容,我们可以总结出几种优化课堂教学的主要方法和设计模式,具体地针对各主要课型进行详细论述。

一、元素化合物知识教学模式的建构

元素化合物知识占据了高中化学教学中极为重要的地位,主要包括无机化合物和有机化合物两大类。这部分内容不仅是掌握化学概念、原理和实验操作的基础,也是学习其他自然科学的重要前提。元素化合物的学习具有形象、直观和规律性的特点,其中涉及大量叙

述性的教学材料，这使得学生相对容易接受和理解。然而，由于元素化合物的种类繁多，知识点细碎，学生常常面临记忆和掌握的困难，难以有效应用这些知识。这就要求教学中不仅要注重知识的传授，还需要采用合适的方法帮助学生整理和巩固知识，提高其应用能力。

（一）实验是基础

元素化合物课程强调以实验事实为起点，深入探索化学反应的规律，以便学生能够更好地理解和掌握化学知识。通过观察和操作实验、分析数据以及设计实验流程，学生可以直接体验到元素化合物知识的探索和发展，这有助于他们初步学习和掌握化学思维方式。如果教学仅依赖于教师的口述和板书，而不使用实验、标本、模型等直观教学手段，学生将不得不生硬地记忆知识，这种知识体系随着学习内容的增加很容易变得混乱，导致理解错误和教学效率低下。

例如，当教授金属钠的性质时，教师可以先展示几个装有金属钠（存放在煤油中）以及镁、铝、铁、铜等金属的试剂瓶。通过这样的直观展示，创建一个真实的学习环境，激发学生的探究欲：为什么钠要存放在煤油中？这种液体是什么？在探究过程中，学生了解到钠存放在煤油中的原因，进而可能会产生其他相关的问题，例如钠是否可以用其他液体保存。这种以问题为导向的学习方式能有效引导学生进行深入的探索，最终帮助他们准确理解金属钠的特性。

针对课本中一些不符合新课程改革要求的演示实验，教师应进行适当的修改，减少验证性实验，增加更多探索性强的新实验。例如，将 Fe^{2+} 和 Fe^{3+} 转化的实验，从单纯的验证实验改为探究性实验，将实验的操作和思考过程交给学生，这不仅有助于学生掌握化学事实，还能更好地揭示反应的规律，提高教学的实际效果。

(二)兴趣是关键

在化学实验教学中,教师通过利用与生活或生产密切相关的化学资源,能显著激发学生对学科的兴趣,活跃思维,提高教学的效果。设计一个紧扣学生日常生活的教学情境,能有效激发学生的好奇心和探索欲,使他们对学习内容产生深刻印象并乐于探究。例如,在解释钠与水反应的课程中,教师通过设计一个名为"捉水鬼"的小游戏来引入课题,这种方法不仅使实验过程形象生动,还极大地提升了学生的参与感和探究兴趣。

在这个游戏中,教师首先让学生准备一个装满水的桶,并玩味地暗示水中有"问题"。接着,教师加入称作"捉鬼药水"的酚酞试剂,再用沾有钠的木棍("魔棒")触水,引发一系列反应,水桶中似乎有"水鬼"出现,随着化学反应的进行,"水鬼"在"药水"的作用下发出声响,并逐渐"死亡",留下红色的痕迹。这个实验虽然未大幅改变钠与水反应的科学原理,但通过故事化的包装,使得反应过程变得更加引人入胜和易于理解。

这样的情境设计不仅让学生对钠与水的化学反应印象深刻,还自然引发了一系列探究问题,例如"捉鬼药水"是什么成分?为什么会有声音产生?水为何变红?这些现象科学上如何解释?钠的哪些性质通过这个实验得以体现?这些性质有无实用价值?

通过这种实验情境的设计,教师不仅传达了必要的化学知识,还教育学生用科学的方法来探究和解释自然现象,从而摒弃迷信,树立科学观念。这种实验不需要复杂的设备或过程,但其现象明显、情境吸引人,并且伴随着同步设计的问题组,帮助学生克服学习难点,有效培养他们的观察、分析和归纳能力。这样的教学策略不仅提高了课堂的趣味性和思考性,也使得教学内容与实际生活紧密相连,极大地提升了学生的学习积极性和思维启发。

（三）分类、性质是主线

在元素化合物的教学设计中，教师需要注重利用"物质分类"这一主线来进行教学，这可以有效避免知识点过于零散的问题。通过以物质的性质作为分类的核心，教学内容将更加条理化和系统化。

例如，在无机化学的学习中，教师应强调"非金属（金属）—氧化物—酸（碱）—盐"的逻辑联系，帮助学生构建主族元素及其主要化合物之间的关系网络。这样的结构不仅有助于学生理解各元素和化合物之间的联系，也便于他们掌握元素化合物的特性和应用。

在有机化学中，教师同样需要突出"醇—醛—酸—酯"的转化关系，以揭示不同有机化合物之间的衍生关系。通过这种方式，学生可以更加清晰地看到有机化合物的发展脉络，理解它们之间的转化原理。

传统的教材可能是按照元素及其化合物进行纵向分类研究，即针对每一族的代表元素逐个深入。然而，新课标的教材更倾向于按照物质类型进行横向分类，如无机物、有机物、金属、非金属、单质、氧化物、氢氧化物和盐，通过比较研究来探究。这种分类方式能更好地展示元素化合物的通性和特性，加速学生对这些概念的理解和掌握。

教学中将物质的性质作为分类的核心，不仅有助于构建知识的结构框架，而且通过关联元素的存在形式、单质及其化合物的制法和用途，结合这些物质在国民经济中的重要作用及日常生活中的应用，可以使学生感到学习内容的实用性和亲切感，从而极大提高课堂教学的吸引力和有效性。这种教学策略不仅有助于学生系统地学习和掌握化学知识，还能激发他们的学习兴趣，提升思维的逻辑性和系统性。

(四)联系生活是观念

化学教学在推动人类进步中扮演了关键角色,元素化合物的学习尤其重要,因为它们在日常生活和生产中具有广泛的应用。在设计元素化合物的教学内容时,教师需要深入挖掘基础理论的指导作用,揭示化学知识之间的内在联系,帮助学生构建系统的知识框架。这样的框架应清晰表达从"结构—性质"到"存在—制法—用途"的学习规律,使学生能够逐步掌握化学的本质和应用。

此外,教学应密切结合实际生活和生产实践,扩展到社会、环境保护和资源开发利用等领域。通过将化学知识与现实问题相结合,教师可以在课堂上创造出富有启发性的化学问题情境,不仅激发学生的思考,还有助于培养学生的社会责任感和品德。

例如,在教授硫和氮的氧化物时,可以结合讨论这些化合物与酸雨、雾霾和PM2.5的关联,从而让学生理解这些化学物质在环境中的作用和影响。通过分析酸雨的成因和危害、雾霾的形成原因以及PM2.5的健康影响,学生不仅能学到化学知识,还能增强环保意识和解决实际问题的能力。

这种教学方式能有效地将理论知识与实际应用相结合,使学生在学习过程中感受到化学的实用价值和社会重要性。通过这样的教学策略,学生不仅掌握科学知识,还能逐步学会用化学的视角去发现、解释和解决身边的实际问题,从而更好地为社会发展和环境保护做出贡献。

二、化学概念和化学理论知识教学模式建构

化学概念和理论的学习对于高中学生来说确实较为抽象和难以掌握。因此,在设计化学教学内容时,教师需要精心构建教学模式,确保学生能够从具体现象中抽象出本质特征,逐步形成清晰的概念

结构。

首先，教师应提供充分的实验事实或数据，作为概念形成的基础。通过实验示例的归纳，学生可以观察到化学现象的共性，从而在大脑中形成具体的化学概念。这种基于归纳的方法可以帮助学生理解化学事实的本质特征，并以此定义新的概念。

接下来，教师应利用学生已有的认知结构进行概念的同化。通过正反例的分析，讨论新概念的范围和条件，使用演绎方法比较新旧概念的异同，这有助于学生更好地理解概念或理论的内涵。这个过程不仅帮助学生形成新的知识体系，还能增强他们的批判性思维和问题解决能力。

例如，在教授"难溶电解质的溶解平衡"这一章节时，可以设计一系列探究实验，如制作氯化钠饱和溶液并通过添加浓盐酸来析出氯化钠晶体，或是制作氢氧化镁的饱和溶液来观察其溶解性质。这些实验不仅使学生应用之前学习的电离平衡和水解平衡的知识，还能直观展示难溶电解质也存在溶解平衡的事实。

通过实验和讨论，学生可以得出如下结论：

第一，没有绝对不溶的物质，溶解度虽小但仍可溶解。

第二，所谓的完全沉淀通常指溶液中的离子浓度非常低，小于 1×10^{-5} mol/L。

第三，沉淀生成的离子反应并不是完全不可逆，存在一个动态的溶解平衡。

此外，通过设计与生活实际相关的问题，如污水处理、除去热水瓶内的水垢、氟化物防治龋齿的化学原理以及从沉淀溶解平衡的角度解释溶洞的形成，可以进一步深化概念的应用和迁移，让学生体会到化学原理在现实生活中的实用价值。

通过这种教学设计,学生不仅能够理解并掌握抽象的化学概念和理论,还能激发他们学习化学的兴趣,认识到化学在提高人类生活质量和促进社会发展中的重要作用。这种教学策略有效地结合了感性认识与理性认识,有助于学生全面发展科学精神和创新意识。

三、化学计算知识教学模式建构

化学计算是高中化学教育中一项基本而关键的技能,其学习和掌握需要在对化学基本概念和原理的准确理解基础上进行。这类教学不仅需要反映客观的化学事实,还应该遵循心理学的学习原则,通常通过结合讲解与练习的模式来提高教学效果。

在设计化学计算课程时,教师应该紧密联系实际生活,选择与学生生活相关且具有启发性的例题。这种范例教学法,如果脱离实际应用仅由教师枯燥地罗列计算步骤和规范,学生往往难以理解和掌握。因此,例题的选择必须是精确、典型且具有教学目的性,符合大多数学生的认知水平,并且例题的呈现顺序需要有逻辑性和发展性,帮助学生在逐渐复杂的问题中提升自己的能力。

例如,教师可以设计一系列与学生日常生活相关的化学计算题,如计算日常用品中的化学物质含量、环境污染物的浓度等。通过这些实际问题,教师不仅讲授化学计算的方法和步骤,而且引导学生探究和归纳解题思路和方法,使学生能够通过问题的解决过程深入理解化学概念和原理。

此外,教师在讲解化学计算时应重视与数学、物理等其他科目的知识融合,例如利用数学的函数和图形来解释化学反应的速率问题,或者通过物理中的能量概念来分析化学反应的热力学过程。这种跨学科的方法不仅可以加深学生对化学计算的理解,还能帮助学生看到化学与其他学科的联系,增加学科之间的连贯性。

最终,通过练习的设计和实施,教师应促进学生在课堂内的积极思考和操作练习,减少课外作业的负担,而将更多的练习和思考放在课堂上进行。在这个过程中,教师应引导学生发现问题、突破难点、总结规律,并掌握化学概念和原理的实际应用,以此来提高学生的解题能力和科学思维。

四、实验课教学模式建构

化学始终以实验为其核心,不论在科学研究的前沿还是高中教育中。探索新知识和发现的基本方法依赖于实验事实的观察和归纳,这一特性定义了化学的学科特征。因此,"实验—探究"教学模式在众多教学策略中显得尤为重要和典型。

在此模式下,教师的职责是在实验课程开始前确保学生通过预习等方法明确实验的目的,同时安排恰当的时间进行实验前的指导,帮助学生准备好面对实验挑战。实验进行时,教师需有效管理课堂,确保学生能在安全的环境下进行实验操作,并对实验中的每一个步骤进行监督和指导。

重要的是,教师需及时纠正学生的操作错误,并引导他们对出现的正常或异常实验现象进行深入分析。这不仅有助于学生从实践中学习,也促进了他们对科学方法的理解和应用。

实验结束后,通过小结反思,教师应强化学生在化学实验中的思维训练和科学态度的培养。此外,教师应激励学生设计自己的实验方案,解决实际化学问题。这种方法不仅提高了学生的学习动力,也有助于培养他们解决问题的能力和创新意识。

总之,化学教育中的"实验—探究"模式强调了实验的中心地位和探究的重要性,对于培养未来的化学家和增强学生科学素养至关重要。通过这种教学方式,学生不仅能够获得实验技能,更能在科学探索中发展批判性思维和创新能力。

五、复习课的教学模式构建

在复习课中,教师应合理重组复习内容,通过整理知识点来突显它们之间的内在联系,并构建清晰的知识结构。复习课应具有明确的目标导向,侧重于关键主题和重点内容。复习课程应包括必要的例题(或讲评)以及相应的练习;在课堂结构设计上,讲解、练习和评价应占有合理比例。同时,复习课应在关键内容上设计具体情境,以激发学生的学习兴趣并促进其学习能力的发展。

六、讲评课的教学模式构建

讲评不仅涵盖了总复习测试后的课程,也包括常规作业练习的讲评。讲评应具有针对性,选择重点内容进行系统分析后的深入讲解。讲评过程中应分析解题思路并归纳解题方法,包括分析正确与错误的原因,如何构建正确的思路,以及如何总结同类题目的解题策略。此外,讲评应在关键点上进行延伸和拓展,如探讨其他解法、题目归类及其联系和变形等。必要时,讲评也应包含针对性的强化训练。

教师应积极探索和研究教学模式,借鉴国内外在教学模式构建方面的理论与实践,以选用和构建符合素质教育理念的化学教学新模式。每种教学模式都应有利于学生全面发展,并构建多样的教学模式群,供教师根据不同教学目标进行选择和应用。

第三节　高中化学有效课堂教学实施

一、高中化学有效课堂教学实施的要点

实现有效的课堂教学,关键在于教师的引导和学生的主动参与。为了提高课堂教学的效果,教师需关注以下几个方面:

(一)重视课堂导入,激发学生学习兴趣

课堂开始的导入阶段对整堂课的成功至关重要。能否在这一阶段吸引学生的注意力并激发他们的学习动机,将直接影响课堂的有效性。正如常言所述:"良好的开端是成功的一半。"因此,精心设计的课堂导入,如同精彩的文章开头,可以有效地激发学生的学习热情。

(二)重视学生的参与程度,培养学生的主动思考

生本主义教育理论强调,教育的核心是促进学生全面发展,学生是教学活动的中心。学生的全面发展和知识构建只能通过他们的主动参与实现。学生的参与不仅要广泛,还要频繁,这样才能确保学习的积极性和有效性。有句话很能说明这一点:"听来的知识容易忘记,看到的可以记住,亲自动手做的才能学得好。"这就体现了学生积极参与的重要性。因此,在教学中,教师应尽可能激活学生的多种感官,如手、眼、脑、口、耳,促使这些感官共同工作,使学生的心理活动保持积极、主动和活跃的状态。这不仅有利于学生的知识掌握,也有助于培养他们勤于动手和思考的习惯。课堂上,教师应精心设计问题,确保问题具有目的性、启发性和针对性,并恰当设置问题的难度,从而有效提升学生的参与度,集中他们的注意力,激发他们的学习兴趣。多设置需要学生思考的有效问题,少提出无意义的问题,这样学生就能始终保持主动学习和积极思考的状态。教师在追求教学效果时,不仅要关注学习的结果,还要重视教学过程和学生的参与状态,

确保每个学生都能充分参与到课堂活动中,从而真正实现教学的有效性。

(三)重视教学语言锤炼,培养学生的探究和质疑精神

教学语言是教师传授知识和教育学生的关键工具。只有当教学语言清晰易懂、逻辑严密,且讲解过程生动有趣、深入浅出,才能牢牢吸引学生的注意力,触动他们的心灵。此外,讲授时的幽默风趣可以进一步增强这种吸引力,从而激发学生对知识的探索欲和质疑精神,促进他们的学习能力发展。因此,语言的准确性与表达的艺术性对于教学的吸引力和激励作用至关重要。充满激情的教学自然能激发学生对知识探索和质疑的热情。

(四)重视建立平等、和谐的师生关系

一个和谐且平等的师生关系是创造融洽课堂氛围的基础,而这种氛围又是激发学生学习兴趣和促进其主动参与教学活动的关键。如果教师无法平等地对待学生,或者缺乏对学生的关爱,就难以真心投入到学生的学习和成长中。相反,如果学生对教师产生了对抗或抵触情绪,可能会转变为对该教师所教学科的厌恶,从而直接影响课堂教学的效果。因此,教师有责任在教育过程中努力营造一种和谐、平等、乐于学习和信任的课堂氛围,使每个学生的潜能得以在课堂上释放,并感受到学习的快乐。为实现这一目标,教师应积极构建和谐的氛围,主动了解学生的学习状况,精心策划每一个教学环节,并将自己的知识无保留地传授给学生,从而赢得他们的信任和尊敬。建立一种新型的师生关系,基于相互尊重和合作的原则,可以将爱心、微笑和激励带入课堂,创造一个互相理解、宽容平等的学习环境,从而使教与学的活动达到最佳效果。

二、高中化学有效课堂教学案例——气体摩尔体积

明确学习目标,清晰知识结构,为学生提供思考的空间,通过学

案让学生自主探究和获取知识,可以显著提高学习效率。本教学案例主要关注化学概念和原理的教学,同时包含一定量的化学计算。在传统的化学教学中,知识点因其抽象性和理论性较强,常使学生感觉难以理解,教师往往只是告诉学生"是什么",而不是"为什么",导致学生在整堂课中可能会感到困惑,无法深入理解化学概念或原理,而练习往往依赖于死记硬背和模仿。这种教学方式即便进行了大量练习,也难以实质性提升学生的理解。为了提高化学课堂的有效性,教师需要调整教学策略,相信学生具备处理和加工信息的能力,不应直接提供固定和完整的内容,而是应明确学习的目标和方向,为学生留出足够的知识空间,让他们自行构建和完善知识体系。这种方法能显著提高学生的参与度,创造合作和交流的机会,激发学生的潜力,从而提升教学的有效性。在这个教学设计中,应重点引导学生,为他们留出充分的思考和讨论空间,通过学案自主探索影响气体体积的各种因素,并引导他们提炼出气体摩尔体积的概念。通过实际的数据研究和小组讨论,学生不仅能深刻感受到气体摩尔体积的重要性,还能加深对概念的理解,并在解决实际问题中体验到探索的乐趣。

(一)设计思想及理论依据

知识的探索通常从实验开始,科学规律的发现经常依赖于对自然现象的持续观察、探索和验证。在这个过程中,对物质量等基础知识的理解是至关重要的。然而,这些知识往往具有较强的概念性和理论性,尤其在描述微观粒子时更显抽象,学生在理解上可能会遇到难题。例如,若直接告知学生在标准状态下气体的摩尔体积为 $22.4L/mol$,他们可能只是机械地记忆和应用这个数据。但在实际问题中,学生可能会困惑于为什么在一定温度和压力下气体摩尔体积会保持不变。因此,教育的重点应在于教会学生理解"为什么",而不仅仅是"是什么"。

本课程的设计目的在于引导学生从探究1摩尔不同状态（固体、液体和气体）的体积差异开始，深入了解这些差异的微观与宏观原因，并利用这些知识解决实际问题。在教学过程中，应注重学生的认知发展并尊重其元认知体验。

依据现代知识观，气体摩尔体积的概念属于陈述性知识。针对这类知识的教学应分为四个阶段：首先，确立教学目标，要求学生通过口头或书面方式回顾和叙述相关知识，检验他们的掌握程度；其次，设计教学内容时需强调新旧知识之间的联系，并明确这些联系点；第三，强化学生已有的知识以帮助他们同化新知识；最后，重点帮助学生将新旧知识整合，发掘新知识的发展潜力。为促进学生对新知识的理解，可以采用多种教学媒介展示知识发展过程，并通过关键问题的提问激发学生的注意力和思维，通过及时的反馈进行教学调整。

（二）教材分析

1. 教学内容解析

"气体摩尔体积"是高中化学课程中的核心内容，学习它是在掌握了物质的量的基础上进行的。这一概念不仅是理解和计算气态反应物与生成物在化学方程式中的关系的基础，而且对于后续的化学反应速率和化学平衡的学习也是必不可少的。在探究这一主题时，主要需要构建两方面的知识：首先是形成对气体摩尔体积的基本概念及其计算方法的理解；其次是对阿伏伽德罗定律的初步了解。

2. 教学的重点与难点

气体摩尔体积作为一个概念，其本质是非常抽象的，并且包含多个复杂的要素。这一概念在化学教学中占据着极其重要的位置，因而学生在理解和应用这一概念时往往会感到困难。因此，使学生准确理解气体摩尔体积的概念及其应用,既是教学的重点,也是教学的难点。在教学过程中需要特别强调这一部分,通过具体的教学策略和方法来帮助学生克服理解上的障碍。

(三)学情分析

面向刚进入高中阶段的学生来说,学习这一抽象的概念确实具有一定难度。虽然这一部分内容是以实验为引入,可能在一开始难以直接利用学生的现有知识来帮助他们理解新知识,但学生此前已经学习了关于物质的量的基本概念,对其有了一定的理解。在之前关于摩尔质量的讲解中,学生已经能够理解质量与微粒数量之间的关系,这为他们理解气体体积与物质的量之间的关系提供了便利。

尽管学生对固体、液体和气体有直观的感知,他们往往不太关注这些物质在微观层面的异同;对于影响这些状态物质体积的因素,他们可能只有模糊的认识,这就需要在教学中加以深入探讨和挖掘。因此,本节课的教学需要巧妙设计,从已知的摩尔质量概念出发,逐步引导学生发现和理解气体摩尔体积的概念,通过对比分析和实验验证,帮助学生建立起关于气体体积与物质量之间联系的清晰认识,同时加深他们对物质三态特性及其影响因素的理解。

(四)教学目标

根据新课程标准的要求及学生的知识水平和认知能力,教学目标可以明确如下:

1. 知识与技能目标

本节课将从学生熟悉的生活常识出发,使用类比方法帮助学生理解气体摩尔体积的引入及其重要性。在掌握影响体积的各种因素的基础上,学生将学习气体摩尔体积的概念和如何进行相关计算。通过这种方式,学生不仅学习到具体的化学知识,还能了解到这些概念在实际生活和科学研究中的应用。

2.过程与方法目标

教学过程将通过大量的数据比较、分析和推理,引导学生在合作学习、探究活动和自主学习的过程中提升自己的分析和推理能力。此外,学生还将学会如何归纳和总结信息,这些技能的提升将有助于他们更好地理解和掌握化学概念及其学习方法。这一过程不仅强调知识的掌握,也强化了科学思维的方法训练。

3.情感态度与价值观目标

通过本节课对气体摩尔体积概念的引入、建立和应用的教学,学生将理解到学习化学需要遵循科学的规范和方法。同时,学生也将意识到探究科学问题的重要性,并体会到定量研究方法在化学研究中的核心作用。通过这些学习,学生不仅能够提升自己的科学素养,还能够树立正确的科学态度和价值观,认识到化学以及科学探究在现代社会中的重要地位。

这样的教学设计旨在全面提升学生的化学知识和科学技能,同时也培养他们的情感态度和价值观,确保他们能够在遵循科学规范的基础上,积极探究并解决问题,最终成为具备良好科学素养的人。

(五)教学方法

教学过程中采用多种方法可以极大地提升课堂效果和学习效率。以下是一些有效的教学策略:

1.类比

通过将新知识与学生已知的、熟悉的概念进行比较,帮助学生建立连接,理解抽象概念。例如,将气体摩尔体积与更熟悉的日常物体的体积进行比较,帮助学生形象地掌握抽象的化学量。

2.分析

引导学生分解复杂的化学问题,通过分析问题的各个组成部分,逐步理解问题的结构和本质。这种方法尤其适用于处理化学反应或解决复杂的化学计算题。

3. 引导

教师通过提问或提供线索，引导学生思考和探索，从而使学生能够在探究中逐步接近问题的答案。

4. 归纳

在学生通过实验或实际观察得到具体信息后，教师引导学生将观察到的现象进行归纳，提炼出普遍规律或原理，从具体到抽象的思维训练对于科学学习至关重要。

5. 启发

通过挑战性的问题或新奇的实验，激发学生的好奇心和探索欲，启发他们自主寻找答案或解决方案，增强学生的学习动机和问题解决能力。

6. 练习

通过定期的练习和复习，帮助学生巩固已学知识，提高解题技能。练习可以是传统的纸笔作业，也可以是互动的电子学习活动。

7. 讲解

教师清晰、系统地讲解新知识点，确保学生能够理解课程内容的每一个方面。良好的讲解是传达信息的基础，尤其是在介绍复杂或难以理解的概念时。

8. 讨论

组织课堂讨论，鼓励学生表达自己的观点和想法，通过讨论促进知识的深入理解和批判性思维的培养。讨论可以是全班进行，也可以是小组内部的，旨在通过交流不同的观点来拓宽思路。

采用这些多样化的教学方法不仅可以提高学生的学习兴趣和参与度，还能有效促进学生知识的深层次理解和长期记忆，从而实现教学的最佳效果。

（六）教学过程设计

为了完成教学目标，突出重点，突破难点，可以设计以下教学过程。

1. 温故知新，引入课题

课堂开始阶段，先通过回顾"物质的量与质量关系"以及"物质的量与微粒数目的关系"，引出新课题"物质的量与体积的关系"。通过这种温故知新的方式，不仅复习了旧知识，同时也激发了学生对新知识的期待和兴趣，体现了良好课堂引入的重要性。

2. 运用对比，引导学生分析问题、解决问题

在新知识的教学过程中，教师首先展示不同状态（固体、液体、气体）下相同物质的量的体积数据，引导学生通过小组合作计算并对比这些体积。通过提问如"1mol 固体与液体的体积哪个大？""1mol 的气体体积与液体、固体哪个大？""在标准条件下，1mol 不同的气体的体积是否相同？"等问题，促使学生进行深入讨论和分析，从而不仅增强了对物质体积感性的认识，还激活了学生的思考和探究能力。

3. 化抽象为形象，降低学习难度

在探讨决定物质体积的因素时，通过观察模型或动画中小球的排列方式，让学生探讨影响体积的微观因素，如粒子的大小、数量及粒子间距离。通过形象化的方法，将复杂抽象的化学内容简化，使学生易于理解和记忆。同时，通过讨论固态、液态和气态物质的分子结构差异，引导学生理解不同状态下物质体积决定因素的异同。

4. 精辟分析概念，让学生全面掌握新知识

通过回顾和类比已有的知识，如摩尔质量，推导出气体摩尔体积的概念。进一步，通过系统讲解和辨析相关概念——体积、摩尔体积、气体摩尔体积、标准状态下的气体摩尔体积，确保学生对这些概念有清晰的认识。特别强调标准状态下气体摩尔体积的条件：标准

状态、1mol气体、任何气体的体积约为22.4L,从而确保学生能全面、准确地掌握气体摩尔体积的概念和计算方法。

5.组织小组交流,培养学生的合作学习能力

通过以上分析,我们可以指出以下几点规律和结论:

第一,实验表明,在非标准状况下,1摩尔气体的体积并不固定为22.4L。这一现象说明气体体积受到温度和压力等环境因素的影响,体积的变化遵循理想气体状态方程PV=nRT。

第二,通过实验我们也可以得知,即使气体的体积为22.4L,其所处的环境也不一定是标准状况(即0℃和1大气压)。这表明在其他特定的温度和压力组合下,同样的气体量也可能展现出22.4L的体积。

通过对这些实验数据的比较、分析和讨论,不仅可以加强学生的合作学习能力,还能帮助他们深入理解气体摩尔体积的概念。在小组讨论中,学生可以交流自己的观点和理解,通过集体智慧找到问题的答案,从而在互动中揭示出气体摩尔体积变化的关键因素。这种教学方法能有效地促进学生对科学概念的深刻理解,同时培养他们的科学探究和团队协作能力。

6.精练习题,让新知识得以升华

在讲解关键概念后,教师组织学生进行练习,确保学生能够全面掌握所学的知识。案例分析表明,物质的量是化学学习中的基础工具,它不仅是连接宏观与微观世界的桥梁,也是高中化学中一个重要的理论内容。然而,由于其抽象性和概念性,这部分内容一直是化学教学的难点。对于初入高一的学生来说,这种抽象的概念难以理解,可能会引起他们的厌学情绪,甚至有的学生因此放弃学习化学。因此,精心设计这部分的教学显得尤为重要。

如果教师仅将气体摩尔体积的概念生硬地传授给学生,学生很

难理解这一概念,更不用说应用这一概念了。而本教学案例采用了概念同化的方法,通过将宏观现象与微观因素相联系,从而降低了理解难度。通过使用学案明确教学目标和方向,并利用多媒体将抽象的问题具体化,引导学生从宏观的物质体积开始,自主探索和发现微观状态下影响体积的各种因素。通过设置四个精心设计的问题,层层深入地探寻问题的根源,学生在分析和探究的过程中逐渐形成了对"标准状况下气体摩尔体积为 22.4L/mol"这一概念的理解。

本案例的亮点在于运用小组讨论的方式提高了课堂教学的有效性,通过合理设置问题情境,使学生在合作中通过讨论的方式深化了对概念的理解,同时也拓展了学生的科学视野。此外,这种教学方式还培养了学生进行科学研究的严谨态度,使教学效果达到了水到渠成的境界,显著提高了教学的有效性。

三、高中化学有效作业设计

(一)高中化学有效作业理论阐述

1. 名词解释

"作业"这个词汇的使用非常广泛,其最早的记载可追溯到先秦时期的《管子·轻重丁》中,原文描述的"作业"意指劳动或工作。随着时间的推移,"作业"一词的含义经历了多次变迁。在《教育大辞典》中,"作业"被进一步细分为"课堂作业"和"课外作业"两类。课堂作业是教学活动的组成部分,由教师为达成教学目标而在课堂上设定,通过即时反馈帮助学生巩固知识,同时也使教师能根据学生的完成情况适时调整教学策略。而课外作业则是学生在课外时间独立完成的学习任务,它延伸并补充了课堂学习,有助于巩固和应用知识,培养学生解决实际问题的能力,同时也让学生体验学习的乐趣,并形成良好的学习习惯。

在《现代汉语词典》中,"有效"定义为能实现预期目标的、有成效的。这里的"有效"包含三个层面的意义：效率、效益和效果。效率指的是完成作业和教师反馈的时间效率；效益则关注于完成作业的成本效益及其在教学目标上的最优成果；效果则是指作业完成后对学生学习和个人发展的实际影响。

因此，有效作业是指教师在设计和评价作业时，能够根据客观规律并考虑效率、效益和效果，从而促进学生个人发展的作业方式。有效作业的理解还可以从质量和过程两个维度进行分析，整合这两个视角后，有效作业可被定义为："在一定环境和条件下，基于预定的课程学习目标，为完成师生共同选定的任务而进行的、能通过交流与互动实现教学成效与益处的活动。"有效作业还涉及师生对作业效率和效益的自觉意识和追求，教师需关注作业的质量和效率，重视作业对学生终身发展的长远影响。总体来说，有效作业是以课程标准为依据，结合学生实际和具体教学内容，在新的教学理念指导下，设计出能激发学生学习动力的高效、有益的作业。

2.高中化学有效作业的理论基础

(1)多元智能理论

多元智能理论(Multiple Intelligence Theory)由美国哈佛大学著名发展心理学家霍华德·加德纳(Howard Gardner)提出。他认为智能包含九种不同的结构：言语—语言智能、音乐—节奏智能、逻辑—数理智能、视觉—空间智能、身体—动觉智能、自知—自省智能、交往—交流智能、自然观察智能和存在智能。每种智能都是独立的思考模式，尽管它们相互依赖和互补。与传统智能理论相比，后者主要强调语言能力和数理逻辑能力，加德纳的理论更加注重智能的多样性。

加德纳指出，不同智能组合的学生有着不同的兴趣和潜能。如果能提供适当的环境并妥善引导，就能有效激发学生的主观能动性，促进智能的发展。多元智能理论表明,由于每个人智能的组合方式各异,学生获取信息的方式也因此而不同。例如,有些学生可能更喜欢通过阅读文字获取信息,而另一些学生可能更适合通过观看图片或直接进行实际操作来学习。

因此,为了使教学达到最佳效果,需要设计多样化且有效的作业来适应不同学生的学习方式。在设计作业时,必须考虑到差异性和多样性,使用多种方法从不同角度检验学生对课堂知识的掌握程度。这不仅涉及作业内容的多样化,也包括形式上的创新,确保作业形式与学生的学习需求相匹配。

在当前应试教育的背景下,为了促进学生的科学素养和综合能力的发展,化学作业设计需要打破传统模式,创造性地提出更有效的作业形式。这种创新的作业设计旨在帮助学生提升解决实际问题的能力,并增强其适应社会生活的技能。通过这种方式,化学作业不仅是知识的复习,更是能力培养的平台。

(2)人本主义学习理论

人本主义教育思潮在20世纪60年代后在美国兴起,其主要代表包括心理学家亚伯拉罕·马斯洛和卡尔·罗杰斯。人本主义教育强调教育应关注个人的自我实现,将学生视为教育过程的中心。此理念认为,人性本善、可靠,教育不应是单向的控制或灌输,而应为学生提供一个自由、自主的学习环境,帮助学生获得知识、发展创造力并实现自我。

罗杰斯特别强调学生自主学习的重要性,他提出的意义学习理论认为,学习应当使学生的个性和行动发生积极变化。罗杰斯还主张以学生为中心的教学模式,认为教师的角色不应是传授知识,而是提供学习资源和创造有利于学习的环境,让学生自行决定学习的方式和内容。

从人本主义学习理论出发,作业设计不应是让学生被动完成任务,而是应当让学生在完成作业的过程中感受到学习的意义,并根据自己的发展需要主动选择学习材料。设计作业时应注意以下几点:首先,强调学生是学习的主体,作业设计和布置应促进学生的积极参与,让他们全心投入,从而在知识、技能以及认知和情感上都有所收获;其次,作业应为学生提供充分的选择空间,允许他们根据个人兴趣和需要选择适合自己的任务,这不仅能激发学生的学习动机,也使他们成为学习过程的主导者。因此,教师设计的有效作业应内容丰富、形式多样,结构清晰,并与学生的实际生活紧密相关。

(3)最近发展区理论

苏联心理学家维果茨基,被誉为"心理学界的莫扎特",提出了"最近发展区"的概念,这一理论框架被定义为实际发展水平与潜在发展水平之间的差异。实际发展水平是指孩子能够独立解决问题的能力,而潜在发展水平是指在成人指导或与更有能力的同伴合作下,孩子能达到的解决问题的能力。这个概念揭示了学生潜在的发展可能性。

"最近发展区"的重要启示在于,它不是静态不变的,而是一个动态变化的过程。随着学习的深入,学生原有的"最近发展区"会随着技能的提高而转化为新的现有水平,基于此,又会形成新的"最近发展区"。此外,这一概念也强调了个体差异和情境差异,即不同学生之间的"最近发展区"不尽相同,同一学生在不同的学习环境和条件下,其"最近发展区"也会有所不同。这就要求教育工作者在教学设计时,不仅要考虑到学生当前的能力水平,还要预见并促进学生未来的发展。

在实际教学中,了解和利用"最近发展区"对于促进学生的学习和发展具有重要意义。教师有责任通过各种教学策略,如作业设计,持续推动学生的"最近发展区"向更高水平发展。教师需要设计既符合学生现有能力又能激励其发展潜力的作业,这些作业应具有发展性和层次性,结构合理,难度逐步提升,以适应学生能力的提高。

在化学教学中,作业设计应兼顾学生的基础和发展需求,包括基础性问题以稳固知识和技能,和更具挑战性的问题以促进思维和应用能力的提升。理想的化学作业能够使每位学生都在自己的能力范围内找到合适的挑战,并随着能力的增强,继续在新的"最近发展区"内寻找适合的学习材料和任务。

(二)高中化学有效作业的设计

1. 高中化学有效作业的设计原则

(1)多样性原则

根据加德纳的多元智能理论,每个人都拥有不同的智能组合,导致每个学生对世界的理解和认知方式各异。学生在智力水平(如超常、中常、低常)、智力类型、认知风格及学习方式等方面的个体差异十分明显。这些差异,连同学生的个性、特质和价值观,极大地影响他们的学习风格和策略,为教师提供了实施因材施教的基础。

作业是教学过程中的核心环节,具有重要的教育价值。尽管如此,目前高中阶段的主流作业仍主要以传授知识和技能为主,这种作业方式虽然在知识传递上有效,但形式上往往单一且枯燥,难以激发学生的主动学习欲望,容易使学生感到疲劳,有时甚至可能导致他们对学习化学失去兴趣,从而影响作业的实际效果。

鉴于高中新课程强调学生全面发展的理念,教师在设计和布置化学作业时应充分考虑到学生的个体差异。教师应灵活设计作业,结合学生的兴趣和需求,创新作业形式,以吸引学生的注意力并维持其对学习的热情。例如,教师可以设置开放性问题或项目,让学生从多个视角或使用多种方法来探索问题,同时鼓励学生进行小组合作,提升他们的沟通和协作能力。这样的作业不仅能提升化学作业的有效性,还有助于学生在实际操作中培养21世纪所需的关键技能。

(2)层次性原则

根据维果茨基的"最近发展区"理论,每位学生都具有未被完全发掘的发展潜力,而为了帮助学生进一步开发这些潜力,他们需要适当的"发展支架"。在教学过程中,教师的职责之一就是为学生提供这种支架,而作业便是实现这一目标的有效工具。

有效的作业设计应认识到学生的能力和发展水平各不相同,因此需要为不同水平的学生提供相应的挑战和支持。这意味着,作业的设计应该具备逐步递增的难度,使得每个学生都能在自己的"最近发展区"内找到适合自己的任务,从而推动其向更高水平的发展。

为了实现这一点,教师在设计作业时,应包含多样化的题目,既包括基础题目以巩固所有学生的核心知识和技能,也包括更具挑战性的题目,以促进高层次思维能力的发展。此外,作业可以设计为层次分明,允许学生根据自己的理解和能力选择开始的点,并逐步深入挑战更复杂的问题。

此类作业不仅有助于学生在知识上的深入理解,还能促进他们在解决问题时的自信心和独立性。通过这种方式,作业成为学生学习过程中的一个真正的"发展支架",帮助他们实现从当前能力到更高潜能的过渡,这也体现了教师在促进学生全面发展中的关键角色。

(3)生活性原则

新课程强调学生应发挥其主观能动性,积极参与学习活动,并在教师的引导下,结合自身实际情况进行学习。在化学教学中,作业的设计往往容易脱离实际生活和生产的实际,这可能使得学生感觉化学学习枯燥乏味。学生可能难以意识到,书本上的知识与我们的生活和生存环境紧密相关,也不清楚这些知识如何解决现实问题、何时应用到实际中最为合适。

因此,教师在设计化学作业时,应该考虑到化学学科的特性,充分利用每位学生的现有知识和生活背景。作业应尽可能与生活生产实际相结合,关联学生的周边环境。通过这种方式,教师不仅能激发学生的学习兴趣,还能促使学生在日常生活中主动运用所学知识,灵活地处理各种情境。

此外,教师应时常鼓励学生在生活中发挥自己的创造力,巧妙地应用化学知识。通过这种教学方式,学生不仅能学会知识的实际应用,还能培养对社会的关心和人文情怀,同时激发获取新信息和创新灵感的能力。这样的教学和作业设计不仅使化学学科的学习更加贴近实际,也更能体现教育的实用性和人文价值,有助于学生全面发展。

(4)发展性原则

维果茨基的"最近发展区"理论强调,学生的发展潜能是不断变化和扩展的,说明学生具有无限的发展可能。这与新课改理念中强调的关注学生作为整体的发展非常契合,要求教师持续关注学生的成长和变化。高中新课程的目标是以学生的终身发展为本,着重提升学生的科学素养,这些目标必须在教学的各个环节中体现,尤其是在作业设计上。

传统的作业方法已不足以满足新课程对学生发展的需求。为了真正支持学生的成长,作业设计应关注学生学习方法和能力的培养,重视学生知识体系的构建。同时,作业还应着重培养学生的创新精神和实践能力,关注其人文素养的发展。有效的作业应以培养学生的科学思维能力和学科基本概念为核心,为学生未来建立科学的世界观和方法论打下坚实的基础。

因此,教师在设计作业时,必须遵循发展性原则,确保作业的难度和内容与学生的实际水平相匹配,适应学生的"最近发展区"。这意味着作业不仅要考虑学生当前的能力,还要有助于推动他们向更高层次的目标发展。通过这种方法,作业不仅是复习和巩固知识的手段,更是促进每位学生持续成长和发展的重要工具。

2.高中化学有效作业的功能

化学作业是化学教学中不可或缺的一部分,它不仅补充和延伸了课堂教学内容,还是巩固和完善学生课内所学知识与技能的关键工具。此外,化学作业还能培养学生的独立学习能力和良好的学习习惯,从而确保化学教学的持续有效性。

有效的化学作业设计关键在于提升教学效果,使学生取得更好的学习成果。首先,有效的化学作业能够帮助学生及时巩固课堂上学到的知识和技能,它通过减少不必要的重复内容,避免让学生产生厌烦感。其次,这种作业在帮助学生夯实基础知识的同时,通过多样化的作业形式,促进学生逐步提升自己的化学能力。第三,与传统作业相比,有效的化学作业设计更加生动有趣,紧密联系生活实际,让学生感受到所学知识的应用价值,消除了学生对于书本知识无法应用于实际的疑虑。最后,与传统作业的显著不同之处在于,有效的化学作业在设计时会包括更多实际操作和实践题目,这不仅有助于提高学生的化学学习能力,还能促进学生综合素质的提升。

综上所述,化学有效作业的设计应遵循发展性和实用性原则,通过各种创新和实践性强的题目,引导学生将理论知识转化为解决实际问题的能力,从而提高整体的教学质量和学生的学习效果。

3.高中化学有效作业的设计依据

为了确保高中化学作业的有效性,教师需要遵循一系列精心设计的步骤,从而满足学生的学习需求并促进其全面发展。以下是设计高中化学有效作业的关键步骤:

(1)多样化和合理的考核方法

首先,教师应通过选择多样和合理的考核方法来评估整个班级学生的学习水平。这一步骤是为了在设计作业时能够确定合适的难度范围,为科学和合理地设置作业难度梯度及在作业中体现层次性原则奠定基础。

(2)教学目标的确立

根据教学计划、课程标准和教学内容以及学生的实际情况进行教学设计。确定教学目标时,不仅考虑知识和技能的提升,更重视学生过程与方法、情感态度与价值观的培养。新课程理念强调学生的终身发展,因此在设定高中化学作业的目标时,应充分体现这一点,确保作业设计符合发展性原则。

(3)知识类型的考虑

化学知识可以分为陈述性知识和程序性知识,每种类型的知识都有其特定的学习方法和技巧。设计高中化学作业时,教师需要结合具体的教学内容,理论与实践相结合,确定作业的形式和内容。这样做可以确保作业不仅具有多样性,还与生活实际相联系,使作业更具生活性。

(4)题目的精选和作业的编制

在确定了学生的水平、作业目标以及作业的形式和内容后,教师应精心挑选题目并合理编排作业,形成一套实施可行的高中化学有效作业。这份作业应能够激发学生的学习兴趣,提高他们的科学思维能力,并帮助他们在科学世界观和方法论上打下坚实的基础。

通过上述步骤,教师可以设计出既切合学生实际水平,又能有效促进学生全面发展的化学作业,从而提高教学的整体有效性。

4.高中化学有效作业分类

高中化学有效作业的基本结构分为基础型作业与发展型作业。

(1)基础型作业

这类作业主要是复习和巩固所学知识,确保学生能够达到课程的基本要求。它们设计得较为简单,适合所有学生,旨在帮助学生掌握关键知识和基本技能,为其全面素质的提高奠定坚实基础。这些是每位学生都必须完成的基本题目。

(2)发展型作业

这类作业旨在最大限度地满足不同学生的学习需求,兴趣和特长。发展型作业通过多样化的内容和形式,展现其多样性、生活性和发展性,不仅能够激发学生对化学的兴趣,还能帮助他们提升化学知识的灵活运用能力。基础型作业的难度适中,适合所有学生,并逐步加深,旨在帮助学生巩固知识和技能,逐步建立化学学习的信心;而发展型作业的难度相对较高,针对学习能力较强的学生,设计更为灵活且贴近生活的题目,以满足他们的学习需求。在设计这些作业时,每一题都应该标注难易程度,帮助学生科学选择,逐步提升化学能力,同时体现作业设计的有效性和差异性原则。

在21世纪这个科技、经济快速发展且信息量爆炸的时代,创新人才的需求日益增加。人们的生活竞争加剧,给学生带来的学习压力也随之增大,尤其是化学作业的负担。不合理的作业安排可能会影响学生的身心健康,阻碍他们的全面发展。因此,对基础教育中作业的布置尤为关键,作业的有效性直接关联到学生的全面发展和社会的进步。提高作业的实用性,减轻学生的负担,已成为教育者、家长以及社会的共同关注点和迫切需求。

第四章 高中化学教学模式研究

第一节 高中化学生活化教学

一、生活化教学的背景

(一)当前高中化学教学现状

多年来,高中教育的焦点主要集中在提升学生的升学率上,这导致了教学过程中教师过分关注于如何帮助学生在考试中获得高分,而忽视了学生真正的成长和发展需求。这种高考导向的教育模式使得教学仅仅聚焦于成绩,忽略了对学生各项能力的培养。在这样的教育环境下,教育者往往过分强调理论知识的传授,而未能有效考虑到学生未来的发展需要,也失去了激发学生兴趣和科研能力的关键机会。

化学是一门与人类生产生活密切相关的自然科学,本应教学方式灵活而实用。然而,在现行的教育体系中,化学课程往往仅被当作一门应试科目来对待,教师和学生主要集中于掌握应对考试所需的理论知识,而忽视了化学在实际生活中的应用以及其与现实世界的联系,导致学生的学习体验变得被动和单一。这种应试导向的学习方式不仅削弱了学生对化学的热情,也抑制了他们探索科学奥秘的好奇心。结果是,尽管这些学生可能在考试中取得了优异的成绩,但他们往往缺乏实际操作的能力和创新思维,个性的发展和潜能的发挥也因此受到限制。

目前,全球基础教育改革正在探索如何回归生活实际,这是针对传统教育模式缺陷提出的方向。这种改革不仅是教育哲学的变革,也是将传统的教学理论与实践相结合的尝试,以期在教育过程中更好地发挥其作用。

(二)生活化教学的历史渊源

教育活动自诞生之初便根植于现实生活之中,它是一种围绕人类行为不断展开的过程,随着人类生活的变迁和社会的发展而演化,与个体和社会生活保持着密切的关系。教育的本质是将生活和学习相融合,通过这种融合推动教育自身的发展,并最终促进人类文明的进步。然而,随着科技的快速发展和社会的变化,教育逐渐从生活实际中脱节,过分强调理论知识的学习,导致教育活动与日常生活之间产生了隔阂。但是,随着时间的推移,教育正在逐步回归到生活中,试图重新建立起与现实生活的紧密联系。这一转变意味着教育将更加注重实践和应用,更好地服务于社会和个人发展的需要。

1. 教育在生活中产生

在人类社会化的初期阶段,教育随着社会生产和生活的发展逐渐形成,这一时期的教育还没有形成独立于生产和生活之外的体系。当时的教育紧密结合日常生活,其主要目的是适应和改善生活。教育活动深深植根于当时的生产实践和社会活动之中,其教学内容通常来源于日常工作和社会经验,强调实用性和传承性。这种教育方式使得学习和生活不可分割,教育不仅仅是知识的传授,更是生存技能的学习和社会规范的内化。因此,早期教育与社会生产和生活密切相关,是一种全面整合社会经验与实际操作的教育形式。这种教育模式有效地支持了社会的基本运作和文化的传递,同时也为后来教育的发展奠定了基础。

2. 教育与生活的脱离

在农业社会中,随着生产方式和生产关系的变革,人类逐步掌握了更多关于利用和克服自然的技术。这些技术的实际应用积累成了深厚的世界认知和技能。在这样的社会背景下,教育逐渐演变成了一个独立的体系,不再仅仅依托于日常生活,而是开始在专门的场所进行。教育和生活之间的这种分离逐渐加深,最终导致二者之间出现了明显的断裂。

自19世纪工业革命和资本主义的快速发展以来,科学技术的进步极大地推动了知识体系的扩张,教育领域的课程种类也因此大幅增加。教育开始将人类生活的各个方面划分为不同的学科,各学科之间相互独立,进行专门化教学。这种分科的教学方式虽然有助于更清晰地认知和理解世界,但同时也带来了一些问题,特别是教育与社会实际的脱节问题变得越来越严重。

基于自然科学的认识论,当时的教育理论主张应当专注于培养学生的智力和能力,以便更好地适应社会需求。在这种教育观念的影响下,教育过程中不再强调学生深入体验和感受生活。这种教育理念限制了教育与生活之间的联系,过分强调了知识的传授,而忽略了知识与实际生活问题的联系。教育过分倾向于理性化,忽视了学生的基本需求。虽然系统知识传递的效率有所提升,但教育活动本身被简化成了单纯的认知过程,使得课堂教学失去了其应有的生活意义和价值。

3.教育回归生活

进入20世纪以后,科技的迅猛发展极大地改变了现代人类的生产和生活方式,这些变化对教育系统提出了新的更高要求。传统的以认知为主的教育模式已无法满足现代社会的需求,教育活动不得不重新与实际生活建立联系,强调实用性和相关性。

在这一时期,出现了一批新教育家,他们反对传统的教育方式,主张教育应当尊重儿童的个性,倡导在教育活动中让儿童根据自身的兴趣和能力发展个性。这些教育家认为,教育应当源自生活,因为它是人类生活的必需品,教育和生活本质上是不可分割的一体。

这种观点得到了全球范围内的重视,生活教育因此重新成为教育改革的重点。教育家们强调,教育不应仅仅是知识的传递,而应是一种全面的发展过程,旨在培养学生的独立思考能力、社会交往能力以及解决现实问题的能力。通过这种方式,教育更加注重与实际生活的联系,使学生能够在真实的环境中学习和成长。

这种教育观念的转变,表明教育正从过去的书本知识转向更加注重实践和体验的方向,力求使教育内容和学生的实际生活紧密相连,从而更好地为学生未来的社会生活和职业发展做准备。这也标志着教育的目的不仅仅是传授知识,更重要的是促进个体的全面发展。

(三)新课改的教育理念

1.新课改

教育本质上是一种以人为本的生活方式,将教学活动与生活紧密结合已成为现代教育发展的新趋势,尤其在欧美发达国家受到广泛关注。瑞士心理学家皮亚杰(Jean Piaget)曾指出,教育的核心目的应该是培养具备创新能力的人才,而不仅是重复前人的行为。现代教育强调"以人为本",注重尊重个体的主体性和生命价值,认为学生不仅是学习者,也是生活的体验者,教育是其生活的一部分。这种回归生活本质的教育模式成为现代教育的显著特征和基本任务。

特别是在化学教育领域,新课程改革强调将教育理念与学生的生活世界紧密结合,这一点至关重要。改革倡导化学教育应更贴近学生的生活实际,使学生在探索化学知识的同时,能结合自己的生活经验和社会实践,从而激发学习兴趣,提高学习主动性,并培养其社会责任感。这样的教育理念在实践中能得到有效的应用。

在教材选择和课程设计方面,高中化学教育应确保内容具有基础性、时代性和选择性。教学活动需要与学生的日常生活密切相关,反映当代社会的特征,全面提升学生的科学素养。教育应贴近生活、贴近社会,强调从学生的实际生活经验出发,在教学中强化化学知识与日常生活的联系。在教师的引导下,学生应主动探索生活中的化学现象,理解科学技术如何影响人类生活,并深刻把握化学与技术、社会的紧密联系。

通过这种教学方式,学生不仅能满足其对未知的好奇心和探索欲,还能实际理解物质的性质和用途之间的关系,从化学的视角认识和理解自然现象,形成科学的世界观和对自然科学的正确理解。这种教育方式不只是传递知识,更重要的是激发创新思维和灵感,真正实现教育与生活的融合,达到教学艺术的高层目标。

2. 化学教育的现实价值

(1)提高学生的科学素养

教育是社会活动的一部分,其本质体现在与现实世界的紧密联系中。在新课程改革的背景下,化学教育特别强调将教学内容与学生的实际生活相结合,重视学生之间、学生与教师之间以及学生与社会之间的交流和理解。这种方法不仅让书本知识与现实生活紧密联系,还赋予了教育以深刻的生活意义和生命价值。

化学教学不仅关注学生的个人经验、兴趣和发展需求,还试图将自然科学的枯燥内容在日常生活中具体化,让学生通过观察现实生活深刻体会科学的实际应用价值。化学学习不只是对概念的理解或对知识体系的认知,更是一个过程,通过这个过程学生可以理解科学技术与生产生活的相互作用。

在这种教育模式下,学生被鼓励将个人特长和想象力与化学知识相结合,这不仅帮助他们掌握科学术语和基本概念,还促进了对科学过程、科学思想、科学方法和科学价值观的深入理解。化学的学习和教学活动要求学生将社会经验与课本知识结合起来,从而使化学教学不仅限于课堂内部,而是深入到学生的生活中,进而走向社会。

通过这种教学方式,学生不仅能在学习过程中认识到化学在生活中的实际价值和对社会发展的贡献,还能提高他们学习化学的积极性和主动性,同时培养他们的社会责任感。这样的教育旨在让学生从生活中走进化学,从化学走向社会,实现教育的终极目的。

（2）促进教育工作者的专业进步

新课程改革提倡的是一种创新的教育理念，它强调理论与实践的紧密结合。然而，如果这些理念只停留在理论层面而未能在教育实践中得到体现，那么新课改就有可能变成一种形式主义的讨论，仅仅是纸上谈兵。为了避免这种情况，教育工作者必须努力将课堂教学与学生的现实生活及社会实践紧密连接。

实现这一目标，意味着教师需要在教学中不断引入生活中的实际案例，让学生在实际操作中理解和应用理论知识。同时，教育活动应当鼓励学生将所学知识用于解决现实生活中的问题，通过这种方式，理论知识被转化为实际能力，学生的学习也更具意义和效果。

通过这种教学策略，新课改的教育精神得以真正实现，即教育不仅仅是知识的传授，更是能力的培养，是学生个性发展和社会责任感养成的过程。这样的教育更具前瞻性和实用性，能够更好地准备学生面对未来的挑战。

（3）教学方式的有益探索

在新课程改革下，化学教育不仅强调传统知识的学习，还注重将化学知识与现实生活紧密连接，使学生意识到化学不仅来源于生活，更应在生活中得到应用和体现。这一教育模式鼓励学生关注与化学相关的社会热点问题，如环境保护、能源利用和公共健康等，这些都是现代社会中的重要议题。

通过这种教学策略，学生可以在理解基础化学概念的同时，学会如何将这些知识应用于解决实际问题。这种学习方式不仅增强了学生的问题意识和解决问题的能力，还培养了他们的批判性思维和创新思维。更重要的是，这样的教育帮助学生形成了积极主动学习的态度，使他们能够在面对未来的挑战时持续自我更新和学习新知识。

因此，新课改下的化学教育为学生的终身学习能力和未来发展奠定了坚实的基础。在这种教育环境中，学生不仅学习知识，更学会了如何在日常生活中实际应用这些知识,解决真实问题。这样的教育体验不仅有助于学生个人成长,也符合人类社会发展的长远需求。

二、生活化教学理论综述

(一)生活化教学的理论基础

1. 心理学基础

瑞士心理学家皮亚杰最初提出了建构主义学习理论,这一理论强调学习是一个活跃的、社会性的和情境性的过程。皮亚杰认为,学习是在与环境的互动交流中进行的,学习者在这个过程中逐步构建对外部世界的理解,并通过这种方式促进自我发展。他强调,由于每个人都有自己的独特方式去探索世界,因此在教学过程中,师生间的交流与合作变得尤为重要。

在建构主义的框架下,学习不仅仅是关于知识的获取或者师生之间信息的简单传递,而更多的是一个通过交流和合作使知识得以整合和完善的过程。这种理念下,合作学习被特别强调,因为它允许学习者在不同的视角和理解中找到共鸣,通过集体的力量使得个体的知识结构更加丰富和完整。

在教学实践中,建构主义理论认为,教师的角色不仅仅是传授知识,更应该是一个促进学生理解的引导者。教师应尊重学生的观点,理解学生的看法,并在此基础上帮助学生调整和丰富他们的认识。此外,教师也需要对新的知识和内容进行深入理解和适当的改造,以便这些内容能有效地与学生的现有知识和实际经验相连接。

总体来说,建构主义教学不仅是一个简单的知识传递过程,而是一个复杂的处理和转化过程,其中教师和学生共同工作,通过互动和合作,不断地构建和重塑知识。在这个过程中,学生扮演着主动者的角色,不仅是接受信息的对象,而是积极参与知识构建的主体。教师则是这一过程的促进者和指导者,他们的任务是引导学生如何更有效地进行学习,最终帮助学生发展成为能够独立学习的个体。

建构主义理论强调学习是一个主动的心理建构过程。在具体的学习环境中,学习者通过与他人的互动、合作以及对现有信息的整合和概括,通过构建意义来获得新的知识。这种协作学习本质上是一个互动交流的过程,其中个体的想法和观点得以在整个学习集体中分享,从而增强了整体的知识库和理解深度。

建构主义还指出,教学活动应该围绕实际任务进行,目的是帮助学生解决现实生活中的实际问题。这通常需要涉及多个学科的知识和理论,因此在教学过程中应当弱化传统的学科边界,强调不同学科之间的相互联系和交叉融合。这种跨学科的方法不仅有助于学生在现实世界中应用所学知识,还能促进他们全面的认知发展。

根据建构主义理论的教学策略,教学活动应提供坚实的理论基础,同时在意义构建的过程中赋予学习者充分的空间,使他们能够根据不同情境自主选择和构建合适的学习策略。这种方法使学生从被动的知识接受者转变为积极的知识构建参与者。教师的角色由传统的知识传递者转变为指导者和协助者,引导学生在学习过程中自我探索和自我发现,从而深化他们对知识的理解和应用。

与其他心理学理论相比,建构主义更加强调学习者在知识构建过程中的主动性和创造性。它认为每个人都在通过自己的经验、理解和认识来主动构建自己的世界观和知识体系。因此,在教学中,重要的是激励学生主动探索和构建知识,使教育与学生的日常生活环境紧密结合,这样可以更有效地促进学生对知识的理解和应用,使学习成为一种与生活紧密相关的、富有意义的活动。这种教学理念的实践,不仅提高了学生的学习动力,也使他们能够更好地理解和处理现实世界中的问题。

2.教育学基础

教育与生活紧密相连,这一观点自19世纪便开始形成。瑞士教育家裴斯泰洛齐首先提出了生活教育的概念,之后在20世纪初,美国教育家约翰·杜威进一步提出"教育即生活"的理念,并影响了包括中国教育家陶行知在内的众多教育思想家。陶行知将杜威的理论与中国的教育实际相结合,形成了具有中国特色的生活教育理念。

杜威,作为实用主义教育的代表人物,强调了教育应当是生活和经验的持续转化过程。他认为传统教育常常试图将成人世界的标准强加于儿童,而真正的教育应当让学习者在实际行动中学习,使学校成为一个小型社会,学生在其中通过实际操作获得知识和经验。这种教育模式强调打破仅限于课本的学习方式,利用社会资源,提高教育的实用性和效率。

陶行知在杜威的基础上发展了自己的教育思想,他的理念中加入了更多关于社会与教育一体化的观点,强调"生活即教育,社会即学校,教学合一"的理念。他认为教育的本质在于其生活性,教育的目的是通过生活的方式实现人的全面发展和社会的和谐进步。

生活教育的本质在于教育不仅仅是传授知识的过程,而是一个通过实际生活经验来促进学习和个人成长的过程。它强调教育的目的是解决生活中的具体问题,通过生活中的实践活动来实现教育的目标。这种教育方式要求教育工作者关注学生的实际需求,引导学生紧密联系生活实际,关心实践,从而提升解决问题的能力和科学素养。这一理论强调从生活出发,最终也要回归到生活中去,使教育与生活的界限变得模糊,教育的实际效果得以显著提升。

3.学科教学基础

STS(科学—技术—社会)教育强调在真实的社会背景中理解科学、技术与社会之间的相互关系,将学生的日常生活经验与科学及技术的学习紧密结合。这种教育方式将学生置于学习的中心,通过解决具体的社会问题,帮助学生理解自然界、人造世界和他们自身生活的联系。

在新课程改革中,STS(科学、技术、社会)教育作为一种核心指导思想,旨在不仅提升学生的科学素养,也致力于培养他们的决策能力。这种改革强调将人文精神与自然科学相结合,注重培养学生的情感态度和价值观,并深入整合STS的教育理念。例如,苏教版的新教材基于STS的基础上,进一步推广了"生活、化学、社会"的教育理念,鼓励学生在实际生活中学习化学并将化学知识应用到社会实践中。这种教学方法不仅打破了传统化学教育过分重视知识传递的局限,也增强了教材的实用性和教育的全面性。

这类教材通常以学生生活中的具体实例为教学起点,强调通过参与科学探究活动来体验学习过程和方法,目的是增强学生的主动参与感和探索能力。通过这样的方法,学生能更自然地关注并分析生活和社会中与科学技术相关的各种问题,从而更深入地理解科学应用的重要性和社会责任。

在高中化学教材编制上,以STS为指导思想意味着教材的内容选取不仅依据社会问题引入相关化学概念,而且注重基础理论的系统性和实际应用的相关性。这种教材设计从实际生活的角度出发,能够更有效地激发学生的兴趣,帮助学生理解化学知识在现实世界中的重要性和应用,从而更好地达到教学的目标。

(二)生活化教学的含义

1. 生活化教学

生活化教学的概念可以通过多种方式来表述。《辞海》中将"教学"定义为教师和学生共同参与的活动。此外,生活化教学被视为一种将教学场景与日常生活紧密结合的方法,其中教材内容与生活实际相融合,教师与学生之间建立密切联系,通过教材这一媒介共同参与教学活动。这个过程不仅涉及知识与文化的传承与创新,还包括世界观与人文观念的融合,目标是实现共同的发展。还有一种解释认为,生活化教学是一种特殊的教学方法,在组织教学活动时,教师利用各种条件创设具体的教学情境,如生活实例、化学现象、调查研究和实验探究等。在这样的环境中,学生可以结合自己的现实生活和个人经验来发现、分析、思考和解决问题,从而体验生活并发展自己的实践与创新能力。无论采用哪种定义,生活化教学都以学生的实际经验为出发点,强调知识与日常生活的密切联系,并创设具体的生活化教学环境,促进学生和教师在教学过程中共同成长。

2. 生活化教育的原则

在新课程改革的背景下,教育理念呼吁转变传统的填鸭式教学方法,强调学生在教学中的主体地位。以下是几个重要的教学原则:

(1)主体性原则

在教学过程中,教师必须认识到学生是教学活动的核心。因此,教师应该注重并充分激发学生的主动性,使他们能积极地参与到教学活动中。这种教学方式不仅有助于学生更好地掌握化学知识,而且能有效促进他们的自主学习能力。

(2)科学性原则

生活化教学需要遵循科学性原则,这意味着在教学活动的所有环节,包括教学材料的选择、问题情境的设置、教学方案的设计等方面,都应保持严谨的科学态度,并须符合学生的认知发展规律。例如,当学生的日常经验与科学事实不一致时,教师应指导学生学习并掌握准确的科学知识。

(3)开放性原则

教师组织教学活动时,不应仅限于教材提供的生活化材料,而应从多种来源,如网络、电视、杂志等收集与化学相关的信息,将教学内容与学生的实际生活紧密连接。此外,鉴于化学与生物、物理等其他自然科学学科间存在广泛的联系,生活化教学也应展现其学科间的开放性,使教学更加多元化和综合化。

3. 生活化教学实施策略

教学过程的生活化包含多个方面,其核心在于将教学内容与学生的实际生活紧密连接,以促进学生全面发展。

(1)教学情境生活化

《标准》中的"学段教学建议"强调,化学教学应紧密结合学生的生活实际,从他们的生活经验和已有知识出发,创设生动有趣的教学情境。心理学家鲁宾斯坦曾指出,"思维通常是由问题情境产生的,并以解决问题为目的"。因此,应创建与学生日常生活密切相关的教学情境,如通过观察自然现象、进行实验演示或引入化学历史事实等方式。

(2)教学内容生活化

陶行知曾提出:"生活即教育,用生活来教育,为生活而教育"。在高考和升学压力的现实背景下,传统教学常常过分强调解题技巧,而忽略对学习能力的培养。新课标则强调将教学内容与生活实际更紧密地联系,使现实生活成为学生学习知识的应用场景。教师应选用与日常生活相关的教材进行教学。

(3)实验教学生活化

中国著名化学家戴安邦指出:"化学实验教学是全面化学教育最有效的形式之一。"实验教学不仅能吸引学生的注意力,还能激发他们的学习兴趣和科学思维,培养科学态度。实验应使用与日常生活相关的材料,如设计水果电池或在探讨二氧化硫性质时引入酸雨的问题。

(4)课堂训练生活化

学生在课堂上获得的知识需要通过训练来巩固。因此,设计课堂作业时应考虑其与生活实际的联系,使学生能将所学理论知识应用于解决实际问题,从而培养其问题解决能力。

(5)教学方式生活化

生活化的教学方式要求教师在教学中利用学生的实际生活经验,选择与学生生活相关且符合其心理特点的教学材料,将理论知识与学生熟悉的生活经验相结合。教学中应创设与生活相关的教学情境,重视知识在实际生活中的应用,并为学生提供自主实验和观察的机会,使化学理论与公式变得生动具体。例如,通过模拟生活情境来解决实际问题,演示生活中的化学现象以揭示其背后的化学原理,或列举化学知识在生活中的具体应用实例,以此培养学生的综合能力。

第二节 PBL 模式在高中化学教学中的应用

在现代社会中,创新和发展成为核心特征,教育也需要适应这一趋势。未来教育的关键在于培养学生的创新思维、问题意识,以及自主学习、终身学习和协作交流的能力。教师的角色不应局限于传递知识,更应致力于激发学生对问题的认识,帮助他们形成独立见解,并在教学中强调学生的主体性,培养其自学能力,使学生能够主动、积极地与他人合作交流。

为应对未来教育的挑战,并解决传统课堂教学的局限,建立一种新型的、有效的教学模式显得尤为必要。问题为基础的学习(Problem-Based Learning,简称 PBL)模式从学生学习的角度出发,旨在克服传统教学的缺陷。通过 PBL 模式,学生被引导通过解决一系列实际问题进行创造性学习,这种方式不仅突出了学生的主体性和创造性,而且有效培养了他们的创新能力、自主学习能力和合作能力,从而全面提升学生的综合素质。

一、PBL 模式概述

(一)PBL 模式的含义

PBL(问题本位学习,Problem-Based Learning)是一种教学方法,目前学术界对其定义并未统一,不同的学者对它有不同的解释。有观点认为 PBL 是一种教学策略,一种以问题驱动的学习环境,一种课程设计,或者是一种通过实际或模拟的情境案例,让学生参与并掌握课程内容的方法。

尽管对 PBL 的具体定义尚无共识,其核心特点却得到了广泛认可:PBL 通常将学习置于复杂、有意义且真实的问题情境中,要求学生通过协作解决实际问题,从而学习问题背后的科学知识,培养解决问题的技能,并发展自主学习的能力。这种教学模式强调在特定背景下通过团队合作解决问题,能够激发学生的学习兴趣,增强他们的学习动机,并使学习内容与实际情境紧密结合,有效促进学生的自主学习、合作学习和终身学习能力。

(二)PBL 模式的基本要素

PBL(问题本位学习)的核心组成包括三个基本要素:问题情境、学生和教师。课程设计是围绕问题情境进行的,这些情境通常是开放式的,具有不确定性,缺乏固定的解决策略和标准答案,这类问题情境促使学生必须从多个角度分析问题。在这个过程中,学生是解决问题的主体,他们在探索问题的同时,能够激发探究的兴趣并保持学习动力。而教师则扮演着协作者和引导者的角色,不仅是学生解决问题的合作伙伴,也是在解决问题过程中的指导者。

在高中化学教学中,生活和化学的发展提供了丰富的素材,非常适合用于构建有意义的问题情境。这些情境往往是复杂的、劣构的,对学生进行多维度的思考提出了挑战。处于这样的学习环境中,学生可以更深入地理解问题,通过积极寻找解决策略来应对挑战。同时,在教师的指导下,学生不仅能找到问题的关键,还能在学习过程中建立必要的联系,从而有效地培养自主学习能力。

我们可以简要表述 PBL 中三大基本要素的关系。

表 4—1　PBL 中三大基本要素的关系

教师	学生	问题
作为组织者、指导者: 1.观察、引导、监控学习 2.鼓励学生积极思考 3.保持学生连续参与 4.促进学习顺利进行 5.组织问题后的反思	作为主动的问题解决者: 1.自主地参与、合作、交流 2.积极、主动地建构知识	作为学生的挑战和动机: 1.劣构、结构不良 2.有吸引力,能引起并保持学习的动机 3.当前与后续学习需要间的桥梁

(三)PBL 模式的特征与优势

基于问题的学习(PBL)是一种让学生在真实问题情境中进行学习的方法,将所学知识和技能与生产生活实践紧密结合。这种学习方式围绕解决一些复杂、真实的问题展开,具有很强的针对性和实践性,能有效平衡学生的需求、课程目标与特定学习情境的标准之间的关系,因此具有独特而显著的教学价值。PBL 模式的定义揭示了其主要特征与优势。

表4-2 PBL 模式的特征与优势

特征	优势
1. 是一种以学习者为中心、学习小组为单位的教学模式 2. 教师是组织者、合作者、引导者 3. 创设开放性的教学环境 4. 把问题作为教学的组织中心、学习的驱动力及学生能力发展的手段 5. 问题是真实的、结构不良的、开放的、有意义的 6. 在问题解决的过程中获得新的知识、发展能力 7. 注重过程,真实的、基于绩效的评价	1. 强调有意义学习,而不是对事实的简单记忆 2. 问题驱动知识和能力的运用,促进更深入的了解,更好的能力发展 3. 通过问题解决,增强学生的自主学习意识 4. 小组合作学习,充分体现人际交往能力和团队协作能力 5. 开放的学习环境有利于形成自发的学习态度 6. 师生间、生生间的关系更融洽 7. 学习水平提高了

(四)PBL 模式与传统教学模式的比较

PBL 的教学综合了发现学习、协作学习、自主学习以及范例学习等多种学习方式的特点,与传统的教学模式相比,在教师、学生、教学策略、媒体、评价方式、学习环境等教学的要素方面都发生了深刻的变化。

表4-3 PBL模式与传统教学模式的比较

教学要素	传统教学模式	PBL模式
教师	1. 教学中的权威、主导者 2. 教师独立工作 3. 主要向学生教授已有的知识经验	1. 教学中的引导者、合作者、组织者 2. 教师间相互支持、合作 3. 以指导学生获取解决问题的策略、方法为主
学生	1. 被动学习,成为装载信息的"容器" 2. 各自学习,相互竞争 3. 主要是记忆并重复已有经验知识	1. 主动、积极参与学习过程 2. 以学习体共同体形式开展协作学习 3. 强调知识的意义建构,以及各种能力的培养
教学策略	一般以单一的形式传递信息给全体学生	个体与其他同学和教师建立合作关系小组协作学习,共同解决问题;学生在特定情境下自主收集信息,获取并应用知识;教师在教学中为引导者
媒体	主要为教师在讲授过程中向学生演示知识服务	主要作为学生获取信息、处理信息和解决问题的认知工具
评价方式	1. 以完成特定的学习任务来评定成绩 2. 评价主体单一,教师是唯一的评价者,且按成绩把学生分成不同的等级	1. 不仅只有考试评价,还有多种灵活的评价方式 2. 自我评价、教师评价以及同伴评价综合利用
学习环境	学习是以个人为中心的,是相互竞争的	学生在一种相互合作、支持的环境中学习

二、PBL模式的理论依据

教育学和心理学的进步为基于问题的学习(PBL)的教育和教学改革提供了实践指导和理论支持。以下是几个与PBL密切相关的理论,这些理论为PBL的实施提供了坚实的理论基础:

（一）布鲁纳的发现学习理论

杰罗姆·布鲁纳（Jerome Bruner），一位杰出的认知心理学家，提出了发现学习理论，这一理论在教育心理学领域中占有重要地位。布鲁纳认为，教育的核心目的是使学生能够发现原理，通过自我探索的方式获取知识，从而培养他们的问题解决能力和批判性思维能力。

布鲁纳的发现学习理论基于几个关键的教育观念。首先，他强调学习应该是一个积极的、主动探索的过程。在这个过程中，学生不是被动地接收知识，而是通过探索、试验和错误来构建自己的知识体系。布鲁纳认为，这种探索过程可以增强学生的学习动机，使他们对学习内容产生深刻的兴趣和持久的印象。

其次，布鲁纳提倡"螺旋课程"设计，即教育内容应该按照从简到繁的方式组织，使得学生可以在不同的学习阶段重复接触到相同的主题，每次都在更深层次上理解这些主题。这种设计不仅可以巩固学生的旧知识，还能在新的、更高的层次上拓展他们的认知。

此外，布鲁纳特别强调语言在学习过程中的作用。他认为，语言不仅是表达思想的工具，也是组织和处理信息的关键。在教学中合理利用语言，可以帮助学生更好地理解复杂概念和抽象理论。因此，教师在教学中应鼓励学生通过言语表达来清晰地阐述自己的思考过程。

布鲁纳还提出了三种代表性的思维模式：具体表象、形象表象和符号表象。这三种思维模式分别对应不同的认知发展阶段。教育的任务之一就是帮助学生从具体表象过渡到更高级的符号表象阶段。通过这种方式，学生可以从具体经验中抽象出普遍原理，进而能够运用这些原理解决新的问题。

布鲁纳的发现学习理论为现代教育实践提供了重要的指导原则，特别是在如何设计课程和如何激发学生主动学习方面。这一理论强调了教育应该培养学生的自主性和创新性，这不仅仅是知识传递的过程,更是一种引导学生发现和构建知识的过程。通过这种方式,教育不仅能够提高学生的认知能力,还能促进他们综合素质的全面发展。

(二)创新教育理论

创新教育理论在现代教育体系中扮演着至关重要的角色,这一理论强调教育的核心应该是激发和培养学生的创新能力。在面对日益复杂多变的社会和经济环境时,创新能力成为个体适应和影响未来的关键素质。

创新教育理论的基本出发点是认为每个学生都具有创新潜能,教育的目标应该是发掘和充分利用这些潜能。这种理论反对传统教育中过分强调记忆和重复的学习模式,主张教育应该是一个激发创造性思维、批判性思维和问题解决能力的过程。

在实际操作中,创新教育理论主张教育内容和教学方法应具有高度的灵活性和开放性。教师应设计开放式的教学活动,让学生在实际操作中发现问题、分析问题并解决问题。这种方式不仅有助于学生理解理论知识,更重要的是能够将理论应用于实践,增强他们的实践操作能力和创新实施能力。

此外,创新教育理论还强调跨学科的学习方法。它鼓励学生将不同领域的知识综合起来,形成全新的见解和解决方案。这种跨学科的学习方式能够拓宽学生的知识视野,增强他们综合运用不同知识解决复杂问题的能力。

教育环境的创设也是创新教育理论中的一个重要方面。理想的教育环境应该是充满挑战和支持的,能够提供足够的资源和自由度,让学生可以自由探索和尝试。教师的角色是引导者和协助者,而不仅仅是知识的传递者。通过提供一种允许错误和鼓励尝试的环境,教育机构可以有效地促进学生的创新精神和自我驱动的学习。

创新教育与问题本位学习(PBL)理念有着显著的相似性。PBL

教学模式拥有上述创新型课堂的特点,改变了传统的封闭式学习环境,具有开放性和实践性。在 PBL 环境下,学生是课堂的主体,通过经历发现问题、分析问题、解决问题再到重新发现问题的循环过程,这样的教学活动旨在培养学生自主获取知识、运用知识以及创新知识的能力。

(三)杜威的实用主义教育理论

作为近代美国著名的实用主义教育家,约翰·杜威主张教育应紧密结合社会生活,他反对传统的以"课堂、教材、教师"为中心的教学模式,提倡将学生置于真实的问题情境中,采用探究为主导的教学方式。杜威的教育理论在以下几个方面对现代教学发展产生了直接影响:

1. 以儿童为中心

杜威强调儿童的主体地位,认为教育应着重关注儿童的兴趣和需求,将他们作为教学活动的出发点。他视教师为儿童的合作者、帮助者和引导者,而不仅仅是知识的传递者。

2. 以社会为中心

杜威认为"学校即社会",主张教学内容应与社会生活紧密相连。他提倡在教学中使用与社会、生活和科学紧密相关的实际信息作为教材内容,倡导创建社会化的开放课程结构。他批评仅通过书本获得的知识为"惰性知识",认为只有在解决实际问题的情境中学习的知识才具有真正的实用价值和灵活性。

3. 以活动为中心

杜威强调通过实践活动进行学习,认为儿童应作为社会化过程中的积极参与者。他主张教学应围绕实际活动展开,涵盖情境设置、问题提出、假设制订、推理验证等环节。这种教学方式旨在激发儿童的求知欲和学习兴趣,全面培养其综合能力。

从这些理念中可以看出,杜威的教育思想与问题本位学习(PBL)

有着密切的联系。杜威的教育理论不仅支持了PBL的教学方法发展,而且为其提供了坚实的哲学基础,特别是在强调学生的主体性、活动中心性及学习的社会性方面。这些教育观念成为PBL实施的重要支撑,强调了PBL在促进学生主动探索和解决实际问题能力方面的优势。

(四)建构主义学习理论

建构主义是认知学习理论的重要发展,被认为是对传统教学理论的一次重大革新,对现代教育改革产生了深远的影响。该理论把学生放在学习的中心位置,强调学习应该是主动的、社会的和具有情境性的,以促进教师与学生之间的交流和协作。

在知识观方面,建构主义主张知识不是静态的而是动态的,并且强调知识的情境依赖性。理论认为,知识的构建应基于学生的个人经验,并与具体的学习情境相结合,从而加深对知识复杂性的理解。建构主义反对简单地向学生灌输固定的知识,而是主张教育应该使学生避免机械地掌握教条。

在学生观方面,建构主义重视学生丰富且多样的经验世界。学生在生活和学习过程中已经积累了丰富的经验,并对许多现象和问题形成了自己的看法和理解。建构主义认为,即使在面对全新的问题时,学生也能够基于已有的经验进行合理的解释和推理。因此,教师应该重视学生的这些经验,并将其作为引入新知识的桥梁。

在学习观方面,建构主义强调学习是一个学生主动构建知识的过程,教师的角色是促进学习者自我构建知识。学习被视为通过参与和内化某种文化活动的过程,这通常需要在学习共同体中的互动与协作中完成。此外,建构主义还特别强调知识和学习的情境性,主张知识应与实际的社会实践活动紧密结合,以提高学习的实际应用价值。

总结来看,建构主义教育强调"情境、协作、交流、意义建构"作为其核心元素,为问题本位学习(PBL)提供了坚实的理论支持。这些元素不仅是 PBL 教学模式的显著特征,也体现了建构主义教育模式的实质,使得 PBL 在实施时有了更为坚实的理论基础。

三、高中化学教学中应用 PBL 模式的优点及原则

(一)高中化学教学中应用 PBL 模式的优点

1. PBL 教学体现高中化学教学目标

通过分析教育部发布的《普通高中化学课程标准实验》,我们可以看出,课程改革的核心目标是适应时代的需求,培养具有高素质的人才。高中化学课程的改革旨在全面提升学生的综合能力,不仅仅是掌握知识和技能,更重要的是激发学生对化学学科的兴趣,并强调科学素养、正确的价值观以及实践能力的培养。新课程的教学目标具有明显的发展性,关注学生的长远发展,重视培养学生的自主学习、合作学习和终身学习的意识。

PBL(问题本位学习)教学法也强调以学习者为中心,并通过创设一个开放的学习环境,让学生能够积极参与化学教学活动。这种方法不仅可以激发学生的学习兴趣,还有利于学生的个性化发展。在解决问题的过程中,学生需要相互协作和自主思考,这有助于培养学生的情感态度和价值观,进一步促进其综合能力的提升。PBL 以问题为学习的核心动力,围绕问题建立和谐与民主的教学环境,提供丰富、有意义且实用的教学资源,让学生参与到深刻的学习过程中,从而有效提升学生的科学素养。

总的来说,高中化学的教学目标与 PBL 的教学目标在很大程度上是一致的。两者都致力于培养学生的多维能力,涵盖求知能力、合作生活能力、实际操作能力以及生存能力,这些都是现代学生需要具备的关键素质。

2. PBL 教学体现高中化学内容的特点

课程改革的核心目的是解决学校教育与社会生活、生产活动及

科学发现之间的断裂,目标是提升学生的综合素养和科学素质。化学作为一门与实际应用密切相关的学科,其与日常生活和工农业生产的联系尤为密切,因此,以实际问题为出发点进行教学显得尤为重要和可行。

例如,可以从学生日常生活中常见的问题如"钢铁腐蚀及其防护"和"溶液的性质"入手,或从工业生产的角度探讨"合成氨的实际转化率及提高效率的方法"和"金属冶炼过程"。通过这些实际问题来组织课程内容,课堂教学应以学生解决这些实际问题为起点,引导学生发现问题、提出问题、收集信息、设计方案、解决问题并最终得出结论。教师在这一过程中应提供适时的指导,帮助学生正确导向。

由于高中化学包含许多抽象的概念、原理和规律,学生常常会因其概括性和抽象性而感到枯燥和难以理解,这种感觉可能会严重影响他们的学习情绪。为了缓解这种状况,将学生需要学习的知识与他们周围的现实生活紧密联系起来,使他们在实际生活中发现问题,进而明确需要解决的问题,是一个有效的策略。

此外,新课程改革在高中教材中增加了大量的探究课题,这一变化强调了改变传统教学中学生被动接受知识的局面,鼓励学生主动进行探究学习。通过以问题为突破口,以学生为主体的教学模式,鼓励学生收集资料、设计探究实验,这不仅有助于知识的迁移和应用,也是解决教材与实际生活脱节现象的一种有效方法。

3. PBL教学符合高中生的学习特点

在高中阶段,学生的认知结构和能力进入一个较为成熟的阶段,他们的思维能力得到显著提升,可以超越直观的表象,深入分析并揭示事物的本质。面对问题时,学生具备从多角度全面分析的能力,能够区分主要问题与次要问题,并针对不同情况实施具体问题具体分析。

此外,这一时期的高中学生在抽象思维、逻辑思维和辩证思维方面也迅速发展。他们能够更有目的性和方向性地思考问题,思维过程变得更加灵活。学生能利用各种法则、公式和原理解决新的问题,采用理论假设进行思考,并遵循科学的方法如提出假设、设计实验、验证假设等步骤来解决问题。

随着年龄增长,高中学生的生活经验更加丰富,生活常识和科学知识的积累使他们能更深入地理解事物间的内在联系。他们的思维具有更强的预见性和迁移应用能力,能产生更多独到的见解。同时,高中生也能有意识地进行自我反省和自我控制,这进一步促进了他们思维的正确性和效率。

考虑到高中生的这些认知和思维特点,自我意识的发展及丰富的生活经验,问题本位学习(PBL)模式对高中生来说提供了极大的应用价值。PBL方法鼓励学生主动探索和解决问题,这不仅与高中生发展阶段的需要相符合,还能有效激发他们的学习兴趣和创新能力,使他们在解决实际问题的过程中,能够有效地将理论知识与实践相结合,培养其综合素质和未来的职业能力。

(二)PBL模式在高中化学教学中应用的基本原则

在PBL模式下的化学教学中,强调学生作为学习的主体,这一模式通过几个关键原则来实现其教学目标:

1. 主体性原则

在问题本位学习(PBL)模式中,学生不只是被动接受知识的容器,而是问题解决的主导者和意义的建构者。在这一过程中,教师的角色主要是作为引导者和协助者,负责提供必要的学习资源、指导学习过程,并监控学习活动的进展,以确保教学活动能够有效进行。此外,这一模式还鼓励师生之间以及学生之间的交流与合作,利用集体的力量促进每个学生个体的主体性发展。

2. 全面发展性原则

在化学教学中采用PBL模式,强调从学生的学习需求出发,关注他们的主体性、创造性和自主性的全面发展。这种教学策略旨在帮助学生在掌握必要的知识和技能的同时,促进他们的思维、能力和情感的全面成长,从而实现学生自身的全面发展。通过这种方式,学生不仅学习到化学知识,还能在解决实际问题的过程中发展关键的生活技能和个人能力。

3.情境建构性原则

PBL模式强调在真实、有意义的问题情境中进行学习。这种基于问题的学习环境要求教师根据化学学科的特点和实际生活的需要,创设与生活生产实践紧密相关的问题情境。在这些情境中,学生通过提出问题、探索解决方案的过程,激发求知欲,深化对知识的理解。

4.预设性与生成性相融合的原则

在PBL模式下的化学教学中,教师需要预设一定的教学计划,但同时也应对课堂上可能出现的无法预测的情况保持开放和灵活的态度。课堂上的互动可能会产生新的教学机会,教师应当能够抓住这些机会,根据实际情况进行适时的调整和引导。这种教学策略要求教师能够在预设的教学活动与课堂上生成的实际情况之间找到平衡,以促进教学的动态发展。

通过上述原则,PBL模式在化学教学中促进了学生的主体性发展,加强了学习的实践性和问题解决能力,为高中生的化学学习提供了一个更加动态和参与性强的学习环境。

四、PBL模式在高中化学教学中的运用

PBL学习通常包含以下几个核心步骤。

首先,问题启动阶段,教师依据教学目标和内容以及学生的实际情况,设计相应的问题情境。学生们需要通过对这一情境的分析来明确研究的具体问题。

其次,组建学习小组,对问题进行深入探讨,区分哪些信息是已知的,哪些是需要进一步探索的,小组成员分工明确,共同制订研究方案和任务安排。

第三,学生要对搜集到的信息进行分析和整理,交流看法,思考解决策略,提出解决问题的可行方法。

最后,进行总结和反馈,确认并展示成果,评估基于问题的学习过程和结果,归纳学习到的知识。将 PBL 方法应用在高中化学教学中,学生不仅是问题的发现者和知识的构建者,还是解决问题的实践者,他们能够积极主动地学习,而不是消极被动地接受信息;教师则是教学活动的组织者和促进者,不只是知识的传递者,还是学生认知和元认知发展的引导者;教材提供的知识不再是简单的传授内容,而是学生主动构建和创新的基础;学生的学习活动不断围绕着问题的发现、分析和解决这一主线进行。

具体来讲,PBL 模式在高中化学教学中的运用可如下概括。

(一)创设问题情境,形成主题问题

PBL(问题本位学习)在高中化学教学中的实施,通常遵循以下几个基本步骤:

1.问题情境的创设

教师根据教学目标、教学内容以及学生的具体情况,设计并创设相关的问题情境。学生通过分析这些情境来明确研究的具体问题,这一步骤帮助学生理解问题的背景和相关的挑战。

2.学习小组的形成与任务分配

在教师的引导下,学生们组成学习小组,通过集体讨论深入分析问题,明确哪些信息是已知的,哪些需要进一步调查研究。根据这些分析,小组成员进行有效的分工,协同努力收集必要的信息,并共同制订出详细的研究计划和任务安排。

3.信息的收集与分析

学生收集相关信息后,进行详细的分析和整理。小组成员之间交换意见,共同思考问题的可能解决方案,并提出解决问题的可行方法。

4.成果的总结与反馈

学生在完成研究后,总结并展示研究成果。这一阶段包括对整个基于问题的学习过程和结果的评价,以及所学知识的系统总结。此环节强调学习成果的呈现和学习过程的反思。

将PBL应用于高中化学课程中,意味着学生不仅仅是问题的发现者和知识的建构者,更是致力于解决问题的积极参与者。这种学习模式促使学生以主动和积极的态度参与学习,避免了学生成为被动的知识接收者。教师在这一过程中扮演的是组织者、促进者及学生认知和元认知能力的指导者,而非单纯的知识传递者。教材内容也从传统的教学资源转变为学生主动探索和创新的工具。学生的学习活动不断围绕着发现问题、分析问题、解决问题这一主线展开,使得学习过程既富有挑战性也充满了探索的动力。

(二)确立需要解决的学习问题

在PBL(问题本位学习)教学法中,问题设计是核心环节,分为主题问题和学习问题两个层次。这种层次划分有助于细化问题,从而更有效地促进问题解决。对于学习问题的设计,需要考虑多方面因素,而不仅仅是从主题问题中简单分化出的可学习子问题。

学习问题的确定过程中,虽然学生的选择可能受到一些客观条件的限制,但确保学生在选择时能够充分考虑实际情况是关键。学生最终确认的学习问题应当满足以下三个条件:

1.知识欠缺的明确性

学生所选择的学习问题应明确指向他们所缺乏的具体知识点。

2.关键性作用

这个学习问题对于填补学生的知识欠缺应具有决定性的重要性。

3.独立学习的引导

当学生在教师的帮助下发现知识的空缺时,教师不应立刻填补这些空缺,而应逐渐引导学生培养自主学习的技能。在实际教学过程中,学生们会根据问题情境提出多个子问题,教师的任务是指导学生筛选出那些能指向核心概念且符合教学目标的问题。这一过程涉及评估子问题与教学内容和目标的相关性、学生的已有知识及认知能力,以及问题在课堂环境中的可探究性。

选择了适当的学习问题后,教师应引导学生深入分析,激发他们关于学习问题的现有知识,明确已知知识与新学习内容之间的区别。这样,学生不仅能系统地学习必要的知识,还能有效地发展其相关技能。

总的来说,PBL教学法通过精心设计的学习问题,促进学生在解决具体问题的过程中主动获取知识和技能,这种学习方式强调学生的主体性和自主性,有助于培养他们的批判性思维和问题解决能力。

(三)收集资料,探究解决问题

一些复杂问题需要学生以小组形式合作学习。在教师的适当引导和学生自愿的基础上,形成优化后的小组结构,建立有效的学习共同体。在小组内部,学生需进行深入讨论,澄清对于待解决问题的现有了解,识别学习需求和资源缺口。学生可以通过多种途径搜集必要的信息和资源,并在小组成员之间及不同小组间共享这些资源和想法,互相鼓励和沟通。

教师的职责是提供指导性材料或资源,帮助学生理解并深入探究学习问题,便于学生自主搜集信息。这样做有助于在有限的课堂环境中,提高学生解决问题的效率。

当小组成员认为搜集的信息和资源足以应对问题时,应对这些信息进行整理和分析,交换意见,共同思考和提出解决方案。之后,可以通过实验探究等实践活动来验证这些解决方案的有效性。

（四）成果展示，全面评价

在 PBL 教学模式中，在确定和展示成果的阶段，不应单纯强调解决问题的最终结果，而应突出这些成果代表了解决问题过程的精华，这种做法能够激发学生解决问题的积极性，重视整个解决过程。为了实现令人满意的结果，小组成员之间的互动、交流和协作显得格外关键。展示内容通常应包括最终成果、小组的活动规划、任务分配以及过程中的亮点等，确保展示的成果真实反映了小组成员在探究和解决问题过程中的实际成就。

在 PBL 中的评价应全面衡量学生的学习表现，旨在促进学习和改善学业成绩，增强评价的激励和发展作用。评价过程中，不应只侧重于学生的成绩，而应全方位考虑学生在发现问题、解决问题、收集资料及进行实验探索等各个方面的表现。评价方式应涵盖教师评价、学生自评和同伴评价等多个维度，不仅评估学生的成果和表现，还应评估问题本身和教师利用问题的效果。

随着我国基础教育课程改革的深入，实现素质教育的核心目标便是创新教育。该改革旨在改变教学过于侧重知识传授的现状，加强课程内容与社会生活、生产和科技发展的联系，鼓励学生积极参与学习活动，全面提升学生的综合素质。尽管如此，受到传统教学模式的影响，素质教育的实施效果尚未完全达到预期，教室内学生的主体性不足，常见的教学模式依然是"灌输式"和"接受式"。因此，高中化学教师应根据实际情况，结合化学教学的特点，灵活而巧妙地运用 PBL 教学模式，探索适合高中化学的新教学方式。

第三节　高中化学"开放式"课堂教学模式

一、高中化学开放式课堂教学的内涵

对于化学教学而言,培养学生的逻辑思维能力极为重要,然而,仅有逻辑思维还不足以应对所有学术挑战。逻辑思维通常是收敛和封闭的,而创造性思维则需求发散和开放性。有效结合这两种思维的关键,在于实施开放式的化学教学。

(一)化学开放式课堂教学的内涵界定

开放式化学课堂教学的内涵涵盖多个层面,它与传统的封闭式教学形成对比,尤其通过提出开放性问题来引领课堂,这是化学教学的一个显著特色。这种教学模式以开放性问题为核心,旨在培养学生的开放思维,并通过各种开放性活动达成这一目标。

开放式化学教学的特点不仅体现在教学理念上,更展现为一种教学文化和艺术,具有民主性、动态性、创造性和合作性。在高中阶段,开放式化学课堂教学具有双重意义:一方面,应构建一个促进群体交流的开放环境,使教学活动能自由进行;另一方面,化学学习应成为一个生动、活泼且富有个性的过程,这不仅能激发学生的创新思维,还能为他们的全面发展提供广阔空间。这种教学模式旨在充分发掘每位学生的潜能,使他们在探索和学习的旅程中获得最大的成长和发展。

(二)化学开放式课堂教学的内涵释义及要素分析

开放式化学教学具有三大核心特征。首先,学生需要与化学活动完全融合,参与其中;其次,学生参与的活动本身必须是开放的,允许多样的探索方式和思考路径;最后,探讨的问题也应具备开放性,没有固定的答案,鼓励学生从多角度进行思考。

因此,开放性化学教学旨在营造一个开放的人文环境,创设利于学生探索学习和合作交流的开放性问题情境。在这一教学过程中,

学生能够在自己的认知基础上,通过有效的教学策略,实现不同水平的发展,获得多层次的学习和情感体验。这种教学模式不仅促进学生知识的积累和深化,也强化了他们的情感参与和创造性思维的培养。开放式教学的内涵包括几个方面。

1. 教学目标开放

由于学生在化学学习能力和水平上存在差异,教学目标的设计不能追求完全统一,这种观念源自人本主义心理学。教学目标的开放性体现在两个主要方面:

(1)群体的开放性

教学目标应具备动态调整的特性,使其在教学过程中可以根据学生的实际表现进行适当的调整。如果大部分学生难以达到预设目标,教师应适时调低目标水平;相反,如果学生表现优异,目标则可以相应提高。此外,教学目标应具有延伸性和发展性,鼓励学生进行课后反思,并为他们未来的学习和发展预留成长空间。

(2)个体的开放性

虽然在当前的教学实践中,为每个学生设计个性化的教学计划仍然存在困难,但在制订教学目标时,教师应考虑到不同水平学生的具体需求。教学目标的设计应具有层次性,确保每个学生的教学目标都位于其最近发展区内,从而促进每位学生按自己的节奏和能力发展。

这种开放性和层次性的教学目标设计,不仅符合学生的个体差异,也更贴合学生的实际能力和发展潜力,有助于每位学生实现个体化的成长和发展。

2. 教学内容开放

虽然教学内容主要基于教科书,其结构和元素较为固定,但呈现这些内容的方式应具备开放性,这种开放性体现在呈现的视角和知识元素的扩展性上,这与后现代主义的课程观念及建构主义的教育理念相契合。首先,从宏观设计的角度看,化学教学不仅应关注于培养学生掌握终身学习必需的基础知识和技能,还要加强课程内容与学生的日常生活以及现代社会科技发展之间的联系。其次,从课堂实施的角度出发,教师应根据学生的知识水平和能力发展适时调整教学内容,确保教学过程既自主又开放。通过这样的方法,教学不只是单向的知识传递,而是一种动态的、互动的学习过程,让学生能在学习中不断发现、探索并构建自己的知识体系。

3. 教学过程开放

教学的发展是一个动态的过程,受到多种因素的影响,因此教学应当是开放的,这种开放性反映了后现代主义的教学观。在这种教学观念下,教师的角色转变为激励者,旨在鼓励学生积极主动地参与教学活动,为学生提供充分的时间和空间,以便他们可以通过动手实验去深入探究事物的本质。这种教学模式强调师生之间以及生生之间的互动,确保所有层次的学生都能融入学习过程中,不仅仅追求形式上的开放,而是注重学习的愉悦感和学生的主动参与。这样的教学环境有助于营造一种更加自由、开放和富有探索精神的学习氛围,从而使学习变得更具意义和效果。

4. 教学方法开放

在化学教育中,教学方法的应用和研究必须是开放和灵活的,这反映了化学教育哲学的深层思考。关键在于能够激发学生的主动性和积极参与,任何有效促进学生学习的方法都应被鼓励使用。教师应在教学过程中灵活运用多种教学方法和手段,进行必要的动态调控,以适应不同学生的学习需求和反应。

此外,教学中适当结合计算机模拟和化学实验是一种有效的教学策略,这种结合可以促进学生对化学现象及其本质的深入探究。当代学生对信息技术的融入以及实验操作显示出高度兴趣,因此,采用这样的教学方法能够极大增强学习体验和效果。学生的学习方式同样开放,可以是小组合作学习,也可以是个别学习,甚至是其他多种形式的组合,关键在于激发和维持学生的自主性、主动性和创造性。教师在这一过程中的角色是进行宏观上的调控和微观上的协调,确保教学活动的有效性和适应性。

5.师生关系开放

开放式教学模式强调建立一种民主、和谐且平等的师生关系,这种关系核心体现了后现代主义的主体论精神。在此模式下,教师扮演的是引导者和合作者的角色,而不是传统意义上的权威控制者。这种开放的师生关系不只强调教师在教学过程中的引导角色,同时极大地重视学生在教学活动中的主体性。

在课堂中,教师与学生共同参与到探索和学习的过程中,共享彼此的经验和学习成果。教师的主要职责是引导和信任学生,激励他们成为课堂的主导者。这种互动模式旨在通过教学活动不仅促进学生的智力发展,同时也借助学生的个人成长来推动教师教学方法和策略的改进。

在这种教学环境下,教师不再是单一的知识传递者,而是成为学生学习旅程中的支持者和助手。学生被鼓励勇于表达、提出创新的想法,并积极参与课堂讨论,这样的互动有助于在教学中实现真正的思想交流和知识的共同构建。这种开放和民主的师生关系是开放式教学成功的关键要素之一。

6.教学环境开放

开放式教学不仅涉及教学内容和方法的开放,还包括教学时间和地点的灵活安排,以及对学生心理环境的开放。由于常规课堂时间的限制,教师往往难以完全深入探索某些复杂的教学内容。特别是化学教学,由于其实验性质,更需要更多的时间和空间进行实际操作和探究。因此,应当考虑将教学活动延伸到常规教室之外,如实验室或自然环境中,这样可以为学生提供更真实的学习体验。

此外，教学的开放也应该包括课前和课后的活动。学生可以在课前进行预习，而课后则进行必要的复习和巩固，这样有助于他们更好地掌握和应用新知识。教师可以设计开放性的问题或任务，让学生根据自己的兴趣和学习需要选择性地进行学习。这种方法不仅增强了学生的学习动力，也促进了他们自主学习的能力，使学生能够在更加宽松和自由的学习环境中发展其探索和创新的能力。

7. 教学评价开放

在开放式教学中，教学评价的方法也应当是全面和多维度的，以充分体现评价的开放性。这意味着评价不仅仅局限于传统的书面考试和成绩，而是应该包括学生在多个方面的表现：课堂学习的活跃度、课后作业的完成情况、师生之间的互动质量、学生之间的合作与交流，以及学生对学习内容的投入程度和热情等。

通过这种多角度的评价方式，教师可以更全面地了解学生的学习进展和存在的问题，同时也能够评估教学策略的有效性和课程设计的合理性。这样的评价体系鼓励学生在课堂内外主动学习，促进了他们的积极参与和自我反思，也帮助教师进行教学调整和优化，最终达到提高教学质量和学习效果的目的。

二、高中化学开放式课堂教学模式

（一）高中化学开放式课堂教学模式的建构原则

根据新课程改革的要求，高中化学课堂在开展开放式教学时应遵循以下六个原则：

1. 开放性原则

开放式教学的核心是全面开放，涵盖从思想到行动、从课内到课外、从教学到评价的各个方面，创建一个弹性、多元的动态教学体系。教学目标、过程、内容、方法、结果以及评价都应具备开放性，确保学生发展的多样性和多元化可能性。

2.主体性原则

开放式教学强调教师与学生的双向发展,教师不仅是知识的传递者,更是创造开放性教学环境的设计者。学生则在这样的环境中发挥主体作用,充分展示自我发展的潜力,同时激发教师的教学创新和自我反思。

3.过程性原则

在教学过程中,应强调师生共同参与,体现化学思维的发展过程。通过促使学生积极参与探索、提问、解决问题,不仅仅追求答案的正确,更注重思维过程的培养和经验的积累。

4.探究性原则

开放式教学鼓励学生独立思考和探究,通过为学生创设具挑战性的问题情境,激发学生的好奇心和探究欲,强调培养学生通过科学方法发现问题并寻求解决方案的能力。

5.合作性原则

开放式教学不仅仅强调个体的学习和发展,更注重通过集体合作促进个体的突破。教学中应倡导学生之间的合作,通过团队合作学习促进知识的深入理解和技能的共同提高,同时,合作学习也是培养学生未来社会所需合作能力的重要途径。

6.多维评价原则

在开放式教学中,评价方式应多样化,不仅仅通过传统的书面测试,也应包括学生的日常表现、课堂互动、课外活动等多个方面。评价的目的是更全面地了解学生的学习状态和进步,促进学生全方位的发展。

这些原则共同构成了高中化学开放式教学的基础,使教学活动更具包容性、互动性和效果性,真正达到以学生为中心的教育目标。

(二)高中化学开放式课堂教学模式的基本环节解析

1.确定开放目标,创设问题情境

问题情境是一种特定的教学策略,它在学生的学习过程中扮演着关键角色。问题情境通常被定义为学生在面对一个目标但不知如何实现时的心理状态,即当学习内容与学生原有的知识水平产生冲突时,他们迫切需要解决这种矛盾的内在动机。这种情境有三个基本要素:目标(未知的事物),动机(如何达到目标),以及学生的能力水平(能够察觉到这一问题的存在)。

心理学研究指出,人们天生具有解决知识空缺和认知不协调的本能。当学生产生了学习新知识的渴望时,这种内在的驱动力会激活他们参与各种学习活动。因此,教师在设置问题情境时,必须确保这些情境既切合学生的能力范围,又能有效地激发他们的思维,从而成为探索的起点。

有效的问题情境可以触发学生的认知失调,为课堂上的有效探究活动提供动力。情境设置的生动和有效性是激发学生探究欲望的关键。在教学活动中,教师应有意识地创设这种情境,引导学生体验解决问题的过程,并享受其中的乐趣,从而提升他们的创造性思维。

此外,问题情境的设置具有极大的吸引力,能够显著增强学生对学习的兴趣,提高他们的自我效能感,并促使他们形成自主、创造性的思维习惯。问题情境的创建基于教学目标,而这些目标直接关联到教学内容的选择与情境的具体实现。因此,一个明确且具有开放性的教学目标设定对于成功创设问题情境至关重要。

(1)知识性目标及情境创设原则

英国知名课程理论学家劳伦斯·斯腾豪斯(Lawrence Stenhouse)强调知识的结构性和其固有价值,他认为知识并非简单的信息,而是支撑创造性思维和提供判断基准的框架。知识的真正价值在于它能成为思考的中心,激发深层的理解,而不是被动接受的静态信息。他主张,教育应致力于培养人的自由和创造力。

另一位教育学家彼得斯(Peters)提出,教育的核心之一是向学习者传递有价值的内容,强调知识传递是教育的基本职责。然而,实现教育目标并非仅靠教师个人的教学行为,而应基于师生之间的合作完成。

虽然教学内容的知识体系可能保持不变,但教师对知识的解读和理解方式需发生变化,即从信息化的理解转变为更深入的探究。在课堂上,知识的角色不应仅仅是被传授的对象,而应成为引发探究的媒介和活动的核心。因此,在准备教学内容时,教师需要创设情境,激发问题,寻找知识的"疑问点",确保学生是在有疑问的基础上提问,而非机械地问答。设计开放式问题成为教学设计的关键,以此促进学生的主动探索和深入理解。

在设置化学课堂知识情境时,需要遵循"适中性原则"和"多维性原则"以提高教学的整体效果和深度。

首先,适中性原则。虽然化学课程内容受课程标准的限制,但对学生而言,这些都是全新的知识。因此,学生对于学习新知识的内在动机是共同的,这自然会对他们的学习产生积极的推动效果。在挖掘知识深层含义时,教师需要考虑到学生现有的知识结构和认知水平,以便合理地选择教学内容。选择知识点时,不仅要考虑难易程度的适中,还应具备一定的启发性,以激发学生的问题意识。开放式教学不只是关注思维训练,还包括学生的实际操作能力和情感体验。

其次,多维性原则。知识本身具有其一维性,主要表现为信息的特性。如果教师在开放式教学中只关注于知识的信息传递,那么教学的教育效果可能会受到限制。因此,在教学设计中,教师应将行动、过程、情感等多个维度融入知识的情境设计之中,这不仅可以丰富教学内容,还能增强教学的实效性。采用这种方法,教学活动将变得更加生动和有效,极大地激发学生的学习兴趣和深入的探索精神。

(2)行为性教学目标及情境创设原则

在开放式教学中,行为的元素得到了显著的强调,并极力推动学生围绕开放性问题进行广泛的课堂交流。因此,行为能力的培养已从教育的辅助元素转变成了核心目标。仅有通过活跃的学生交流，知识才能有效地转化为能力，完成知识的构建过程。

行动在教学中的重要性不仅仅是激活学生的思维，提升思维的活性，更重要的是通过具体的行动帮助学生获得必要的技能，形成相应的素养，并培养合适的意识品质。在选择教学过程中的行为内容时，教师应考虑到知识内容中蕴含的实践能力，这有助于激发学生的感知，促进他们更有效地吸收和构建知识。

知识体系天然具有建构性，行为能力也是如此。实践能力的培养是一个逐步的过程，建立在现有行为能力的基础上，并不断进行构建和提升。因此，在教学中，教师不仅需要强调基础如化学逻辑分析的行为能力，还应关注化学行为能力的整体建构。通过这种方法，学生形成的行为能力将不再是孤立的单一技能，而是成为一种整体的、有效的能力体系，这样的能力才具有实际的意义和应用价值。

(3)情感性教学目标及情境创设原则

在制订教学目标时，整合意识和情感因素是实现教书与育人目标的关键，这通过现代教学理念和技术的融合得以实现。情感教育可以将知识与能力转变为精神的动力，从而有效推动知识的学习和能力的培养，并为学生的能力发挥提供内在的驱动力。

在教育过程中，通过知识探究和实际行动，必须让学生体验到丰富的情感，这是实现从外部学习条件到内部动因转变的关键。教育的目标不仅是让学生掌握技能，更重要的是将这些技能转化为实际的能力。为了使这些能力有效发挥，必须通过意识形态的固化，真正实现教书育人的目标，为学生的个人发展奠定基础，推动教育向着良性循环的方向发展。

首先，应关注教育过程中的自我发展。在实施情感教育时，教师应鼓励学生自主发现、自主总结、自主形成，避免形式化的说教，以免引起学生的反感。确保学生的自主发现，就必须在选择和实施教学方法上进行周密的考虑。

其次,创设真实的体验情境。在教学设计中,教师不仅要让学生体验到化学学习的情感,还要使学生理解拥有这些情感的重要性。因此,教师不仅要为学生提供真实的情感培养情境,还应提供实际应用的情境,以促进情感的内化。

最后,提供有效的言语指导。这包括"促进性"和"实效性"两个方面。促进性意味着教师的指导应考虑学生的个人情况,帮助他们更好地发展;实效性则关注言语指导的适当时机,强调指导并不是随时都进行,也不应等同于讲授。有效的言语指导的目的是引导和激发学生,帮助他们有效完成探究过程,但需要注意,有效并不必然意味着过程顺利进行。

2.设计开放问题,展开自主探索

开放题的设计已经是一个深入研究的领域,但本文提出的设计方法不仅仅是单向的。这种设计要求教师与学生共同参与,形成一种双向的交流和互动。当教师制订并呈现开放题目时,学生需要进行自主的探索,并有机会对题目内容进行修正和改进。这样的互动不仅激发学生的思维,也创造了一个促进知识建构和批判性思维能力培养的学习环境。

教师在这一过程中使用多媒体技术,提供丰富的内容和具有交互功能的学习资料,这不仅丰富了学习资源,还增强了学生的学习动力。这种教学策略旨在培养学生的独立思考能力和批判性分析能力,使学生能够更有效地参与到学习和探究活动中,尤其是在后续的合作探究中,能够发挥更大的作用。

通过这种开放式题目设计,教师和学生之间的互动更为密切,学生的学习过程更加主动和动态,有助于提高他们解决复杂问题的能力。这样的教育模式不仅提升了教学的质量,也优化了学习过程,使教育更加符合现代化的教学理念。教师在设计开放题时应遵循以下的基本原则。

(1) 开放性原则

开放性原则旨在扩展学生的思维范围和激发其探索与创新的潜力。通过设定开放性问题,这一原则有助于学生学习和掌握知识再生创造的方法和技能,从而培养他们的创新意识和创新能力。设计开放性问题时,应充分利用教材内容和学生的基础知识,避免主观偏差和盲目跟风的现象。

(2) 灵活性原则

灵活性原则强调在教学设计中的形式多样性和生动性,目的是使学生的思维更加活跃,促进他们的思维灵活性和敏捷性。这一原则要求教学活动不拘泥于传统形式,而是应采用各种灵活、富有创意的方法。

(3) 层次性原则

层次性原则帮助学生深入思考,有效地运用所学知识,并不断拓展其应用领域,从而加深思维的深度。开放题的设计应考虑到学生的认知发展规律,按照由浅入深的顺序逐步引导,使学习过程像螺旋一样逐层推进,不断深化。

(4) 实用性原则

实用性原则则着重于激发学生分析、研究和解决问题的热情,同时使他们能够感受到所学知识的实际应用价值。该原则鼓励教师设计与日常生活紧密相关的开放性问题,让学生能够运用化学知识去观察和分析现实生活中的问题,从而提高解决实际问题的能力,并避免知识学习与实际应用之间的脱节。

总之,这四个原则——开放性、灵活性、层次性和实用性——共同构成了开放式教学的核心,旨在通过一个开放和动态的教学环境,促进学生全面而深入地学习,不仅仅是为了知识的掌握,更重视知识的应用和创新能力的培养。

3. 合作交流讨论，建构新知结构

开放式教学旨在创造一个开放的教育环境，并致力于培养学生的开放性思维，特别是他们的交往技能以及分享和合作的态度。这种教学方式通过鼓励学生在分享过程中相互激励，帮助他们意识到自身与他人的差异，并主动构建自己的知识体系。与个别活动或全体活动相比，合作和交流在实现这一目标方面显示出其独特的效果。

在开放式教学框架下，通过小组活动，学生能够在活跃的讨论中开辟更广阔和多元的思维路径。学习过程在这种互动交流中展开：从合作协商修正问题入手，到分工合作深入分析讨论问题，再到广泛交流探讨各种思路和想法形成结论，以及共同实践拓展知识的实际应用，最后通过小组内的反思和评价整合不同的见解。

这种教学模式不仅促进了学生对知识的深入理解和应用，还大幅提升了学生的社交技能和团队合作精神，使教学过程转变为一个互动和共享的平台，从而让学习过程变得更加丰富和有效。

4. 反馈调节巩固，强化运用变式

反馈是课堂教学中一个至关重要的环节，它不仅帮助学生深化和巩固知识，还让教师了解学生的知识掌握情况、思维发展水平及能力强化程度。为了实现有效的教学控制，课堂练习通常采取分层次的方法，这一做法符合开放性的教学原则。理想的层次划分通常是三个等级，以适应不同学生的需求。

A级练习题目是为优秀学生设计的，主要是发展性的试题，旨在挑战和扩展他们的认知边界。B级练习则针对中等水平的学生，主要涉及课程的难点，帮助他们克服学习障碍。C级练习主要面向学困生，确保这些学生能够巩固基础知识，这类习题通常是最基础的，确保所有学生至少能掌握课堂上的关键知识。

此外，反馈练习中应注意习题的"变式"使用，包括概念变式和原理变式等，以增强习题的多样性并提高学生的灵活应用能力。通过

这种方式,学生可以更灵活、更准确地掌握和应用所学的化学知识,从而在知识的理解和运用上达到更高的水平。这种针对性和多样化的练习方式不仅确保了基础教育的质量,还为学生的进一步发展预留了空间。

5.多维深化拓展,评价作业反思

在这一教学环节中,首先要求学生反思自己的思考过程,对所学知识进行整理、总结规律,并提炼出方法。此外,通过开放式练习题的讨论,可以实现知识的多维拓展和创新。学生也可以通过设计自己的题目来拓宽和创新知识。这种自主设计题目的活动是基于学生对知识和问题的深入理解,要求学生综合运用各方面知识进行创造性思考,这不仅激发学生的主观能动性,也是丰富课堂教学内容的有效策略。

教学环节的设计展示了明显的开放性特征:教学材料不仅来源于教科书,还来源于生活和学生自身经验,通过情境化增强学生的问题意识;课堂上,教师提出开放性问题供学生修正和讨论;通过交流和合作,形成多样化的共识;设计的练习题展示了条件开放、结论开放和策略开放;结合多样化的评价方法,开放式评价真正体现了开放式课堂教学的多个方面,如开放性、主体性、过程性、适度性、探究性和合作性。

在面对时代发展的需求下,培养创新人才已成为教育和人才培养的重要任务。作为基础教育的重要组成部分,化学教育在培养学生的基本素养和创新能力方面占据独特的重要地位。化学的广泛应用以及其学科特性在培养学生的逻辑思维、系统分析和创造性思维能力上起到了关键作用。创造性活动必须是开放的,创造性思维必须是发散的,因此开放式教学模式极适合于培养具有创新潜力的学生。因此,研究高中化学的开放式课堂教学模式不仅在教育哲学和逻辑上合理,其功能的实际应用也展示了广阔的发展前景,对新课程改革具有重要的实践意义和指导价值。

第五章 高中化学探究式教学

第一节 探究式教学的特征

一、探究式教学的基本特征

探究式学习是一种让学生通过类似科学家的探究活动来获取科学知识的教学方式,在这一过程中,学生不仅学习到科学的知识和技能,还学会了科学的思维方式,形成了科学的观点和科学精神。探究式教学的基本特征主要体现在以下几个方面:

(一)问题情境特征

探究学习始于问题和疑问,这些问题和疑问构成了探究学习的起点和核心。在高中化学的探究式课堂上,教师需要创设合适的问题情境,激发学生在化学问题情境中发现问题、提出问题。通过这种方式,学生的学习主动性得到极大的激发,积极参与到课堂教学中。

(二)思维开放特征

探究式学习的一个核心特征是通过问题的发现和研究探索来获得知识和技能。这种学习方式并不仅仅关注问题的答案本身,而是更加注重学生在探索问题过程中的主动参与和思维的开放,特别是在培养学生的创造性思维方面。因此,实施高中化学探究式课堂教学时,教师必须为学生提供充分的思考空间,旨在激发学生的思维潜力。这要求教师不只是知识的传递者,更是学生探索旅程的引导者和支持者,他们通过设计开放式问题和情境,鼓励学生提出独到见解,并在探索中学习如何应用理论到实际问题的解决中。

(三)实践探索特征

实践是探究学习的另一核心元素。高中化学探究式教学应强化以实践为基础的活动,如实验、观察、统计分析以及信息搜集等。通过这些丰富多样的实践活动,学生能够更深刻地理解知识,增强感性认识,并显著提高自己的实践技能。在教学过程中,教师应精心组织和准备演示实验及学生实验,指导学生如何观察、记录和分析实验现象和数据,进而科学地得出结论。此外,教师还应引导学生学会使用现代工具和方法查阅资料、搜集信息以及进行调查访问,使学生能够在实践中运用所学知识解决问题,进一步整合和巩固新旧知识。

(四)学生主体特征

探究式学习主要旨在发展学生的个性和创造性能力,因此高中化学探究式课堂教学中必须确保学生的主体地位得到充分体现。在这种教学模式下,学生应在教师的组织和指导下独立思考、自主学习,并主动参与课堂活动。教师在这一过程中主要扮演引导者的角色,确保教学活动能够围绕学生的学习需求进行,使学生的主体特征在整个教学过程中得到充分发挥。

(五)方法教育特征

此外,探究式学习也强调方法教育的重要性,即通过探究活动使学生掌握探索真理的方法。教师需要根据具体的学习内容,适时对学生进行科学研究方法的指导,让学生通过实际操作体验和学习化学的基本方法。

(六)能力培养特征

探究式学习的另一关键特征是能力培养,这旨在提升学生的综合素质和实践能力。这包括通过解决实际化学问题的研究过程来培养学生的实验操作能力、观察分析能力以及实践探索能力。此外,探究化学知识与科技、生产和生活的联系时,也应该培养学生关注社会热点、发现和分析问题以及应用知识解决问题的能力。

为了突破传统教学模式的局限并有效提升课堂教学效率,化学教学应根据其特点及如何通过化学学习活动促进学生发展的目标,构建一个以学生为中心的自主、合作、探究的教学与学习模式。这种模式不仅全面促进了学生能力的发展,还激发了学生的学习兴趣和创新思维,为学生的未来学术和职业生涯奠定了坚实的基础。

具体实施时,教师可以设计与现实世界问题相关的化学实验或项目,让学生在实际操作中学习如何应对挑战和解决问题。例如,在教学中可以引入环保相关的化学话题,如处理污水中的化学物质,让学生探索和实验不同的净化方法。这样的教学活动不仅增强学生的技术技能,更重要的是,提高他们的环境意识和社会责任感。

通过这些方法,学生不仅在学习化学知识的同时,更加深入地理解了知识的应用背景和社会价值,这种教学模式有助于培养学生的批判性思维和解决问题的能力,从而更好地为将来的挑战做准备。

二、师生关系

探究式教学模式下,构建一个平等、互信以及和谐的师生关系是实施这种教学成功的关键。与传统基于儒家伦理的师生关系不同,这种关系往往强调层级分明、教师权威和学生的顺从。现代教育环境要求对师生关系进行根本性的更新,教师需要摒弃传统的"师道尊严",在知识、人格、心理和道德等各方面与学生进行广泛而深入的交流。

这种新型师生关系的核心在于双方心灵的相互接纳,建立一种民主、平等的伦理关系以及深厚、真挚的情感联系。此种关系的主旨是支持学生的自主性,促进学生人格的健康发展。具体而言,这种关系应具备以下几个特征:

真诚相见:师生之间应该诚实相待,避免欺骗和敌意。

相互尊重:双方都应感受到清晰且毫无误解的尊重。

相互独立:避免形成任何形式的依赖或依附。

相互包容:双方应接纳对方的独特个性。

共同发展:一方的进步和需求不应牺牲另一方的进步和需求。

在这样的师生关系基础上,学生能够在相互尊重、合作和信任的氛围中全面发展,体验到成就感和生命价值,逐步建立自由个性和健康的人格。对于教师而言,这样的教育教学活动也将更有效地激发每个学生的潜能,让他们感受到个人价值的实现和心灵成长的快乐。这种教学关系的优化是探究式教学成功的基石,关键在于教师的角色转变和学生主体性的真正实现。

三、教学目标

传统教学模式主要侧重于认知目标,即系统地传递知识,这种方式虽然确保了知识的传授,却常常忽视了学生智能的全面发展、人格培养以及情感需求。这种教学往往因忽略了非智力因素,如学生的兴趣、热情和毅力,导致教育机会的流失,使得教学过程变得形式化和教条化,从而抑制了教学的生机与活力。

相较之下,探究式教学模式通过创设类似学术研究的学习环境,鼓励学生自主发现问题,并通过实验操作、调查研究、信息收集与处理以及表达和交流等多种活动,积极参与到学习过程中。这种教学方式不仅涵盖了传统的认知目标,还广泛地促进了学生在技能、情感、态度、方法以及探索精神和创新能力等多方面的发展。

探究式教学的实施,使得学习变得更为动态和参与性强,有助于学生建立知识之间的联系,更好地理解和掌握复杂的概念。它强调学生作为学习的主体,教师则扮演引导者和支持者的角色,共同探索知识的深度和广度。这种教学模式不仅能激发学生的学习兴趣,还能增强他们解决实际问题的能力,为未来的学术和职业生涯打下坚实的基础。简而言之,探究式教学旨在培养学生的学习能力,具体包括:

(一)学习态度

培养学生热爱学习的思想,将"被动学习"转变为"主动学习",使学习变成一种自在、自觉的状态。

(二)学习习惯

培养学生能够自主且持续地获取知识、信息和技能,而无须外部强制。

(三)学习观念

鼓励学生跳出书本和权威的局限,不局限于课堂学习,培养主动求知和探索的精神,具备质疑和批判的意识。

(四)学习方法

教导学生合理安排学习时间,有效利用现代学习工具,重视学习的效率和效果。鼓励学生勤于阅读、倾听和提问,深入思考,善于综合和总结经验,调整学习策略,并能借鉴他人的学习经验,找到适合自己的学习方法。

探究式教学并不反对学习知识和技能,而是强调在学习知识和技能的过程中同时经历科学探究的过程,提升研究方法,以及在情感态度和价值观上的成长。这种教学方式旨在使学生在学习中获得全面的发展,更好地适应未来社会的需求。

四、教学模式

(一)"问题"是核心

传统的"接受性教学"模式主要表现在三个方面:首先是学生的被动性。在这种模式下,学生几乎没有对学习过程的自主权,所有教学决策如教师的选择、教材的使用、教学流程、学习目标及评估标准均由学校和教师决定。这导致学生在整个学习过程中缺乏选择权和决策权。其次是依赖性。学生在学习过程中高度依赖教师,从学习内容的提供到学习环境的创设,再到教学设计和关键知识点的解读,以及作业的布置和成绩的评定,全部由教师主导,这削弱了学生的独立性。最后是封闭性。学生的学习内容主要限于课本,学习场所通常局限于课堂内,这种封闭的环境剥夺了学生探索未知世界的兴趣和机会。

相比之下,化学探究性课堂的核心在于围绕具体的化学科学问题,通过科学的方法进行深入探索,使学生体验真实的科学工作过程。这种教学模式利用学生的好奇心,鼓励他们通过探索活动来获得知识和技能。探究式教学重视并激发学生的学习动力,正如苏霍姆林斯基所说:"在人的心灵深处都有一种希望成为发现者、研究者、探索者的根深蒂固的需求,这在孩子们中表现得尤为明显。"因此,探究式课堂通过满足学生的这种内在需求,不仅适应了新时代教育的发展要求,还通过创设富有挑战性的问题情境,最大化地发挥了学生的学习潜能。这种教学方法使得学习过程更具吸引力和实用性,同时为学生的未来学术和职业生涯提供了坚实的基础。

探究式教学,也称为"问题式教学",强调在开放的环境中通过问题的探索和研究来促进学生的学习。这种教学方式主要包括以下三个步骤:

1. 提出问题

在这一步骤中,学生需要根据自己的已有知识或经验,主动提出问题,教师以此为基础组织教学内容。这不仅培养学生的问题意识,而且增强了他们的主动探索精神。学生从被动的接收者转变为主动的发现者和探索者,由此产生的发现问题的喜悦成为推动学生学习和创新的重要动力。

2. 讨论问题

在探究式教学中,教师扮演着关键角色,尤其是在根据学生提出的问题来重新设计教学方案方面。教师需要收集和编制适合讨论的材料,这些材料不仅应该具有挑战性,还应确保答案的多样性,以激发学生的好奇心和探索欲。通过这种方式,学生在讨论中可能会发现更多新问题,从而不断深化对原问题的理解。此外,这一过程对于拓展学生的思维自由发展空间极为有益。例如,如果课堂讨论集中在特定化学反应的环境影响上,教师可以提供从基础理论到实际应用的各种案例,让学生分析并讨论这些反应在不同条件下可能的变化和结果。

3. 解决问题

在探究的最后阶段,教师的任务是帮助学生总结探究过程中的成果和不足。通过肯定学生在探究过程中取得的成就,增强他们的成就感和自信心,从而维持他们对进一步探究的兴趣。同时,鼓励学生将所学的知识应用于新的学习情境中,实现知识的有效迁移。这种策略不仅帮助学生在解决问题的过程中提升自己的能力,还能让他们学会如何在实际生活中或更复杂的学术问题中应用这些知识。例如,学生在学习了某种化学反应的机理后,可以被鼓励设计实验来验证该反应在不同条件下的表现,或者分析该反应在工业生产中的应用,进一步加深对知识的掌握和应用。

(二)学生唱主角

传统教学通常是"接受性教学",主要特征包括:首先,学生在学习过程中表现出被动性,缺乏对学习的控制和自主权。教师和学校决定了教学内容、过程、目标和评估,学生基本没有选择的权利和机会。其次,学生的学习高度依赖教师,从内容的提供到学习环境的创设,以及学习过程的设计都由教师负责。最后,这种教学模式具有封闭性,学生的知识获取局限于课本和课堂,缺乏探索未知世界的机会。

探究式教学则强调学生的自主性,重视学生在学习过程中的主体地位。这种教学模式鼓励学生围绕特定主题主动探索、处理信息并应用知识解决问题。具体步骤包括:首先,学生基于自身的知识和经验主动提出问题,教师根据这些问题组织教学活动,以激发学生的问题意识。其次,教师设计和提供相关材料,帮助学生讨论问题,旨在激发学生的好奇心和求知欲,鼓励学生发现新问题,不断深化问题理解。最后,教师帮助学生总结探究成果,肯定学生的成就感,维持他们的探究兴趣,并鼓励将所学知识应用于新的情境中。

探究式课堂要求教师从传统的"教师"角色转变为"导师",改变教学方式为"导学"。学习的顺序也由"先讲后学"转变为"先学后讲",即学生通过自学和讨论先行掌握可解决的内容,然后教师针对性解答疑难问题。这样的课堂不仅体现了"以学为本"的教育理念,还强调了学生在学习过程中的自主选择和控制,包括学习动机的自发性、内容的选择性、策略的确定性和时间的自管理性。通过这种方式,学生不仅学到知识,还培养了合作意识、表达能力和分析讨论水平,从而全面提升了他们的综合素质。

(三)开放的教学

探究式教学模式强调通过课外实践活动的参与来完成探究性工作,认为探究能力的培养必须依赖于实际操作经验。这种教学方法将教学活动延伸到课外,使得课堂本身具有开放性。与此相对,传统教学模式通常在封闭的课堂结构中进行,具有固定的教学程序,并以学生是否能熟练掌握知识为评价标准。这种教学理念限制了教师的创新潜力,并且阻碍了学生持续发展能力的培养。

探究式教学特别强调课内学习与课外探究的紧密衔接。在课堂内,教学活动主要是为学生打下坚实的知识基础;而课外探究活动则利用这些基础知识在实际情境中解决问题,两者共同构成教学的整体架构。课外探究活动不仅涉及学生的个人生活、自然环境和社会互动,还通过解决实际问题来增强学生的信息搜集和处理能力,提高学生的学习主动性,激发他们的探究欲望,并培养创造性思维。这些活动有助于学生加深对已有知识的理解,并将探究过程中遇到的问题反馈到课堂教学中,从而丰富和促进课堂学习。

探究性课堂可以被比喻为一个复杂的交通网络,而非一条直达知识宝库的大道。这种过程性教学不仅遵循知识生成的结构特征,也尊重人们获取知识的自然规律。开放性课堂体现了知识的生成潜力和学习者的个体差异,认识到知识随着人类认识能力的提升而不断进化。因此,课堂应保持开放性,为学生提供持续探索的可能,并珍视那些在预设教学之外产生的、学生独自发现的隐性知识。这些知识是学生探究过程中的珍贵成果,应当被充分认可和利用。这种方法不仅有助于学生的全面发展,也让教学活动更具吸引力和有效性。

第二节 探究式教学的设计

一、概述

探究式教学在化学教育中特别强调学生在教师的指导下主动从学习和社会生活中挑选研究课题,并采取科学研究的方法来主动获取和应用知识,解决问题。这种教学模式具有明显的自主性、开放性、实践性和探究性。为了使学生能够深刻体验到科学研究的过程,形成科学的化学观念并掌握科学研究方法,教师需要扮演引导者和促进者的角色,帮助学生进行科学探究。

在设计化学探究课程时,教师应注意以下几个方面:首先,化学探究应当基于真实情境中产生的问题,确保探究活动的实际意义和应用价值。其次,探究的成果应体现为问题的解决、知识的构建或理论模型的建立。此外,探究活动中应广泛应用化学的核心知识,并确保通过探究产生新的知识,避免仅停留在形式训练上。进一步,教师应引导学生经历整个科学探究过程,包括发现问题、提出假设、设计和执行实验、分析数据及得出结论,同时学习如何控制实验中的变量。探究中还应强调科学思维的训练,鼓励学生基于证据进行科学推理,这种推理是探究活动中的一种关键思维方式。最后,应重视对学生科学态度的培养,帮助他们更深入地理解科学的本质。

这样的教学策略不仅促进了学生知识的深入理解,还激发了他们的探究精神和创造力,有助于学生在科学探究中实现自我发展和深度学习。

在科学探究的过程中,教师需要引导学生注意以下五个关键步骤:

第一,情境创设与问题提出:教师应根据教学内容和学生的实际情况创设相关的学习情境,帮助学生在新的化学情境中发现与已有知识的冲突,进而引发探究问题的产生。例如,可以引导学生探讨日常生活中的现象,如为什么被蚊子叮咬后皮肤会发痒或红肿,为什么不能用茶水服药,衣服是如何被洗净的,以及不粘锅为什么不粘食物等问题。这些问题能激发学生的好奇心,让他们认识到生活中处处是科学。

第二,假设的提出:鼓励学生基于自身经验和已有知识,对问题的原因进行猜测,预测探究的可能方向和实验结果。

第三,实验设计与数据收集:指导学生制订详细的探究计划和设计实验,不仅通过实验观察收集数据,也可以利用公共信息资源进行资料搜集。同时,教师需要指导学生对收集到的数据或信息进行有效的比较和处理。

第四,数据分析与推理:引导学生对实验结果或收集的信息进行简单的推理和归纳,尝试对探究结果进行描述、解释和评估。

第五,交流与合作:促进学生之间的交流和合作,鼓励他们共同改进探究方案,并总结验证先前提出的假设或猜想。

通过这些步骤,教师不仅帮助学生掌握科学探究的方法,还培养他们的合作精神和科学态度,使他们在解决实际问题的过程中深入理解科学的本质和方法。这样的教学策略能有效提升学生的综合科学素养和实际操作能力。

二、高中化学探究式教学的设计原则

(一)以学生为中心:重点关注学生的需求和兴趣

在高中化学的探究式教学设计中,将学生置于学习过程的中心是至关重要的,目标是满足学生的需求并激发他们的学习兴趣。首先,教师需要密切关注学生的需求,这包括考虑学生的学习水平、兴趣和学习风格。基于这些因素,教师应设计个性化的学习任务,并提供有针对性的指导,帮助学生构建新知识的框架并提高学习的效果。其次,探究式教学的设计应重视实践操作的重要性。通过精心设计的实验和组织实地观察活动,不仅可以激发学生的好奇心和探索欲望,还能使学生在实际操作中更深入地理解化学的抽象理论,同时提升他们的实验操作能力和科学思维。这种教学方式能够使学生在亲身实践中获得知识,更好地将理论与实践相结合。

(二)问题驱动:以问题为出发点进行教学设计

高中化学探究式教学设计应围绕问题为核心,引导学生深入实际问题的解决,通过这一过程来掌握化学知识。这种教学设计的第一步是将问题作为学习的驱动力,确保教学的目的和方向都是为了解决具体问题。教师需要选取生活中的实际问题作为教学的切入点,通过提出问题来激发学生的好奇心和学习兴趣,使学生能够明确学科知识在现实生活中的应用场景,从而激励他们主动思考和探索解决问题的方法。

其次,问题驱动的教学设计需要紧密结合理论与实践。在高中化学的探究式教学中,问题的设计应侧重于理论的深入理解。教师应指导学生在解决问题的过程中,不仅要理解化学理论,还应将这些理论知识应用到实际操作中。这样的结合可以让学生获得更多实用知识,同时加强他们的理论基础。

最后,问题驱动的教学设计强调学生的主动参与。正如"学起于思,思起于疑"所表达的,提出问题是学生学习深入的起点。因此,教师需要为学生提供充足的思考时间和空间,让他们在解决问题的过程中能够自由提出疑问,从而深化理解和掌握。同时,教师在课前应预见到学生可能会提出的问题,并准备好相应的解答方案。

通过这样的探究式教学设计,学生不仅能在解决实际问题的过程中学习到化学知识,而且能够发展批判性思维和问题解决能力,这对于他们未来的学术和职业生涯都具有重要的影响。

(三)合作学习:强调学生之间的合作与协作

在现代教育中,合作学习已成为一种关键的教学方法,尤其在高中化学探究式教学中,这种方式的重要性更是不言而喻。合作学习不仅促进了学生间的思维交流,还有助于培养学生的团队合作技能和自主学习能力。因此,设计化学探究式教学时,教师应特别强调团队协作的重要性。

首先,教师在组织合作学习之前,需要明确教学的目标和内容,确保学生清楚自己所需掌握的知识和技能。接着,教师应设计适合小组合作的探究任务,这些任务不仅需要具有挑战性,还要有足够的探究性,以激发学生的学习兴趣和积极性。同时,任务设计应充分考虑学生的实际能力和水平,确保任务难度适宜,既不过于简单,也不过分艰难。

其次,教师应组织学生分成小组,并为每个小组指派明确的任务。每个小组应指定一名组长,负责协调组内活动及与教师的沟通。此外,小组内每位成员也应分配到具体的责任和任务,确保所有成员都能积极参与到学习和探究中。

通过这样的组织安排,合作学习不仅能增强学生之间的交流和合作,还能有效地提高他们解决实际问题的能力。这种学习方式的实施,将使学生在化学探究的过程中,不仅学到知识,还能发展关键的社会交往能力和团队协作能力,为他们未来的学术和职业生涯奠定坚实的基础。

三、教学设计

在本节课的"$Ca(OH)_2$ 溶液导电性实验中异常现象的探究"中,学生将通过实际操作体验化学实验的探究过程。本课程的设计让学生直接参与到 $Ca(OH)_2$ 溶液导电性的实验中,尤其是对实验中使用石墨做电极出现的"浑浊现象"进行观察、假设、探究,并通过设计验证实验来探索这一现象的成因,从而得出科学的结论。

(一)学情分析

高中学生在本阶段已有扎实的酸碱盐知识基础,对溶解度等化学概念有一定的理解,同时表现出强烈的探究欲望和学习兴趣。他们不仅通过观看教师的实验演示积累了理论知识,还通过实验操作训练和中考实践,具备了基本的实验操作技能。这为深入开展探究式学习提供了有力的支持。

(二)教学目标

1. 知识与理解

通过实际操作 $Ca(OH)_2$ 溶液导电性实验,让学生理解溶液导电的宏观表现与微观机制,加深对化学变化观念的理解。

2. 技能与应用

引导学生对导电性实验中出现的异常现象进行科学探究,通过实验设计和结果分析,提升学生的问题解决能力和科学推理能力。

3. 情感、态度与价值

通过科学探究活动,激发学生对化学学科的兴趣和热情,培养学生的科学精神和严谨的科学态度,鼓励学生勇于提出疑问并批判性地分析问题。

(三)教学过程的设计

1. 引入新课

介绍 $Ca(OH)_2$ 溶液导电性实验的基本原理和操作方法,展示石墨电极导电时的浑浊现象。

2. 问题提出

让学生观察并描述浑浊现象,引导学生提出可能的原因。

3. 假设建立

讨论不同的假设,如电极反应、杂质影响等。

4. 实验探究

设计实验来验证这些假设,如改变电极材料、使用过滤后的溶液等。

5. 数据分析与结论

观察实验结果,分析数据,得出结论。

6.讨论与反思

回顾实验过程,讨论实验设计的优势和局限,引发深层次的科学讨论。

通过这样的教学设计,学生不仅能够在实验中学习和应用化学知识,还能体验到科学探究的过程,享受解决问题带来的成就感和乐趣。

(四)教学过程

1.创设情境,激趣导入

教师演示实验:饱和 $Ca(OH)_2$ 溶液导电性实验。

提问:观察到什么现象?

学生:灯泡发光;两极产生气体;溶液出现白色浑浊。

设计意图:通过陌生的实验及观察到的现象激发兴趣、引发问题、引导探究。

2.提出问题,做出假设

教师:展示出现白色浑浊的图片。

学生:好奇并提出问题:为什么出现白色浑浊?白色浑浊是什么?

教师:鼓励学生积极思考并大胆猜想,并引导学生提出猜想和假设。

学生:小组合作,思考讨论。

假设1:水的减少导致溶液中有 $Ca(OH)_2$ 沉淀析出;

假设2:温度升高,$Ca(OH)_2$ 溶液的溶解度减小,导致溶液中有 $Ca(OH)_2$ 沉淀析出。

质疑:电解时溶液温度是否升高?学生讨论后设计了用温度传感器来测定电解后溶液温度变化的方案。

演示实验:介绍不锈钢温度传感器并测定饱和 $Ca(OH)_2$ 溶液导电性实验中温度是否发生改变。

收集证据:电解时溶液温度升高。

设计意图:明确要探究的问题,让学生依据已有元素观、变化观及溶解度知识提出假设,再根据学生质疑后讨论的方案,演示用不锈钢温度传感器测定电解饱和 $Ca(OH)_2$ 溶液实验时温度的变化。通过温度上升的实验事实,确认假设 2 成立。以上教学环节具有如下作用:一是帮助学生认识到假设是通过基于证据的推理形成的;二是让学生在探究中形成证据推理的素养;三是提升了学生交流合作的意识,培养了学生敢于质疑与批判的精神。

(五)合作探究,实验验证

小组合作讨论,分享实验方案:

1. 验证假设 1

实验方案 1:将饱和 $Ca(OH)_2$ 溶液加热蒸发掉部分水(溶液体积和蒸发掉水的体积和上述演示实验相同),再冷却到室温,观察溶液中是否有浑浊出现。

实验方案 2:向 90mL 相同浓度饱和 $Ca(OH)_2$ 溶液中加入 10mL 蒸馏水,搅拌,在相同电压下再次进行导电性实验,观察是否变浑浊。

2. 验证假设 2

实验方案 3:取 100mL 饱和 $Ca(OH)_2$ 溶液于大烧杯中,加热至电解时上升的温度(温度升高约 4 度),观察是否出现浑浊。

教师:鼓励学生小组合作,设计实验方案,巡视各小组并予以引导。

学生:按实验方案进行实验并记录现象,收集证据。

实验 1:溶液中出现少量白色浑浊;

实验 2:溶液中出现较多白色浑浊;

实验 3:溶液中没有出现白色浑浊。

学生:分析证据,进行推理,得出结论:实验 1 出现浑浊说明白色浑浊与电解时水的减少有关;实验 2 出现浑浊说明不饱和 Ca(OH)$_2$ 溶液电解时也有白色浑浊,说明白色浑浊的生成还有其他因素,假设 1 不是唯一的原因。实验 3 加热饱和 Ca(OH)$_2$ 溶液至电解时的温度,没有出现明显的白色浑浊,说明跟温度的微弱升高没有明显关系,故假设 2 不成立。

设计意图:设计实验方案是实验探究中最具挑战性的任务。本环节中,通过实验方案的设计培养学生的科学探究能力,提升证据推理的意识,特别是实验 2 从逆向思维角度设计的方案,体现了学生思维的变通性和创新特点。同时,学生在分组实验中,训练了动手能力和收集证据的能力,最后通过师生互动、生生互动,得出假设 1 不是唯一因素、假设 2 不成立的结论,训练了学生演绎推理能力和辩证思维能力。

(六)推理释疑,剖析本质

教师:那还有其他猜想吗?引导学生提出与石墨电极有关,然后介绍铂电极并用铝电极进行导电性实验证明。通过展示白色浑浊的图片(与电源正极相连的石墨电极周围变浑浊)引导学生提出新的猜想。

学生:是否与电极有关呢?可以用铂电极来代替石墨电极做一个实验。

教师:肯定学生的质疑精神和科学思维,演示用金属铂电极做电解饱和 Ca(OH)$_2$ 溶液的实验。

收集证据:使用铝电极溶液果然不浑浊!

学生:通过分析证据,推理溶液浑浊与电极有关。通过思考讨论及在教师的引导下得出新的假设。

假设 3:可能是阳极产生的 O$_2$ 与石墨电极中的碳反应生成 CO$_2$,CO$_2$ 与 Ca(OH)$_2$ 反应生成的 CaCO$_3$ 导致白色浑浊出现。

设计方案:学生合作讨论设计实验方案并分享。

高中化学教学方法与实践研究

实验方案 4：向烧杯浑浊的液体中，滴加稀盐酸，观察是否有气泡产生。

教师：提醒学生注意实验安全。

进行实验，收集证据：学生实验操作并记录现象：白色浑浊物消失，无明显气泡产生

学生：分析推理可能是 $Ca(OH)_2$ 溶液浓度小，产生 $CaCO_3$ 的量少，滴加稀盐酸后产生的 CO_2 也很少；故无法观察到明显气泡。

教师：解释上述传统实验仍有弊端，就是稍不注意也有可能看不到气泡产生，向学生介绍数字化实验并课堂演示。

实验方案 5：将浑浊的液体倒入密闭容器中，通过注射器注入稀盐酸，并利用 CO_2 传感器来测定装置中 CO_2 含量的变化。

收集证据：观察实验并记录数字化曲线现象：二氧化碳含量上升。

实验结论：加入稀盐酸后产生了 CO_2，故猜想 3 成立，即饱和 $Ca(OH)_2$ 溶液导电性实验中出现浑浊的原因是阳极产生的 O_2 与石墨电极中的碳反应生成 CO_2，CO_2 与 $Ca(OH)_2$ 反应生成的 $CaCO_3$ 导致白色浑浊。

师生共同小结：白色浑浊产生的原因主要有两个；一是电解过程中阳极产生的 CO_2 和 $Ca(OH)_2$ 溶液反应生成的 $CaCO_3$；二是电解过程中水的减少导致 $Ca(OH)_2$ 析出，至于电解时温度的微小变化不是产生浑浊的主要原因。

设计意图：本环节首先让学生通过观察电解实验时溶液阳极部分产生浑浊的现象，推理出白色浑浊与石墨电极及阳极产物有关，从而提出假设 3；然后引导学生运用传统实验方法验证假设 3 的产物 $CaCO_3$，实验未发现明显气泡时进行反思，分析可能是碳酸钙含量少的原因，从而引入精确度高的数字化实验来深入探究，通过 CO_2 传感器得出的曲线，证明白色沉淀中确实含有碳酸钙，体现了数字化实验在科学探究过程中独特的应用价值；最后，师生共同就整个探究过程的结果进行小

结,得出科学的结论。在这个环节中,学生在教师启发下独立提出假设、设计实验、分析现象、得出结论,提升了科学探究素养。

四、反思

探究式教学是一种以激发学生的主动探索精神和批判性思维为核心的教育方法。为了有效地在课堂上实施探究式教学,教师必须营造适宜的环境条件,具体包括:

（一）培养探究的欲望

在教学过程中,教师需通过各种方式激发和培养学生的探究欲望。这可以通过提出引人入胜的问题、展示令人好奇的现象或挑战学生现有的理解来实现。当学生被这种探究的冲动驱使时,他们会更加主动地思考和行动。

（二）提供探究的空间

教师应为学生提供宽广的思维空间,引导他们进入一个充满挑战和机会的学习环境。在这样的环境中,学生不仅能够深入学习,还能在探究中体验到学习的乐趣和解决问题的满足感。

（三）确保自主学习的时间

探究式教学的实质特征——问题性、实践性、参与性和开放性——要求学生有足够的自主学习时间。如苏霍姆林斯基所言,自由支配的时间是个性发展的必要条件,同样,为了深入探究,学生需要有充分的时间自主地学习和探索。

（四）创建多维互动的交流空间

深层次的认知发展需要学生既能独立思考,也能参与合作交流。在这样的多维互动空间中,学生可以通过讨论、合作与分享,完善自己的思维,提升理解力,同时这也促进了知识的深化和广泛应用。

通过营造这些条件,探究式教学不仅能够激发学生的学习热情,还能培养他们的独立和合作能力,使他们在未来的学习和生活中能更好地应用批判性和创造性思维。

第三节　探究式教学的实施

一、当前我国高中化学探究式教学存在的问题

(一)重知识目标而轻情感和过程

许多教师对化学实验的教学观念存在偏差,他们通常将实验教学的重心放在高考成绩的提升上,导致实验的设计和执行过程具有很强的目的性和针对性。这种做法通常只关注实验的验证功能和结果,而忽略了实验过程本身的教育价值。例如,一些教师倾向于使用口头实验或黑板实验代替真正的实验操作,从而跳过了对实验现象的观察和对实验结果的深入分析。这种教学方式未能充分挖掘实验的现象和本质,也未能有效培养学生的学习兴趣和科学探究能力。

(二)教学方法单一

在传统的教学观念影响下,化学实验教学往往以教师为中心,教师会在实验开始前详细讲解实验的原理、相关定律、操作方法、反应现象和预期结论,并指出实验中可能的错误和注意事项。然后,学生按照教师的指导进行实验操作,对于一些具有潜在危险性的实验,则主要由教师演示完成。学生的活动多以提交实验报告的形式进行,这种方式使得学生在实验中往往缺乏主动的思考和创新的机会,化学实验的教学失去了其培养学生实验技能和科学态度的本质功能。

(三)教学内容陈旧,缺乏创新

当前的化学教学内容往往依赖于传统教科书和教学大纲,主要围绕验证性实验,而探究性实验较少,这限制了课程内容的创新和学科间知识的综合。这种做法不仅抑制了学生的创造性思维,而且与快速发展的社会环境和日益紧密的学科间关系不相匹配。探究式教学需要整合更多创新元素和跨学科内容,以促进学生全面的思维和个人发展。

(四)学生学习能力不一

在一个班级中,学生的学习能力差异显著,这对教师在安排探究活动和调控课堂教学时提出了挑战。教师需要发展策略,以最大限度地激发每位学生的学习热情,并促进全体学生的协调发展。这包括提高探究活动的开放性和确保教学活动能体现学生的主体意识。

(五)评价学生探究能力的挑战

目前,学生的探究能力评价通常是基于观察其课堂参与度、小组讨论活动和对实验结果的处理等简单的定性方法。这种评价方式可能导致评价偏差。因此,急需建立一套更为科学、定量的评价标准体系,以更准确地衡量和促进学生的探究能力。

为应对这些挑战,教育者需要思考如何在有限的教学时间内有效地实施探究式教学。这可能包括更新教学内容,采用更灵活的教学方法,以及开发新的评估工具来更全面地评价学生的学习和探究成果。通过这些努力,可以更好地准备学生应对未来的学术和职业挑战,同时促进他们的全面发展。

二、探究式教学在化学教学中的实施策略

(一)创设探究式教学情境,激发学生的探究欲望

在化学教学中,创设引人入胜的情境是激发学生探究思维的有效策略。教师的角色不仅是信息的传递者,更是思维的激发者,应通过设计具有挑战性的问题和情境,引导学生主动思考和探索。以下是实施这一策略的几个关键步骤:

1.情境创设

教师需要精心设计课堂情境,这些情境应紧密结合现实生活或当前社会的热点问题。例如,利用全球气候变化和温室效应这一话题,可以引发学生对环境化学的兴趣,同时联系到课程中关于气体的性质、反应和环境影响等内容。

2.提出问题

在创设的情境中,教师应提出既具有启发性又适度挑战的问题,促使学生发散思维。问题的难度要适中,避免过于简单或过于复杂,确保学生在能力范围内能够积极参与讨论并进行深入思考。

3.质疑与探索

通过提问和质疑,教师可以有效地激发学生的探索欲望。学生在回答和讨论过程中,不仅能够整合并应用已有的化学知识,还能通过这种方式深化理解和扩展新知识的边界。

4.深化探讨

在探讨温室效应的例子中,教师可以引导学生从温室效应的化学原因开始,让学生结合自己所学的化学知识(如二氧化碳、甲烷等温室气体的化学特性和环境影响),发表并支持自己的观点。这不仅促使学生进行信息的归纳总结,也锻炼了他们的批判性思维和公共表达能力。

通过这种教学策略,学生不仅能学习到化学知识,更能在实际问题解决的过程中发展关键的科学探究能力和批判性思维技能,为未来的学术和职业生涯奠定坚实的基础。这种教学方法也帮助学生理解化学知识在现实世界中的应用和重要性,增强他们学习的动机和深度。

(二)培养化学科学兴趣,采取合理的探究方法

"兴趣是最好的老师。"许多学生已经习惯了传统的教科书式教学,往往对改变学习方式持保守态度。然而,教师应当采取积极措施来激发学生对化学的兴趣,推广探究式学习方法。例如,在讲解《碳和碳的化合物》章节中关于二氧化碳的部分时,可以制作PPT展示其对社会生活的潜在危害。这种做法能够将化学知识与实际生活紧密联系,帮助学生更深入地理解日常生活中的化学现象,鼓励他们走出课堂,关注社会新闻热点,从而在实践中增强对化学学科的兴趣和了解。

第五章　高中化学探究式教学

(三)进行实验教学,尽量减少化学理论教学

化学主要以实验为核心,化学实验课程占据了化学教学的很大一部分。化学教师应通过实验教学来引导学生学习化学知识。然而,部分教师在实施实验教学时存在一些问题,最常见的是教师为了提高教学效率,过多地融入理论教学,导致学生在实验中的连贯性受到影响,难以深入理解化学知识点。此外,频繁的理论插入打断了学生对化学反应的观察,影响了实验的效果和学生对知识点的掌握。

例如,在讲解"氧气的制取"这一实验时,通常介绍三种制取氧气的常见方法。为了让学生深入理解这三种方法的区别及其优缺点,实验探究是一种极为有效的教学方式。如果在学生进行分组实验的过程中插入理论教学,会中断学生的实验操作,尤其是当反应现象发生迅速时,理论的插入不仅会产生负面效果,还可能降低学生进行实验的积极性。因此,化学教师在进行探索性实验教学时应尽量减少理论内容的讲解,避免由于过多的化学理论内容而限制学生思维的发展。教师应鼓励学生结合自己的日常生活经验和实践经验,以此提高他们的化学学习能力。

(四)利用多种资源支持探究式教学

高中化学教师应充分利用实验室设备、数字化工具、科学文献等多样资源,以支持学生进行深入的实验研究并提升其综合能力。这种资源的综合使用不仅可以丰富学生的学习体验,也更符合现代科学教育的需求。以"探究化学反应速率与反应物浓度的关系"为例,可以从以下几个方面为学生提供支持:

1.实验室设备

实验室设备对于化学实验至关重要。教师需要为学生提供充足的实验器材和资料,以便他们能够顺利进行实验探究。例如,在探究化学反应速率与反应物浓度的实验中,必须提供反应容器、计时器和各种化学试剂。学生可以根据实验方案自主配制不同浓度的溶液,

观察并记录化学反应的过程和数据。

2.数字化工具

教师可以利用模拟软件使学生在虚拟环境中模拟化学反应，预测不同条件下的反应速率，并将其与实验结果进行对比。这种数字化工具的使用不仅增强了实验的灵活性和安全性，还提高了学生对实验内容的理解深度。

3.科学文献与网络资源

鼓励学生查阅有关反应速率和反应动力学的科学文献，以获得关于该领域更广泛的研究成果和实验方法。这有助于学生深入理解实验的科学原理，并激发他们的进一步探究兴趣。同时，教师应指导学生利用在线平台，如学术数据库和科学论坛，与全球的学者和专业人士交流自己的实验设计、结果和见解，从而促进合作学习并拓宽思考的视野。

通过上述多元化的资源支持，学生不仅能通过实际操作掌握化学反应速率与反应物浓度之间的关系，还能通过模拟、研究文献学习和网络交流等方式，全方位地理解化学知识，培养其实验设计、数据分析和科学沟通的能力。这样的教学模式有助于学生建立起更为全面和深入的化学知识体系，同时也培养他们的创新思维和科学探究能力。

（五）高效组织和管理探究式教学

确保高中化学探究式教学的有效组织和管理是关键因素，促进学生深度参与和合作学习。以下几个方面是教师需要重点关注的：

1.任务设计

设计合理的探究任务对于激发学生的学习兴趣和积极性至关重要。例如，在探究酶在生物催化中的作用机制的课程中，教师可以引导学生自行设计实验，探索酶活性与温度、pH值之间的关系。这样的自主设计不仅提高学生的实验技能，还促进他们对科学原理的理解。

2.团队合作

教师应将学生分组,鼓励他们在小组内合作探讨问题、设计实验并共同分析实验结果。在团队合作中,教师需要指导学生进行有效的分工和沟通,确保每个成员都能积极参与并贡献自己的力量。教师还需监控小组的合作进度,必要时进行调整和指导。

3.及时反馈

探究学习的结束不应该是学习活动的终点,而是一个新的起点。教师需要对学生的学习成果进行评估和反馈,反馈应及时、具体且针对性强,帮助学生识别自身的优势和提升空间。例如,对于酶活性的实验,教师应在实验过程中提供实时指导,并在实验结束后通过小组讨论和实验报告来评估和反馈学生的表现。

4.教师的引导和监督

在学生进行自主探究的过程中,教师的角色转变为引导者和监督者。教师需要提供必要的科学背景知识,鼓励学生在实验中主动发现问题,并引导他们探索解决问题的方法。此外,教师还应确保实验的安全性,并指导学生如何有效利用实验结果。

通过上述措施,高中化学教师可以更有效地组织和管理探究式教学,使学生在实际操作和理论学习中都能获得丰富的学习体验,从而深入理解化学知识,增强实验技能和科学探究能力。

三、化学探究教学的改进策略

(一)以现实为基础,找好解决问题的方法

深入分析高中化学探究式教学的实施现状后,我们可以看到影响探究式教学在化学课堂中应用的因素是多方面的,涵盖了人为因素和物质因素,包括校内外的多种原因。因此,基于对这些因素的深入了解,制订实际有效的解决策略并落实探究式教学方法是至关重要的。

在探究活动的实施中,教师需要充分考虑学生的学习基础和能力,根据地域和时间的不同情况,实施适合学生的探究活动。教学内容的设计既要逻辑严密,也要适合学生的认知结构,这样学生才能更好地掌握和应用科学知识,从而培养他们的科学探究能力。

此外,探究式教学中对学生实验探究能力的评价需要具体化到明确的评价指标上,综合考虑各种影响因素,积极建立一个系统性的、量化的、有标准的评价机制。

对于探究式教学是否能有效提升学生成绩,教育者们应开发出既适合学生又具有新颖性的探究性试题,并努力使这些试题能被广泛应用于升学考试中。这样才能真正实现探究式教学的广泛推广,并引起教育界对探究式教学价值的深入关注。

(二)调整连堂课探究,将课内课外相结合

教师在探究式教学中应加强课堂活动的组织和调控。这包括课前充分准备,设计详尽的探究式教案,并准备好必要的教学工具。教师还应预见并预防可能出现的问题,确保教学顺利进行。此外,适当组织学生进行课前预习,能有效培养学生的自学能力。

在课堂上,教师需要有效管理教学过程,确保在规定的时间内完成既定教学计划。课后,教师应总结教学情况并进行反思,识别哪些方法有效,哪些需要改进,以便于提升未来的教学效果。

同时,教师应鼓励课内外探究活动的结合。在探究式课程开始前,可以要求学生通过课外调查、参与相关活动或进行实验等方式,提前探究课堂中将讨论的问题。这种课内外结合的教学方式不仅有助于构建一个开放的学习环境,还能帮助学生掌握必要的知识,激发他们的探索热情。在化学教学中积极开展这类活动,对教师和学生都大有裨益,意义重大。

(三)从模仿到独立再到创新

在探究式教学策略的应用中,教师不应机械地复制固定的教学模式,而应根据教学实际情况灵活运用,并尝试开发符合自己实际情况的教学策略。

在我国，探究式教学虽起步较晚且发展缓慢，导致许多一线教师尚未完全掌握这种教学方法。即使是掌握了探究式教学技巧的教师，在实际教学过程中也可能感到不适应。他们往往依赖查阅书籍并按照书中的案例进行教学，这种做法并不理想。因此，为了根本提高化学教师的探究式教学能力，不仅需要让他们深刻理解探究式教学的优势和方法，还应提供实际可行的教学案例。通过这些案例，教师可以从最初的模仿开始，逐步过渡到独立进行探究式教学，最终在此基础上创新自己的教学模式。这一过程对于提升教师的教学效果至关重要。

(四)强化课堂导入，激发学生的化学学习兴趣

课堂导入在探究式教学设计中占据了极其重要的地位，它是教学活动的起始点，关键在于激发学生的学习动力并调动其学习积极性，进而增强他们对化学学科的兴趣。因此，教师需要根据教学内容的需要，灵活选择合适的课堂导入方法，确保学生能积极投入到学习过程中。

例如，在教授"过氧化钠"的课程时，可以采用实验演示作为课堂导入的方式。教师可以通过与学生日常生活经验相关的问题引入主题，例如提出："我们通常认为水可以灭火，吹可以熄灭蜡烛，那今天我们来看一个有趣的实验。"接着，教师展示"滴水生火"和"吹气生火"的实验，这种直观的对比不仅能引发学生的认知冲突，也能激活他们的思维，使他们进入一种思考活跃的状态。

这种有意义的课堂导入不仅有助于学生将新的知识内容同化到已有的知识结构中，还促使他们利用新知识来改造现有的认知框架，进而促进认知结构的优化和新认知结构的形成。此外，通过这样的课堂导入，还可以有效培养学生的科学探究意识和创新能力。

(五)创设教学情境，培养学生的科学探究精神

创建教学情境是一种根据教学内容，通过呈现与学生生活相关

的情境来激发学生学习兴趣的教学策略,旨在引导学生自主学习并培养其创新意识。在设计教学情境时,教师应确保其具有启发性和科学性两大特点。

启发性体现在教师识别并尊重学生作为学习主体的角色,主动激发学生的学习动力,引导他们独立思考和主动探索,从而自主地学习化学知识。例如,在授课过程中,教师可以通过提问和讨论,引导学生思考问题,鼓励他们表达自己的观点,并在此过程中逐渐掌握化学概念。

科学性则要求教学内容和方法的准确性、可靠性以及符合现代科学标准。例如,在讲解"生活中常见的盐"这一课题时,教师可以引入做馒头的日常情境,提出问题:"做馒头用到的纯碱是碱性物质吗?为什么加入适量纯碱后馒头不再酸?加了纯碱的馒头为什么会松软多孔?"通过这样的情境设计,不仅调动学生学习的积极性,还利用学生的日常生活经验,帮助他们深入理解化学知识,同时促进学生科学态度和创新意识的发展。这种方法也完全符合新课程标准的要求,即利用学生的生活体验,加深学生对生活现象的理解,并培养其科学思维。

(六)营造学习氛围,提升学生的思维转换能力

在化学教学中,提高教学效率的关键之一是教师能够创造一个有利于学习的氛围,合理地提出问题以激发学生的思考能力。通过建立良好的学习环境,学生能更好地跟随教师的教学节奏进行思考和学习。教师可以利用语言描述、图片展示、视频播放等多种方式来营造这种学习氛围。

例如,在讲解"海水晒盐"的课程时,教师可以先通过语言让学生想象晒盐的过程,随后展示关于海水晒盐的视频材料,让学生在观察中验证自己的想法,这不仅能维持学生的学习热情,还能有效提升他们的思维转换能力。

在整个教学过程中,教师应当有意识地将化学知识与社会发展

的实际相结合,帮助学生从科学、技术和社会的多个维度理解化学知识。这种方法不仅增强了学生利用所学知识解决实际问题的能力,也使他们感受到化学的趣味性和实用性,促进了知识的生活化、应用化和实践化。通过这样的教学,学生能够培养出正确认知和创新的科学态度。

(七)促进合作探究,构建完整的化学知识体系

探究式教学策略是一种鼓励学生通过自我探索和自主学习的方法,其中合作学习尤为关键。在这种教学模式下,教师主要扮演引导者的角色,激励学生通过小组合作的形式进行深入学习。这样的策略不仅有助于学生构建完整的化学知识体系,而且能充分训练学生的探索和思维能力。

例如,在探究"氯气与水的反应"时,教师可以组织学生进行小组合作探究,让学生自行操作并观察氯水与硝酸银、紫色石蕊试液的反应现象。在这个过程中,教师应引导学生注意实验现象并进行交流讨论,如氯水与硝酸银反应产生白色沉淀,氯水与紫色石蕊试液反应后溶液先变红后褪色。通过这样的实验操作,学生可以自主探究出氯水中含有氯离子和氢离子,并理解其漂白性质。

在教学过程中,教师应确保学生能够将新知识与既有的知识结构相结合,通过思维的活动把新的化学知识与过去的经验联系起来,形成完整的知识结构。通过为学生提供丰富的合作探究机会,不仅能够深化他们对化学知识的理解,还能有效培养他们的科学态度和创新意识。整个合作探究的过程将极大地促进学生的主动学习和深度思考,这对于学生的长远发展极为有利。

(八)课堂适时反馈,提高学生的自我效能感

自我效能感是学生对自身完成特定学习任务能力的主观评估,这种感觉可以通过自我判断和评价影响他们的学习动机。因此,在教学过程中,教师需要密切关注学生的表现,并根据情况及时提供反馈和建议,这对提升学生的学习效率和自我效能感至关重要。

以"钠与水的反应"为例,教师可以先进行一个演示实验:取一小块经过滤纸处理的金属钠,迅速投入水中。教师引导学生仔细观察反应过程:金属钠投入水后会浮在水面,迅速熔化成闪亮的小球,伴有嘶嘶声,并在水面快速移动,体积逐渐减小直至完全消失。在实验的最后阶段,向反应后的透明溶液中滴加酚酞溶液,观察溶液迅速变红的现象。

在这个教学过程中,教师应及时对学生观察到的现象进行正面反馈,确认学生的观察是准确的,并引导他们思考这些现象发生的化学原因。这种方法不仅可以激发学生的好奇心和探究欲,还能显著提高学生的自我效能感。通过这样的实验和讨论,学生可以更深入地理解科学原理,同时增强他们的科学态度和创新意识,为培养学生的综合科学素养奠定基础。

(九)做好课堂小结,激发学生的化学创新意识

结束技能,即课堂结束时教师的总结和小结能力,是教学过程中关键的一环。通过有效的课堂小结,教师可以帮助学生回顾和总结课堂上的关键知识点,整理知识结构,使学习内容更加系统化和条理化。优秀的课堂小结不仅能巩固学生的学习成果,还能拓展学生的思维和视野,激发他们的创新意识。

以"海水淡化"主题为例,学生在课堂上已经了解了多种蒸馏方法。教师可以在课堂结束时布置相关的课外活动,例如让学生自行研究和收集关于海水淡化的其他技术和方法。这种做法不仅促使学生将课堂学习与现实问题联系起来,还能激发他们探索日常生活中化学应用的兴趣,进一步促进学生在科学态度和创新意识上的发展。

这种教学方法的实施,能够让学生在课堂激发的学习兴趣得以延续到课外,通过自主探索和实践,深化对化学知识的理解和应用,同时培养他们自主学习和创新解决问题的能力。

第六章 以问题式教学实施促成学生学习主动性

第一节 问题式教学实施中学生学习主动性的促成

在高中化学教学的研究与实践中，通常关注的焦点倾向于教师的角色，如教学思想、方法和能力的提升，以期望通过教师层面的改进来提高教学效率。然而，教学过程中教与学是相互依存的两个方面，教师虽然是影响学习的外部因素，但学生作为内在因素才是教学效果的直接决定者。因此，教师的作用虽然重要，但必须通过激发和利用学生的内在潜力来实现教学目标。

在教学活动中，我们应深刻理解并实现教师引导与学生主体性的结合。这意味着在教学意识、教学行为以及教学的各个环节和层面上，都应当重视并突出学生的主体地位。这不仅仅是提供知识的传授，更关键的是激发学生的学习动机，培养他们的自主学习能力和创新思维。

具体做法上，教师应设计开放性、探究性的教学活动，允许学生在学习过程中提出问题、进行探索和解决问题，从而使学生在真实的学习情境中主动建构知识，形成深刻的理解。同时，教师应当作为指导者和支持者，而非单纯的知识传递者，更多地通过引导而非讲授，让学生在探索中学习，在实践中提高。

通过这样的方法，我们可以更好地平衡教与学的关系，使教学过程真正成为一个教师引导和学生主体活动共同进行的过程，最终达到提升教学效率和质量的目的。

一、问题式教学的内涵与作用

（一）问题式教学的内涵

问题式教学，即基于问题的学习（PBL），是将问题设置与解决作为教学核心的模式。它通过在高中各学科具体教学中运用这一模式,使教学设计和实施更加具体化。在这种教学方法中,教师根据教学内容的特点恰当地设置问题,以问题化的方式呈现教学内容,使得整个教学过程围绕问题的提出与解决展开。这种方法强调在教学过程中突出问题的设置,强化学生的问题意识,同时在互动过程中促进学生的探究能力,增强教学的思考性。

此方法不仅使学科核心素养的培养得以有效实施于高中课堂教学,而且提供了一种具体途径与方法。问题式教学的策略与方法在高中化学的教学实践中尤为突出,其成果和经验对其他学科的教学也有很大的借鉴意义。通过这样的教学模式,能够帮助学生更深入地理解学科知识,同时培养他们独立思考和解决问题的能力,这对于学生的全面发展是非常有益的。

1.问题式教学与师生的发展与提升

问题式教学策略侧重于通过精心设计的教学问题来发展学生的探究能力。通过对学生的认知基础和特点进行研究,教师可以设置适合学生学习需求的、层次递进且富有思考性的教学问题。这种方法不仅帮助学生有效地运用已有知识突破学习难点和深化学习重点,还能在学习学科知识的过程中不断积累素养和增强能力。

对教师而言,问题式教学要求其在教学中问题化呈现内容,并通过问题的提出和解决来推动教学进程。这需要教师深入研究教材内容、教学策略以及如何在不同的课型和教学环节中恰当地设置教学问题。教师需要在实践中不断研究和探索适合的问题设置方法,这样的探索过程不仅丰富了教学内容,也极大地提升了教师的教学能力,从而更好地促进学生在多维度的学习环境中进行有效学习。

2.问题式教学与课堂教学推进

问题式教学依托于周密的教学设计,通过课堂上一系列精心设定的问题,推动教学活动的展开。在这个过程中,学生通过解决这些问题逐步完善自己的认知结构,加深对学科知识的理解。问题的提出不仅促进了师生间的互动,也增强了学生之间的交流,有效地连接并推动了双向交流的深入。

在实际教学中,教师通过连续提出问题,可以不断获得学生的反馈,进而引导学生积极参与到思考和探究中。例如,当学生在解决问题时遇到难题,教师可以根据具体情况调整问题的难度,如通过分解问题的方式,引导学生整合旧知识,应用于新的情境中,从而帮助学生自主地找到问题的解决方法。

此外,问题式教学强调以问题为核心,避免教师在课堂上过多地讲解而忽视了学生的主动思考。这种教学方法不仅提升了学生解决问题的能力,也增强了课堂的吸引力和思考性。通过问题的解决,学生能在复习与反思中进一步巩固知识,深化理解,同时在课堂教学中培养与提高他们的人文与文化素质。

3.问题式教学与课堂教学评价

在问题式教学中,教师应有效运用教学评价,以问题为导向,创设一个民主和谐的课堂环境。教师的评价应直接关联到教学中设立的问题,确保评价既具体又中肯。对于学生容易回答的问题,教师可以采用追加问题的策略,增加教学的深度和广度,激发学生的深层思考和学习。对于学生感到困惑的问题,教师则可以通过分解问题的方法,帮助学生找到解题的切入点,使他们能够逐步自主地解决问题,从而提升学生的自信和学习动力。

问题式教学不仅是教学策略,它还应该贯穿于教学的全部流程,包括教学设计、实施以及各个课堂教学环节如引入新课、突出重点、突破难点和课后反思等。通过这种方式,课堂教学始终围绕着恰当的问题进行,不仅增加了思考的深度,也提升了课堂的吸引力。教学中应注重问题的针对性、层次性和递进性,以最大化问题在教学过程中的导向、推动和增效作用,使学生在高中阶段的学习中不断进行深入的思考与探索,从而在思维、素养和能力上实现持续提升。

(二)问题式教学的作用

问题式教学在高中教学中的应用,对教师、学生和教学各方面具有积极的促进作用。

1.使学生的思维训练得以有效落实

在高中阶段,教育不仅仅应满足于学生对学科知识的掌握,更应致力于学生全面发展和未来角色的培养。这一过程中,加强学生的思考力和思维训练尤为关键。我们需要将这种训练贯穿于课堂教学的各个环节,实现有效的落地。问题式教学提供了一种实现这一目标的有效路径,通过问题化的教学设计和实施,可以全面加强学生的思维训练。

首先,在教学引入环节,通过提出真实且具有启发性的问题,激发学生的内在学习热情,促使他们以积极的态度投入学习。例如,通过引入与现实生活紧密相关的化学问题,激起学生的好奇心和探究欲。

接着,在探讨教学的重点和难点时,教师应围绕问题设计探究活动,通过互动讨论激发学生的思考,引导他们联系已有的知识来理解和吸收新知识,有效地进行温故知新。

最后,在课程的回顾与反思阶段,通过问题的再次提出,引导学生进行深层次的思考,帮助他们形成对知识的系统化理解,从而深化学习成果。

通过这样的问题式教学,学生在教学过程中不断应用知识,完成各种思维训练,这不仅增强了他们的认知能力,也提升了解决问题的能力,为未来的学习和生活打下坚实的基础。这种教学方式对学生的思考力提升起到了至关重要的作用。

2.给教师的教学能力提升提供具体途径

新的教育目标对教师的教学能力、教学方法和教学理念提出了更高的要求,尤其是对学科核心素养的培养,要求教师能够有效开发和整合课程资源、深入研究教材、设计创新的教学方案,以及在教学过程中灵活推进课程内容和探究活动。教师的教学能力直接影响教学效果,因此提升教师的教学能力成为紧迫的任务。

青年教师和经验丰富的教师面对提高教学能力的挑战有不同的现状。新教师可能对如何开始教学、如何掌控课堂感到困惑,而资深教师可能在教学中形成固定模式,难以打破常规,进入职业倦怠。然而,不论是哪种情况,所有教师都面临如何在课堂上有效实现学科核心素养培养的共同挑战。

问题式教学为教师提供了一种新的教学策略。对于青年教师而言,通过学习如何设置和解决教学中的问题,可以逐步提升其教学设计、课堂管理和学生互动的能力。对于经验丰富的教师,问题式教学可以激发他们对教学过程的新思考,通过不断的课堂观察和教学反思,提高其教学的反思性和评价性,从而不断优化教学方法。

问题式教学通过在教学过程中设置和解决问题,不仅有助于教师的个人教学能力提升,也能有效地将学科核心素养的培养融入具体的课堂实践中,使教学内容与学生的学习需求和社会实际更加紧密地结合起来。这种教学方法为教师提供了深化教学技能和扩展教学视野的具体途径,有助于教师构建一个充满挑战和反思的教学环境,从而更好地促进学生的全面发展。

3.为教学互动构建桥梁

新课标提出的教育目标强调教学过程中教师与学生应共同扮演主体角色,即"双主体"教学模式。这种模式通过师生互动和生生互动,促进学生间的合作和交流,实现教学的互动性和合作性。在这种互动中,问题的提出是启动互动的关键。教师可以通过精心设计的问题引导学生进行深入思考,同时通过学生的反馈调整教学策略,解决学生在学习中遇到的困难。

例如，若学生觉得问题过于简单，教师可以适时提出更深层次的问题，推动学生进行更深入的探讨；若学生遇到难题，教师可以通过问题分解帮助学生理清思路，逐步引导学生解决问题。通过这种方式，教师不仅帮助学生解决学术问题，更促进了学生自主学习的能力。

同时，问题的设定也为学生提供了讨论和合作的机会。学生可以在小组内部讨论，通过互助来解决问题，这不仅有助于加深他们对知识的理解，还能增进同学间的合作与沟通能力。通过这种教学方式，学生能够在实际操作中体会到团队协作的重要性和学习的乐趣，进而在学习过程中建立更多的自信和动力。

综上所述，问题式教学不仅提高了教学的互动性和思考性，而且通过问题的连贯设置，使得师生和生生之间的交流更加深入和有效，从而有效促进了教学的目的和效果。这种教学模式能够充分调动学生的积极性，使教学过程变得更加生动和具有探究性。

二、关注学生的学习主动性

学生的学习主动性对教学过程具有极其重要的影响。从教学角度看，学生的主动性是确保各个教学环节顺利进行的关键，也能显著提升教师的教学效果和教学质量。当学生积极参与学习时，教师的教学态度和教学方法也会相应地调整，使得课堂氛围更加活跃，教学内容的传递更为高效。此外，学生的积极互动不仅能够激发教师的教学热情，还能使教师在授课过程中展现更多的幽默和智慧，从而有效提升教学互动的质量。

从学生的角度来看，主动性是学习成功的关键因素。教师应通过改进教学策略和方法，不断激发和维持学生的学习兴趣和学习动力。这包括运用多样化的教学手段和互动活动，确保学生能够在课堂上保持高度的参与度和活跃度。通过这些方法，可以帮助学生建立起对学习内容的深刻理解和长远兴趣，进而提高他们的学习效率

第六章　以问题式教学实施促成学生学习主动性

和学习成果。

总之,通过优化教学设计和提升课堂互动质量,教师可以有效地促进学生学习主动性的发展,从而达到提高教学效果的目的。同时,教师还需要关注学生的个体差异,针对不同学生的学习需求和学习状态进行个性化教学,以充分发挥每位学生的潜能。

（一）主动性能增强学习的有效性

在教学过程中,学生的主动性是提升学习效果的关键因素。只有当学生积极参与、自我驱动探索时,才能实现深刻的学习。学生的主动性使得他们能够在老师提出的问题上积极思考,主动解答;能够在课堂上自主识别和解决问题,从而取得实质性的进步;能够在探究活动中运用已掌握的知识和技能,链接旧知与新知;能够在师生、生生互动中勇于表达,乐于思辨,通过不断的交流完善自己;并能在课后进行自我回顾与反思,加深理解并巩固学习成果。

总之,教学的每一个环节和活动,只有依靠学生的主动参与和自我驱动,才能真正发挥其教育效果,确保教学目标的达成。学生的学习主动性不仅加强了学习的效果,也是教学成功的重要保障。因此,教师在教学中应通过设置问题、激发讨论等策略,灵活运用各种教学方法,深入激发并维持学生的学习主动性,以确保教学与学习过程的高效性。

（二）主动性能促进知识内化为能力素养

在高中化学教学中,学生能力的培养和学科核心素养的形成是教学的重要目标。这一过程强调了"教书育人"的理念,其中"育人"是教学的核心。教师的教学行为和活动安排应能有效影响学生的学习过程,而学生的主动性在这其中扮演着至关重要的角色。

化学知识和原理的学习不仅仅是知识的传授,更重要的是这些知识如何转化为解决实际问题的能力和形成深层的学科核心素养。这个转化过程需要学生主动内化所学内容。学生的主动性能促使他们对所学的化学知识进行深入回顾,补充和构建知识体系的不足,加深对教学内容的理解。

完善的知识体系和深刻的认知是学生真正掌握学习内容的标志。学生能够用化学知识来观察和分析日常生活和社会现象,显示他们的能力已经形成。此外,学生能以化学的视角审视社会问题,意识到化学物质的不当使用可能带来的风险,显示了他们的化学素养已经形成。

因此,教师在教学中需要通过有效的教学策略,如问题式教学,激发和维持学生的学习主动性,这不仅有助于知识的深入学习,也是学生能力和素养提升的基础。通过这样的教学方法,教师可以确保学生在学习化学的同时,成为具有批判性思维和解决问题能力的人,这也是现代教育的重要目标。

(三)以时间、空间实现主动性的激发与保持

学生的学习主动性对于他们的学习成效至关重要。因此,教师需在认识到这一点的基础上,在教学实践中采取具体措施,持续激发和维持学生的学习主动性。通过问题式教学,教师可以通过创设吸引学生的教学情境、组织有益的教学活动和适时的教学互动,激励学生积极参与学习过程,自主探索和解决问题。这种学习方式使学生能持续体验到学习的乐趣和解决问题的成就感,保持学习的积极态度。

教师在课堂教学中的行为对学生的学习主动性有着直接的影响。在教学过程中,教师应给予学生充足的思考时间,避免急于进度而打断学生的思考,更不能代替学生思考和解决问题。合理的课堂管理应让学生有充分的参与空间,避免采用单向的教学方式,这种方式往往不利于学生主动性的激发。

教师的积极评价可以显著增强学生的自信心,鼓励他们更主动地参与教学活动,勇于表达自己的看法,并愿意与教师及同学互动,

第六章　以问题式教学实施促成学生学习主动性

这对学生的成长和进步极为有益。因此,教师应注重课堂中对学生的积极反馈,通过控制教学节奏和运用情感丰富的教学评价,以及平等和尊重的互动方式,从细节入手,真正激发并持久保持学生的学习主动性和参与热情。

三、以问题的趣味性促成学生学习主动性

问题式教学,通过设置与解决问题的方式,以思考性和探究性为教学内容增添活力,有效激发和维持学生的学习主动性。要使学生积极参与,保持内在的学习热情,教师必须针对不同的教学内容,精心设计问题,使之既能激起学生的兴趣,又能引导他们深入思考和探究,从而富有激励性。这就要求教师在实施问题式教学各环节中,对问题的设置进行深入研究,确保问题既符合教学内容的特点,又能促进学生的主动学习。

问题的趣味性是吸引学生注意的关键。一个有趣的问题可以立即捕获学生的注意力,增加他们的参与度。那么,问题的趣味性如何实现呢?首先,趣味性问题往往与学生的日常经验和现实生活紧密相关,能够引起学生的共鸣,使他们感到问题与自己的生活息息相关,从而激发他们探究的动机。其次,趣味性问题应具备一定的挑战性,能够激发学生的好奇心和探索欲,但同时需要确保问题的难度适中,既不致使学生感到挫败,也不至于过于简单而快速失去兴趣。最后,问题应具备开放性,允许多种可能的答案或解决途径,这样可以鼓励学生自由思考,通过不同的方式探索问题,从而增强学习的主动性和参与感。

通过这样的问题设置,问题式教学不仅能够激发学生的学习主动性,而且还能在教学过程中实现对学生学科核心素养的培养和提升。

(一)借助化学实验的独特魅力

化学实验因其直观、生动和色彩丰富的特性,自然具备吸引学生

注意的能力。将这种实验与具体教学内容巧妙结合,并通过问题引导增添探究性和思考性,不仅能使教学更为生动,还能深化教学的内在趣味。这样的教学策略,不仅增强了问题的趣味性,还能有效激发学生的学习主动性,对学生的学习动力和能力形成起到了关键的推动作用,具有无可替代的教育价值。

(二)强化其内在的思考性

教师在设置教学问题时,不仅反映其教学能力的高低,也期望通过这些问题让学生加深对已知知识的应用,提升思维能力,并通过自我思考和探索来认识新知识。这一过程不仅增强了学生对化学知识的掌握,还提升了他们解决问题的能力和深化了化学素养,使他们能更好地从化学角度看待世界。然而,如果教学中的问题过于简单,使得学生能轻易给出答案,那么这些问题就可能失去深入思考的价值和吸引力,从而影响教学的真正效果和学生的学习动力。因此,教学中的问题需要具有一定的深度和挑战性,要求学生通过比较、分析和判断来解决,这样的"真实"问题才能有效促进学生在解决问题过程中的真正学习和成长。

(三)以化学的视野关注社会热点

当教学问题能够与学生的现实生活和社会热点紧密连接时,能显著提升学生的学习兴趣和主动性。高中学生正处于好奇心旺盛、思维活跃的年龄阶段,他们渴望了解和探索世界,对使世界变得更好有着强烈的愿望。如果他们感觉所学的内容与自己的生活密切相关,与他们关注的社会话题紧密相连,自然会感到亲近和兴奋,学习动力会大大增强。因此,教师在实施问题式教学时,应充分利用学生的这种认知特性,精心设计与生活实际和社会热点相关的教学问题。教师应深入挖掘课程资源,将教学内容与学生的日常生活以及当前社会热点相结合,这样的问题设置不仅增加了学习的趣味性,也使得学生能在学习过程中感受到知识的力量和价值。通过这种方式,问题式教学不仅仅是教育过程中的一种策略,而是一种能够深刻影响学生认知发展和兴趣培养的重要方法。

四、以问题的实践性增强学生学习主动性

在高中化学教学中,了解和应用知识在生产实践中的重要性是至关重要的。当学生认识到所学知识不仅限于课本,而且在工业生产和人类社会的发展中发挥着关键作用时,他们的学习动力将显著增强。因此,教师需要在教学过程中不断扩展和深化知识的应用视角,强调理论知识与实践应用之间的联系。

在实施问题式教学策略时,教师应着重在问题的设置和解决过程中引入知识和原理的实际应用。这不仅是对学科知识学习的必要拓展,也是通过丰富的课程资源来扩展学生视野的一个重要方法。例如,教师可以设计与现实世界连接的问题,如探讨化学原理如何解决环保、能源、材料科学中的实际问题。

通过这种方式,学生不仅能够看到化学知识在现实世界的具体应用,还能理解这些知识在促进社会进步中的重要性。这种教学方法能够激发学生的学习兴趣和主动性,使他们更加热情地投入到学习中,积极探索化学与生活、工业和环境之间的联系。

总之,将学科知识与实际应用结合的问题式教学不仅增强了学生的学习主动性,还有助于学生建立起化学学科的实用性和生活联系的认识,从而深刻理解化学知识的实际意义和价值。

五、以问题的探究性增强学生学习主动性

在教学过程中,真正的"问题"应当是与实际生活紧密相关且具有深度的思考性。这种问题源自真实的生活场景,是化学知识在生产和日常实践中的具体应用。同时,这些问题需要具备足够的思考性,挑战学生的解决问题的能力,引导他们进行深入的探究。

教学中的问题如果过于虚无或者缺乏实际意义,可能导致学生对问题解决的轻视,缺少对教学活动的认真参与和兴趣。频繁出现这样的问题会削弱学生的学习动力,减少他们在课堂上的主动性和参与感。因此,确保问题具有实际的探究意义和价值是问题式教学的关键。

有效的问题式教学需要教师精心设计教学问题,这些问题不仅要能够实际应用到生活和生产中去,还要能够激发学生的思考和探索欲望。例如,教师可以设置涉及环境保护的化学问题,如探讨如何使用化学方法有效处理工业废水,这类问题既联系了实际生活,也具有挑战性,需要学生运用所学知识进行深入分析和解决方案的制订。

通过这种方式,学生不仅能够将化学知识与现实世界联系起来,而且还能在解决问题的过程中锻炼和提升自己的思维能力和解决问题的技能。这种教学策略有助于培养学生的主动学习态度和自我驱动的学习习惯,从而在学习过程中实现真正的成长和发展。

六、以问题的综合性促成学生学习主动性

综合性问题的设定和解决是促进学生深度思考和综合应用化学原理的有效方法。在面对这类问题时,学生需要对问题进行多角度的分析和层次的解构,进而对比和综合信息,这样的学习过程将激发学生的主动思考和积极参与。

为了在教学活动中增强学生的主动性,教师需要关注并不断提升自己设定教学问题的能力。这包括深入研究教学内容的特性,理解不同教学内容对问题设置的不同要求,包括方法、方式、角度和层次等。教学问题的设计需要与教学内容紧密结合,反映其特点,并满足教学的需求。

同时,教学问题的设计还应考虑学生的学习特点和发展水平,以激发学生的学习兴趣和探究热情,确保问题设置与学生的认知基础和能力相匹配,为学生提供主动参与问题解决的切入点。通过不断学习和研究教学问题的设置策略,教师可以在不同的课型和教学环节中有效地利用问题推动教学过程。

在解决教学问题的过程中,应重视学生的主体地位,采取设问、追问和引导问等多种策略,关注课堂生成和适时的教学评价。通过创建活跃的学习氛围,使学生能够积极投入,乐于参与,并在主动学习和探究的过程中不断成长和提升。

七、问题式教学的发展方向

(一)关注与加强教师的教学问题设置能力

根据《普通高中化学课程标准(2017年版)》的实施建议,教师应积极引导学生转变化学学习方式,着重在建构学习、探究学习和问题解决学习等关键环节上发展学生的化学学科核心素养。教学中问题设置的质量直接影响教学效果,能够促进或阻碍课堂互动和学生的深入学习。

许多教师已通过教育理论研究或教学实践中的体验,逐渐意识到教学问题设置的重要性,并在实际教学中尝试改进其方法和角度。然而,仍有不少教师对如何恰当设置教学问题缺乏清晰的认识,这常导致课堂互动效果不佳,师生交流不充分、不深入。

为了改善这一状况,强化教师在教学中问题设置的意识和能力变得尤为关键。教师需系统地学习和实践教学问题设置的策略,以确保教学活动能有效促进学生的学习和思考。通过加强对问题设置的训练,教师可以更有效地激发学生的探究兴趣和思维活力,从而促进学生化学学科核心素养的全面发展。这要求教师不断地在教学实践中探索和优化问题设置的方法,确保课堂互动的活跃和教学目标的达成。

1. 强化设问意识

在问题式教学的实施过程中,提升教师的设问能力是至关重要的。这需要从培养教师的教学意识和思想入手。通过参与各类学习和交流活动,教师应深刻理解将问题化运用到教学过程中的重要性和深远意义,并不断增强自身的设问意识。这样,教师才能在课堂教学中有意识地设置有效的教学问题,以此引导和激发学生的学习兴趣和探究精神,从而有效地关注并重视问题式教学的实施效果。

2. 着眼于教学实践

为提升问题式教学中的设问能力,教师应从教学内容和课堂环节入手,利用教学课例开发和课堂示范等方式,提供明确的教学路径和实操示例。此外,教师间应积极开展交流与学习,尤其是对青年教师而言,更需主动学习相关理论,并关注这些理论在实际教学中的应用问题,灵活应对教学中出现的各种挑战。通过理论与实践的结合,具体化、方法化、细节化地应用教学理论,教师能够在实际教学过程中逐步提升问题设置的意识和能力,使教育教学理论与教学实践相互促进,共同完善。这样的过程不仅有助于教师技能的提升,也将推动教学质量的整体提高。

3. 重视相关教学研究

教学研究在教师专业成长中扮演着不可替代的关键角色,尤其在提升教学问题设置能力方面至关重要。在平时教学中,教师对问题式教学的应用和对教学问题的构思,常常是碎片化的,这些体验和感悟如果不加整理很快就会被遗忘,对教学的深入改进作用有限。通过参与撰写论文、课题研究等系统的教研活动,教师能够系统地整理和归纳在教学实践中获得的经验和感悟,从而形成体系化的知识结构和实践指导,这些第一手的教学资料极具参考价值。此外,这一过程还促使教师进行更深入的反思和思考,加深对自身教学理解的广度和深度,显著提升教学能力。因此,我们应高度重视并积极参与教学研究,利用研究成果推动问题式教学的有效实施和教学问题设置能力的提升。

(二)突出实践性,以问题式教学推进学科核心素养培育

教学理论的学习与应用,以及教学模式的研究和实施,都是为了在实际教学中提高教育效果,特别是在培育学科核心素养方面。要

实现这一目标,教师必须将理论与实践紧密结合,确保教学方法不仅停留在理论层面,而是真正运用于课堂教学中。理论如果脱离了实际教学,就像无源之水、无本之木一样,缺乏生命力。

对于问题式教学而言,特别是在高中化学教学中推动学科核心素养的培育,更是需要教师从实际教学出发,深入了解教学内容的特点,基于学生的知识背景和认知需求进行教学设计。教师应从每一个教学环节入手,精心设计教学中的问题,使之能够有效地揭示学科核心素养,并通过问题的提出和解决,引导学生深入思考和探究。

实施问题式教学不仅需要教师掌握坚实的教学理论,更需要他们能够创造性地将这些理论应用于课堂实践中,通过具体的教学案例和策略,将教学理论转化为实际的教学效果。这包括设计富有挑战性和思考性的教学问题,以及通过这些问题促进课堂上的交流与互动,真正把学科核心素养融入教学的每个环节,让其成为教学过程的自然组成部分。

总之,将理论应用于实践,特别是在问题式教学中推动学科核心素养的培育,需要教师不断地回顾和总结实际教学中的经验,从实践中提炼出有效的教学方法,不断调整和完善教学策略,确保教学活动既符合理论要求,又贴合学生的实际需要,真正达到"教书育人"的教育目的。

(三)重视对教材的细致处理,开发具体课例

根据《普通高中化学课程标准(2017年版)》的实施建议,发展学生的化学学科核心素养是当下教学的重要目标。这要求教师采取有效的课堂教学模式和策略,特别是"素养文本"教学模式。在化学教学的设计和实施中,教师应该制订出具体且可行的教学目标,这些目标应以化学学科素养的发展为基础,挖掘教学内容在推动化学核心素养方面的潜力。

教师应设计并实施各种形式的实验探究活动,引导学生采用科

学的思维方式和方法学习化学,从而加深对化学核心概念的理解。这包括设计真实情境下的问题解决任务,让学生在解决这些问题的过程中,逐步发展和提升自己的化学学科核心素养。

问题式教学不仅可以为青年教师提供指导,还可以帮助经验丰富的教师突破教学瓶颈。但是,要使问题式教学具有实际的指导意义,必须将其与具体的学科教学紧密结合。这涉及对教材内容的具体研究,识别教学的重点和难点,并据此设计探究活动。

在开发课例的过程中,需要广泛地考虑教学视野、教学思想及教学策略,通过问题化的教学方式来展示和突出这些元素。教学情境的创设、课程资源的整合、教学活动的设计、教学重点的突出和教学难点的克服都应精心策划,以确保教学活动围绕问题的设置和解决来推进,从而强化问题式教学的特点,增强课堂教学的思考性和探究性。

综上所述,问题式教学的研究和应用应与实际的课堂教学紧密相关,依据教材内容精心研究和深入探讨,开发符合教学实际需要的课例,以提供有效的教学指导和启发。教师应从教学实践出发,全面考虑教学理念与学生实际情况,灵活应用并不断改进教学方法。

第六章 以问题式教学实施促成学生学习主动性

第二节 以"问"之"交响曲"强化教学

一、问题式教学实施意义的认识与研究

（一）问题式教学实施是实现教学目标的重要途径

1. 教学实施与实现教学目标之间的"距离"分析

在推行基于核心素养的化学教学中，我们强调转变学生的学习方式，特别是将问题解决作为一个关键学习方式。培养学生的高阶思维能力成为我们追求的一个重要教学目标，需要特别关注。在教学过程中，教师应设计课程以激发学生的分析、评价和创造等高阶思维活动，这是因为学生的高阶思维能力的形成与发展离不开这些活动的持续参与。

此外，理解"知识迁移能力""预测、观察和解释能力""推理能力""问题解决能力"和"创造性思维"等能力是高阶思维的核心组成部分，也是我们需要在教学中着重培养的。只有通过有效的教学实施，才能在构建化学知识的同时，有效促进学生高阶思维能力和化学学科核心素养的发展。

然而，在高中化学的教学实践中，教学实施与实现教学目标之间经常存在一定的差距。这种"距离"常常由教师的教学理念、方法、方式及教学能力等因素造成。我们必须努力通过改进教学实践来缩小甚至消除这一距离。尽管教学设计是课堂教学的重要基础，确保上好课程的关键，但我们经常面对的问题是优秀的"设计"未能得到同样优秀的"实施"，从而影响了教学目标的有效实现。因此，教师在教学中不仅需要关注教学的设计，更要注重设计的有效实施，确保每一环节都能达到预期的教学效果。特别是对于教学经验不够丰富的青年教师来说，常出现下述的几种状况。

（1）为了提问而提问

仅为提问而提问的现象普遍存在。一些教师在课堂上频繁提

间,旨在激发学生的思考和参与,但常因缺少给予学生足够的思考时间而快速自行回答,形成"秒答"现象。这种方式虽看似活跃了课堂,实则降低了学生的思考深度和课堂参与的真实性。重复几次后,学生对教师的提问失去兴趣,课堂氛围逐渐沉闷,学生的积极参与意愿也随之降低。

(2)互动中教学评价空洞、无意义

教学互动中的评价往往显得空洞和缺乏实质意义。在学生回答问题后,教师常常给出一些泛泛的表扬,如"很好,请大家鼓掌"或询问其他学生"他回答得好不好",这类评价未能具体指出学生回答的优点和不足,也没有提供实质性的反馈。这种评价方式让学生难以感受到教师的真诚关注,也无法获得有助于自身改进的具体指导。随着时间的推移,学生对教师的评价不再放在心上,课堂上主动与教师互动的积极性也会逐渐消减。

(3)教师对课堂生成的无视或忽视

在教学过程中,一些教师为确保课程内容按计划完成,往往忌讳学生提出预料之外的问题,害怕这会打乱教学进度或影响课堂控制。因此,面对学生的非预设回答,教师可能会选择忽视或快速移过,致使教学活动流于形式,无法充分发挥教学设计的深层价值。这种教学方式使课堂失去活力,限制了学生的主动思考和能力提升,也不利于学生化学核心素养的积累和形成。

因此,教师在教学实施中不仅需要正确理解和重视教学过程,还需要在实际教学中不断反思和优化,提高自身的课堂管理能力。教学设计虽然重要,但优秀的教学实施需要教师具备出色的课堂执行力。例如,优秀的演员能将同一个剧本表演得引人入胜,而平庸的演员可能就难以吸引观众。同样,教师在将教学设计转化为课堂实践的过程中,也需要展现高超的教学技巧。

要有效缩短教学设计与实施之间的"距离",实现教学目标,可以采用问题式教学的策略。通过在课堂上提出问题、设立疑问和解答疑问,利用问题解决来推动教学进程,促进师生及生生之间的互动。特别是对青年教师而言,问题式教学可以帮助他们更好地应对教学中的不确定性,减轻教学压力,提升课堂控制能力。通过问题的提出和解答,教师可以更灵活地实施教学计划,使课堂环境更具探索性和思考性,增强学生的学习动机,从而使教学更加有效,学生学习体验更加丰富。这种方法不仅能促使教师"教"得轻松,也让学生"学"得顺利,实现教学目标的高效达成。

2.问题式教学实施是教师提升课堂驾驭能力的起点和落点

对于教师而言,尤其是刚步入教学行业的青年教师,他们虽然拥有良好的教学理念和素质,但由于缺乏实际教学经验,初上讲台时往往会遇到各种挑战。这些挑战可能会让他们在课堂管理和教学实施上感到困惑,甚至不知道如何有效地识别和解决这些问题。

问题式教学实施提供了一种有效的途径来加强这些青年教师的课堂驾驭能力。通过深入地参与到每节课的设计和反思中,关注教学的每一个细节,青年教师可以逐步增强对教学过程的掌控能力。在这个过程中,他们不仅学会了如何针对具体的教学挑战提出问题和寻找解决方案,还能通过实际应用这些解决方案来逐步改善自己的教学技巧。

通过对每个教学环节的细致设计和不断的实践,青年教师可以积累宝贵的教学经验,逐渐提高他们的课堂驾驭能力。这种日积月累的过程不仅有助于他们在实际教学中更自信地面对挑战,还能够使他们的专业能力得到持续的增强。这种成长方式,以问题为导向的教学实践,能有效地促进教师专业技能的发展,使他们能够更有效地引导和激励学生,提升教学质量。

3.问题式教学实施是学科核心素养培育和学生能力提高的有效方法

提升高中化学学科核心素养的关注度日益增加,这对教学提出了新的要求:如何在实际教学中有效培育这些核心素养?如何在化学课堂中自然融入这些素养的培养?此外,高考也越来越强调学生的综合能力,如信息处理、观察分析等,这些能力的培养同样是教学中的重点。

问题式教学为解决这些教学挑战提供了有效的途径。这种教学方法要求教师深入研究教学内容和目标,精心设计每一个教学环节,确保课堂教学既富有吸引力又具有深度。问题式教学通过提出和解决问题,激发学生的主动性和探究性,从而在课堂中自然而然地引入思维训练和能力培养。

在实施过程中,教师需要充分利用和整合课程资源,注重教学设计的细节,确保教学活动的有效展开。这种教学模式不仅能优化教学流程,而且通过课堂上的问题设置和解决,加强学生的能力培养,使课堂成为学生能力和素养共同提升的场所。教师的角色转变为引导者和激励者,而学生则在解决实际问题的过程中,提升自己的核心素养和各类能力。这种教学策略不仅有助于学生应对高考的需求,还能为他们未来的学术和职业生涯打下坚实的基础。

(1)问题式教学实施与学科核心素养之"宏观辨识与微观探析"

化学学科的独特性在于其能够通过原子和分子层面,探究物质的性质及其变化。这一学科特点体现了宏观与微观之间的相互转化和结合。在高中化学教学中,合理的问题引导是培育学生的"宏观辨识与微观探析"核心素养的关键,这能帮助学生形成基本的化学学习和分析思路。透过精心设计的教学问题和解决方案,学生能将化学知识从课堂延伸到日常生活和生产实践,从宏观现象到微观本质,培养出独特的化学思维和视角。

例如,在教学中可以探讨如下几个案例:

第一,湿衣服的自然干燥:从分子运动的角度解释其干燥的微观机制。

第二,酚酞在 NaOH 溶液中的变化:加酸后,红色逐渐变浅直至消失,通过微观离子角度分析其化学反应。

第三,新制氯水的化学反应:向氯水中加入 $CaCO_3$ 和 $AgNO_3$ 溶液,使用石蕊试剂分析反应现象。

第四,溶液的 pH 定义:从宏观的测量(如使用 pH 试纸)到微观概念的理解。

第五,溶液的酸碱性:从宏观测试(使用指示剂和 pH 试纸)到决定酸碱度的微观因素的探讨。

通过这些教学实例,不仅可以加强学生对化学反应微观过程的理解,也能帮助他们建立从宏观现象到微观本质的认识桥梁。在教学过程中,教师应利用问题式教学法,提供充分的思考和体验机会,深化学生的宏微结合的化学核心素养。

(2)问题式教学实施与学科核心素养之"变化观念与平衡思想"

在高中化学教学中,"变化观念"是一个核心的教学素养,它帮助学生理解物质性质的变化及其背后的原理。教师可以通过设置具体的教学问题和解决这些问题的过程,来强化学生的"变化观念",从而使学生在理解化学反应和物质性质的变化时,能够更加深入和全面。

具体来说,在教学中应强调化学变化的动态性,将"变化观念"融入问题的分析和解决中,帮助学生建立一个动态的化学认知框架。例如,通过比较不同条件下的化学反应,分析反应产物的变化,教师可以引导学生观察并理解反应过程中的动态变化。

教学过程中的递进性也非常关键。教师可以从简单的单一反应逐步引导到更复杂的类反应,从共性到个性的不同点,从明确的实验数据到更加复杂需要学生自行计算的量化过程。这样的递进式教学不仅帮助学生系统地理解化学反应,还培养他们的问题解决能力。

问题式教学的实施应当注重学生的自主学习和思考,通过引导学生探索外界条件如何影响化学反应,培养他们的动态变化观念,避免在学习过程中生搬硬套或形成错误的认知。通过这种方法,学生能在课堂上积极探索和深入学习化学,充分理解和应用化学知识和原理,为他们未来的学习和发展打下坚实的基础。

"平衡思想"在高中化学教育中不仅是一个核心的学科概念,也是一种重要的生活哲学。在化学学科中,例如通过学习可逆反应的平衡、弱电解质的电离平衡、盐类的水解平衡和难溶电解质的溶解平衡等,学生可以深入理解平衡体系和其原理。这种"平衡思想"的培养,应当延伸至原理的广泛应用和理念的迁移。

从化学平衡的角度解析自然与社会现象,能够帮助学生将化学知识提升至对生活和自然的深刻理解。例如,可以将化学中的勒夏特列原理与道家的"损有余而补不足"哲学进行比较,甚至与物理中的楞次定律关联,探讨它们之间本质的相似性。这样的教学不仅让学生学习化学原理,还教会他们如何用平衡的视角审视世界,处理和理解生活中的各种问题。

在高中化学教学中,将"平衡思想"融入课程,通过问题式教学的方式深化学生对这一概念的理解。这种教学方法能够促使学生在解决具体问题的过程中,体会到"平衡思想"的深层意义,从而在化学以外的领域,如社会现象和个人生活决策中,应用这种思考方式。

总之,通过问题式教学实施,教师可以引导学生从化学反应的变化与平衡中学习,并将这种学科核心素养应用于更广泛的领域,从而帮助学生形成一种全面、平衡的视角来观察和分析问题。这不仅有助于学生的化学学习,也为他们的全面发展和未来挑战的应对提供了思维工具。

(3)问题式教学实施与学科核心素养之"证据推理与模型认知"

化学学科的特点是从微观角度探索物质的性质和变化,这通常涉及抽象的概念和理论。因此,"证据推理"成为学习和应用化学知识中不可或缺的核心素养。通过"证据推理",学生能够将微观的、看不见的原理形象化,将抽象概念转化为直观理解,这样不仅便于学习和认知,还能将微观与宏观的概念有机统一。

在高中化学的教学中,培养学生的"证据推理"能力是提升其思维能力的关键途径。从定性分析到定量的深入理解,学生可以通过直观的方法形成对化学原理的明确认识。例如,利用灵敏电流计的指针偏转直观展示氧化还原反应中的电子转移,或使用传感仪器显示的温度变化图像来示意化学反应过程中能量的转换。

此外,"模型认知"同样对于高中化学及其他学科的学习至关重要,它帮助学生在理解气体规律、平衡体系、元素化合物以及物质结构等方面建立有效的学习模型。通过问题式教学的方法,教师可以引导学生应用这些模型认知来推动学习过程,如通过问题解决来具体化平衡体系的学习,或者将弱电解质的电离平衡迁移到盐类的水解分析上。

这种教学策略不仅提高了教学效率,而且有助于学生自主学习,增强了他们的学习能力和思维能力。通过将教学内容与实际问题相结合,学生可以更好地理解化学的实际应用和理论之间的联系,深化对化学知识的掌握和应用。

(4)问题式教学实施与学科核心素养之"科学探究与创新意识"

在高中化学教学中,基于实验的学科特点,课堂教学很大程度上可转化为科学探究的过程。教师在教学中需具备相关的教学意识与能力,善于对教学内容进行创新性开发和有效重组,将探究活动与教学内容紧密结合。这样的教学策略不仅能增强学生的科学探究意识,而且能够引导学生深入体验科学探究的过程,掌握科学的思考方式和方法。通过这种教学模式,学生可以在探究中发现问题、分析问题并解决问题,这样的过程能显著激发学生的学习热情和创新意识,使学生在实际操作和思维活动中得到实质性的提升,从而更加深入地理解和掌握化学知识。这种教学方法对于培养学生的科学素养和创新能力具有重要意义。

(5)问题式教学实施与学科核心素养之"科学态度与社会责任"

在高中化学教学中,除了传授学科知识,更关键的是实现化学学科的育人功能,这包括对学生"科学态度与社会责任"核心素养的培育。这种素养的培育不应仅仅局限于理论讲授,而应通过教学实践活动,如科学实验和探究项目,融入日常教学中。很多教师可能觉得将"科学态度与社会责任"与化学学科知识融合起来比较困难,感觉两者之间缺乏直接联系,使得在教学中的融合显得生硬。然而,问题式教学实施提供了一个有效的策略,可以将这种核心素养的培育与学习化学原理的过程相结合。

通过问题式教学,教师可以设计与现实生活和社会责任密切相关的化学问题,让学生在解决这些问题的过程中,不仅学习和应用化学知识,而且能体会到科学研究与实践在社会中的应用及其伦理意义。例如,通过讨论化学物质的环境影响和可持续使用,学生可以理解到化学研究与环境保护的关系,从而培养负责任的科学态度和社会责任感。

教师可以利用具体案例,如化学物质的安全使用、化学废物的处理等,引导学生思考科学行为对环境和社会的影响,通过这样的教学方式,学生不仅学到化学知识,更重要的是,他们学会了如何作为一个有责任感的公民和科学家。这样的教学不仅培养了学生的化学学科能力,更重要的是,也强化了学生的科学态度和社会责任感。这种教学方法不仅有助于学生的学术成长,也促进了其作为社会成员的全面发展。

（二）以问题式教学实施搭建师生交流的桥梁

在高中化学教学中，师生交流不足是一个普遍存在的问题，其背后有多种原因。通过全面分析这些原因，教师可以找到改善师生互动的具体策略。问题式教学实施是促进师生交流的有效方法，它不仅能够建立起师生之间沟通的桥梁，还能帮助教师更新教学理念，从而更好地适应学生的学习需求。

对于经验丰富的教师，问题式教学提供了一个机会来深化他们的教学方法，使其更加关注学生的反馈和课堂互动。通过将学科内容转化为一系列切实的问题，这些教师能够引导学生从被动接受知识转向主动探索和思考，这样的过程自然促进了师生之间的交流和学生的深度学习。

对于青年教师，问题式教学是他们提升教学技能的有效起点。它要求教师在备课阶段深入研究教材内容和学生特点，设计能激发学生思考和参与的问题。这种教学策略不仅帮助青年教师熟悉教材，还促进他们在实际教学中更加关注学生的反应，增强课堂互动的质量。

对于教育资源相对薄弱的学校，集体采用问题式教学实施可以作为教师专业发展的共同基础。通过集体研究如何有效设置问题和管理课堂教学，教师们可以共享经验，提升教学质量，实现教师与学生的共同成长。

因此，无论是在师资力量雄厚的学校还是条件相对简陋的地方，问题式教学都是一种推动教育质量提升、增强师生互动的重要策略。通过这种教学方法，可以有效解决师生交流不足的问题，让化学课堂变得更加生动、互动和富有成效。

1.问题式教学实施有利于教师及时获得反馈

在课堂教学中，教师与学生的互动是一个相互影响的过程。教师基于初始的教学计划，需要即时获取学生的反馈，以便进行更深入的教学交流。为了能够有效收集这些反馈，教师在授课时需仔细观察学生的反应和表情。采用问题引导的教学方法可以让教师更快、更直接地收到学生的反馈,及时识别出与教学计划不符的情况,清楚学生在学习过程中的具体难题。这种互动确保了课堂的实效性,帮助学生在课堂上及时解决疑惑,真正掌握知识。

2.问题式教学实施有利于学生更好地表达

为了改善课堂上师生交流不足的情况,教师需要充分认识到,必须给学生足够的时间和空间来表达自己。然而,一旦站在讲台上,教师很容易忘记这一点,经常在连绵不断的讲解中结束课程。这种习惯一旦形成,就会丧失许多培养学生的良机。问题式教学的运用可以帮助教师避免这种情形,为学生提供更多的机会来发表自己的看法,从而突出学生在学习过程中的主体性。通过以问题形式呈现教学内容,教师可以在课堂上围绕这些问题与学生进行交流和探讨,使学生有机会表达自己的观点,从而有效避免了教师独占讲台的局面。

3.问题式教学实施是构建师生交流桥梁重要有效的方式

通过问题式教学,教师可以及时、准确地收集学生的反馈,学生也有更多机会表达自己的观点,从而有效促进师生之间的交流。教学活动不仅包括"教"的过程,还包括"学"的接受和反馈,两者缺一不可。在新的课程理念指导下,高中化学教学应注重教学方法和方式,关注学生关键能力及必备品格的培养,以利于学生的长远发展。教学应以学生的学习为中心,即"以学定教",确保教学活动是为了学生的学习和成长。

问题式教学作为一种有效的教学策略,其实施可以搭建思维交流的桥梁。这种交流不仅仅是语言的交换,更是思想和思维的碰撞。问题式教学通过引发思考、扩展思维并提升思维能力,促使课堂变成一个动态的互动平台,师生之间能够相互影响和促进。这种互动使得教师能够及时发现学生的亮点和不足,同时探索教学中未预见的新问题。通过这种方式,教师可以调整教学策略和节奏,提高沟通的效率,使得教学过程更加流畅和有效。同时,学生能够对所学知识进行更好的吸收和内化,将其转化为个人能力和素质,实现全面发展。

(三)问题式教学实施是学生相互促进的重要方式

在高中化学教学中,我们不仅重视师生间的交流和互动,以期优化思维、提升能力并培育化学学科核心素养,同时,生生互动也是教学中不可忽视的重要部分。我们应利用问题式教学等策略促进学生间的广泛和深入交流。课堂应采用多种互动形式,确保提供充足的师生和生生交流空间,从而实现一个充满活力和生成性的学习环境。在这样的课堂中,每位学生都有机会展现自己的才华并参与智慧的碰撞。作为教师,在面对高中化学教学的核心素养背景时,应深刻认识到学生间广泛的交流对教学和学习的重要性,这种交流在教学过程中具有不可替代的作用。

1.学生相互交流与促进的重要作用

(1)使不同层次的学生得以共同提升

在高中化学教学中,由于学生之间在学习能力、兴趣和成绩等方面的显著差异,教师往往面临设计适合大多数学生的教学策略的挑战。虽然分层教学被提倡,且部分学校尝试通过晚自习等方式实施,但这些努力在缩小学生差距方面效果仍有限。因此,我们需要寻找更有效的方法来降低教师的压力并提升学生学习的效果。

生生交流在这一过程中扮演了关键角色,它允许不同层次的学生通过互动共同学习,互补长短,特别是在学习思路和方法、化学原理的理解等方面。优秀学生通过解释和讨论,不仅能帮助他人,同时也能加深自己的理解和对知识的巩固。实际上,解释过程本身就是一次知识的再认证和深化,也是自我检验的机会。长期而言,这种交流不仅增强了他们的知识构建能力和思维品质,还提升了语言组织和表达能力,增强了信息处理能力,维持并提升了学习热情。

对于听者来说,他们能通过与讲解者的对比,发现自身的不足,及时进行自我完善。这种同伴之间的交流,充当了一种非正式的榜样角色,激发学习动力和信心。此外,由于学生在不同学习内容上各有所长,他们在交流中的角色也会相互转换,这种灵活的互动模式不仅增进了友谊,也促进了学术的提升。这种基于学生互助的教学模式,对于培养学生的独立学习能力和团队合作精神极为有利。

(2)生生之间更易沟通

学生之间的交流具有其独特的优势,这是因为他们处于相同的年龄段,拥有相似的学习背景和思维方式,使得他们在交流时能够更容易达成理解和共鸣。他们使用对方能够更容易理解的语言和表达方式,直接针对问题的核心,有效解决学习中遇到的困难。这种同伴之间的交流往往比师生交流更直接有效,同学们能够准确抓住彼此的学习难点,帮助对方快速解决问题。

在实际教学中,我们应充分利用学生之间交流的这一优势。教师在布置学习任务或讨论活动时,应设计机制鼓励学生之间的互助和交流,让学生在解释和讨论的过程中加深理解和巩固知识。此外,通过这种交流,学生不仅学会了学科知识,还在实际操作中学习了如何与人有效沟通,包括语言选择、语气调整和非语言沟通的技巧,如表情和肢体语言的使用。

这种在同伴间的交流和协作,不仅提升了他们的学习效果,还帮助他们培养了和谐交往和团队合作的社交技能。这对学生的个人成长和未来职业发展均具有深远的影响,因为这些技能是他们日后在社会和职场中不可或缺的。故此,强化学生间的交流不仅是教学策略的一部分,也是综合素质教育的重要组成,对学生的终身发展具有重要意义。

(3)教师获得的反馈信息更具代表性

生生交流在教学中的作用极为重要,它能够帮助学生们在交流过程中发现彼此共有的问题和疑惑,从而提供给教师更具代表性和针对性的反馈信息。这种信息能让教师快速识别和分析学生面临的普遍困难,判断这些困难是由教学方法和策略导致的,还是学生个人能力和理解上的短缺。据此,教师可以调整教学策略,或是针对学生的具体困难进行个性化指导。

此外,生生交流能从多个角度和层面审视问题,这样的多维度反馈能极大丰富教师的教学内容和方法,使教学更具有针对性和效果性。这种互动不仅是单向的教学流程,而是一个循环往复、相互融合的动态过程,其中师生交流与生生交流相辅相成,共同推动教学的进步。

因此,在高中化学教学中,通过有效的生生交流,可以使教学过程成为一个动态发展、相互促进的共进过程。教师应鼓励并引导学生进行更深入的同伴间交流,利用这些交流的成果来优化和调整教学策略,确保教学活动能够更好地满足学生的学习需求,同时也促进学生之间的互助和成长。这样的教学模式不仅有助于学生知识的掌握,还有助于培养他们的交流能力和团队合作精神,为他们的全面发展奠定基础。

2.增强学生相互交流促进的方法与途径

在教学实践中,教师对学生间的交流和互助具有重要的指导和调控作用。为了促进学生之间的有效交流和共同进步,教师应深入理解并运用各种方法和途径来增强生生之间的互动。这包括在课堂内外创造交流的机会,设计能够激发学生参与的活动,并引导学生在交流中学习如何给予和接受帮助。

教师应掌握和应用多样的策略来促进学生之间的互助,比如通过小组合作学习、同伴教学、讨论会等形式,让学生在实际操作中体验和学习合作与沟通的技巧。此外,教师还需要监控这些交流活动的进展,确保它们在正确的轨道上发展,及时调整不适宜的交流模式和策略。

为了保证交流的实效性和方向性,教师还需要定期反思和评估这些交流活动的效果,根据学生的反馈和教学目标的达成情况进行优化调整。这样,教师不仅帮助学生建立了有效的学习社群,还通过积极的引导和调控,确保了教学活动的方向与成效,从而实现教学目标和提高教学质量。

(1)以小组合作学习的方式增强学生相互促进

对于小组合作学习,一些教师存在误解,仅将学生"四人一组"或"拼桌围坐"视为合作学习。这种浅显的理解导致小组合作往往只是形式而非实质,学生虽围坐一堂,但缺乏共同的探讨和需要协同解决的问题。实际上,这种所谓的合作学习经常只有一两名学生在活跃,而其他组员则参与不深,缺少真正意义上的交流和协作。有效的小组合作学习应该是围绕一个具体的问题来展开,如选择一个关键问题让小组通过展示、讨论来探索答案;或者让全班分组进行交流展示,由教师进行引导和评价。这种学习模式应包含明确的分工与合作,确保每个学生都能积极参与到问题的讨论和解决中,从而发挥小组合作的真正作用。这不仅能提供充足的交流与合作机会,而且通过共同解决问题,有效促进学生的学习主动性、思维训练和合作能力,有助于个人和集体的共同成长。

(2)善用课堂讨论

在课堂讨论中,不必局限于小组内部交流,也可以通过教师的引导进行全班范围的信息互动。类似于小组合作学习,有效的课堂讨论应当确保有实质内容的探讨,而非空泛地"为讨论而讨论"。教师需要判定开展讨论的必要性,只有在真正有探讨需求时才组织讨论,防止将其简化为一种形式或是一种符合新教育理念的教学手段。教师应注重讨论的过程:提出问题、为学生提供充分表达意见的时间和空间,逐步深入问题的解决,并促进师生及生生之间观点的交流和思维的激烈碰撞。讨论的结果应由学生积极展示和呈现。采用这种讨论方式的教学,有助于学生深入参与学习过程,通过展示各自的观点,扩展思考问题的视野,促进多角度、多层面、全面的学习内容探究,加深对学科知识的理解和认知。同时,这种讨论也有助于培养学生的"科学探究与创新意识"以及"科学态度与社会责任"等化学学科核心素养。在课堂讨论中,师生与生生的互动相辅相成,互为促进,确保教学过程的合理性,共同解决问题,增进知识的获取,体验探究的意义和学习的快乐,感受成长的幸福。

(3)重视课后探究

课堂内的学习和交流若能有效延伸至课后,便可进一步拓宽学生间的交流范围,增强他们的自主学习意识与能力。很多学习内容需要学生自主深入思考并做好准备,这样教师的指导和启示才能有效发挥作用。若课堂内容过难、信息量过大,或学生遗忘及学习能力不足,都可能导致教学难点难以突破。此外,一些课堂问题若在当堂解决,可能会耗费大量时间影响教学进度,或需要额外的资料查询才能解决。遇到这些情况时,课后的探究活动显得尤为重要。教师可以指导学生明确探究方向,对问题进行分解和任务分配,学生则可在课后通过分工合作,共同研讨和准备,以解决问题。这种模式不仅增强了学生的学习动力,也让他们感受到教师的信任和同伴的支持。从课堂到课后再到课堂的循环往复,能有效地增强教学和学习的动力,提升课堂学习效率,深化课后交流的深度与广度,真正实现课内外的互补和师生及生生间的互助。

此外,小组合作学习、课堂讨论和课后探究等活动不是孤立的,而是相互融合和交替进行的。这些活动都围绕问题解决展开,因此教师在设计和实施这些活动时,需注重问题的发现、提出和解决,确保真正达到促进学生学习的目的,有效培育学生。

3.体现问题式教学实施在相应活动中的重要作用

问题式教学实施在学生之间相互促进的过程中发挥着至关重要

的作用,特别是在小组合作学习、课堂讨论和课后探究等方面。这些方法若缺乏问题的持续引导和教师的恰当引导,可能仅仅是形式上的活动,不能发挥其应有的教育效能。因此,教师在掌握和应用这些教学策略的同时,需要深刻认识到自己在教学中的主导角色以及设置和提出问题的关键性。通过有效的问题设置和提出,不仅能促进学生之间的相互学习和成长,还能在学生的学术和个人成长上产生深远的影响。教师应当精心设计和实施问题式教学,以确保每一种教学活动都能真正达到其目的,促进学生的全面发展。

二、教学方式丰富多样的重要意义

在高中化学问题式教学中,强调学生的主体地位和育人目标至关重要。教学活动的设计、内容的展示和采用的教学方法都应着眼于学生的成长和发展。教师需要培养深刻的"眼里有学生"的教学意识,因为这种意识直接影响教学行为和教学效果。

高中阶段的教学不仅是为了学生当前的学习需求,还应考虑他们未来的发展,为他们提供必要的知识、技能和良好的学习习惯。了解学生的心理特征、认知特点和具体需求是实现这一目标的前提。课堂氛围应避免单调和压抑,否则学生虽然在场但心不在焉,这对他们的学习态度和内在动力有长远的负面影响。

问题式教学中,教师的问题设置非常关键。通过设问、追问和引问,可以激发学生的学习热情和探究精神,使他们能在学习过程中积极提问和解决问题,这样不仅有助于他们应对高中的学习压力,也为将来的挑战打下坚实的基础。教学中的每一个问题都应该是启发思考和深入探讨的起点,而教师的追问则可以帮助学生扩展视野,深化理解,从而在课堂上形成一个活跃、充满探究精神的学习环境。

在高中化学的问题式教学中,引问的角色是激发学生自主地深入思考,自发地探索新问题,并通过师生互动解决这些问题。这一过程不仅培养学生的创新意识和科学态度,还能维持他们学习的热情

第六章　以问题式教学实施促成学生学习主动性

和深入探究的精神。通过这种方法,学生逐渐形成勤奋、认真、努力的学习习惯,从而使高中学习对他们的长远发展产生积极影响。

发问则是指学生在学习过程中积极探索,主动寻找和提出问题,并乐于与他人交流互动以求解决问题。这种学习态度需要学生全心投入并富有感悟。教师在此过程中需发挥关键作用,通过持续的关注和培养,逐步帮助学生形成主动提问的意识、自信以及解决问题的能力。为此,教师应具备将这种培养融入日常教学的意识和能力,通过长期的努力和精心的教学设计,让学生在不知不觉中培养出探究和提问的好习惯。

考虑到高中阶段是培养国家未来建设者和接班人的重要时期,教师的教学视野应广阔,教学目标应明确远大。我们旨在培养具有深厚文化素养、坚定意志品质,并具备持续学习和发展能力的现代公民。为达到这一目标,教师需精心设计课程并恰当实施,确保教学具有必要的深度、广度和厚度。在课堂上,教师和学生应该实现良好的互动平衡,通过设问、追问、引问和发问相互补充和有序进行,共同营造一个积极的学习氛围。因此,教师自身也需要不断研究和提升教学能力,这是一项长期且关键的任务。

三、课堂教学中以设问连追问

在高中化学问题式教学实施中,教师需要密切关注学生在问题解决过程中的反馈信息,这包括学生的语言、表情、眼神和身体语言等。通过这些信息,教师能够及时分析和判断学生的学习状态,从而在设问的基础上进行有效的追问。追问的目的是引导学生利用已有知识,通过深入思考,自主解决问题,而不是教师急于替学生解答。

在设问后进行追问,可以进一步完善、加深和拓展问题的探讨,同时引导学生之间的互动,增强学生在问题解决过程中的参与度。这种方法不仅提升了课堂教学的思维训练效果,也优化了课堂生成的应用,增强了教学的吸引力,让学生保持持续的探究热情。

要实现从设问到追问的自然过渡,首先,教师应确保问题的设置本身就包含了进行追问的需要和潜在意义;其次,教师在教学过程中应强化对学生反馈的关注,具备快速捕捉和恰当处理课堂反馈的能力。因此,教师需要在教学问题设置能力和课堂驾驭能力方面不断思考和锻炼,以便在问题式教学中更有效地发挥其引导作用。这种教学策略能够确保教师与学生之间的互动更为充分,教学更具有实效性,同时也促进学生在探究学习中的自主和主动性。

(一)设问之中"续"问,以"联系"追问

"续"问即在教学中引入能广泛联系学习内容的问题,基于学生的反馈继续深入追问。这种方式不仅加深和拓展了学习内容,还有助于培养学生广泛建立联系的学习习惯。

(二)设问之中"藏"问,以"发掘"追问

"藏"问则是将潜在的问题融入教学问题的设计中,使得每一个设问都内含深层的问题,待学生通过课堂学习进行发掘。这种策略促使学生钻研细节,理解学习内容之间的因果关系和逻辑连贯性,从而优化学科知识的学习效果,并学会如何学习,掌握科学的学习方法和思路。

(三)设问之中"连"问,以"拓展"追问

"连"问强调在教学中通过问题设定及其解决,拓展学生对化学反应及其原理的认识,特别是在实验、生活及生产实践中的应用。通过问题的拓展,教师可以层层深入,系统地引导学生思考,加深他们对化学原理的理解,并促进课堂上师生和生生之间以问题为核心的高效互动。

通过这三种追问策略,教师可以更准确地把握学生的学习状况,通过及时的追问调整教学策略,连接已有知识和实际应用,解决学生的疑惑,拓宽他们的视野,并优化他们的思维方式。同时,追问作为一种教学评价,帮助学生明确自我认知的不足,及时进行调整,深化学习内容,从而全面提升学生的学术能力和核心素养。这不仅促进了学生的学术成长,也为其未来的教育和职业发展奠定了坚实的基础。

四、以设问、追问促使引问

在高中化学的问题式教学中,教师的设问与追问策略至关重要,它们不仅是教学内容传递的方式,更是激发学生自主学习、深入思考和探究的关键工具。通过设问和追问,教师引导学生不仅停留在问题的表层,而是深入到问题的核心,从而在解决问题的过程中,学生能够不断地发现新问题并寻找答案。这种教学策略不仅训练学生的思维能力,也增强了他们的探究意识和独立解决问题的能力。

有效的问题式教学不应仅由教师提问结束,更重要的是促进学生在学习过程中形成自我驱动的提问模式。教师需要设计引导性强、启发性高的问题,通过这些问题不仅引发学生的思考,更重要的是引导他们学会如何提问,如何通过提问深入学习内容。此外,教师还需要根据课堂反馈,及时进行追问,这种追问有助于指导学生对学习内容进行更深层次的理解和掌握。

教学过程中的引问则更多地是激发学生的内在动力,使他们在学习中不断提出自己的问题,这是学生主体性的体现,也是学生创新意识和科学态度培养的重要环节。教师在这一过程中要发挥引导作用,帮助学生建立问题意识,培养他们在学习中主动发现问题、分析问题和解决问题的能力。

因此,问题式教学的实施要求教师不仅要精于提问和追问,更要精于引导学生发问和自我探究,这样才能真正实现教学的目的,帮助学生形成独立思考的习惯,提升他们的学习能力和综合素质,为未来的学习和生活奠定坚实基础。

(一)以设问、追问的角度促使引问

在高中化学教学中,问题式教学的实施尤为重要,这种教学方式通过设问、追问来引发学生的引问,帮助他们从多角度分析和思考核心问题。教师在教学过程中应有意识地引导学生发现问题、提出问题并解决问题,这样可以逐步强化学生的问题意识以及相关的思维和解决问题的能力。

高中化学学习中涉及的内容很多需要通过设问和追问来深入探讨,例如,涉及弱电解质的电离平衡、水的电离、盐类的水解平衡和难溶电解质的溶解平衡等内容的影响因素;或是对于定量实验的装置、操作及误差分析;又或是元素化合物的性质及其化学反应等。这些内容都需要学生在建立了基本框架后,进行细化和深入的探索。

有效的问题式教学可以帮助学生建立清晰、有序的学习框架,避免学习过程中的混乱无序。教师应根据教学内容和学生的认知状况,恰当地使用设问、追问和引问,这不仅促使学生形成和强化问题意识,还能引导学生在学习过程中积极思考、深入探究。通过这种方式,学生能够在学习中不断地找到问题、提出问题和解决问题,从而不断地进步和成长。

因此,高中化学的教学应注重培养学生的探究能力和问题解决能力,通过问题式教学实施,使学生在认知的每一个层面都能得到提升,为他们未来的学术和职业生涯打下坚实的基础。这种教学策略不仅适用于化学,同样适用于其他学科的学习,是提升学生综合素质的有效途径。

(二)以设问、追问的层次性促使引问

高中化学的教学内容与其他学科一样,具有内在的逻辑性和系统性,内容之间前后相连,层次递进。在问题式教学的实施中,教师通过恰当的设问和深入的追问来突出教学内容的层次性,从而激发学生的进一步探究,促使他们发现并提出自己的问题。

学生能够自主地提出问题,这一行为通常基于他们对学习内容的认真、深入思考和分析。这种教学方法不仅仅是在传递知识,更是在培养学生的研究主动性和系统思考的能力。通过问题式教学的实施,学生在接受知识的同时,也在学习如何将知识内化为自己的思考工具,学习如何通过提问和解答问题来深化对化学概念的理解和应用。

这种教学策略的实施,能够有效促进学生在学习过程中主动开展研究,培养他们周密思考的良好习惯,并逐渐形成独立解决问题的能力。在这一过程中,学生不仅学会了化学知识,更重要的是,学会了如何学习,如何通过自己的努力不断提升自己的认知和技能。这种能力的培养,对学生未来的学术成就和职业发展都具有深远的影响。

(三)以设问、追问的连续性促使引问

在高中化学教学中,通过问题式教学实施,结合精心开发与整合的课程资源,可以在学生的认知上实现连续性。这种连续性不仅表现在化学知识的传递上,也体现在教学方法中,尤其是通过连续性的设问、追问以及引问来促进这一过程。

化学反应的连续性、从化学反应到其应用的连续性,以及从原理应用到方法习得和思维训练的连续性,都可以通过教学中巧妙设置的问题来引出和展现。例如,教师可以通过设问引导学生探讨特定化学反应的条件,通过追问深入探讨反应的机理,最终通过引问激发学生探索该反应在实际应用中的可能性和挑战。

这样的教学策略不仅有助于学生对化学概念的深入理解,也促进他们在学习过程中的主动参与和思考。设问、追问与引问的相互作用,使得学习过程不仅限于知识的接收,更拓展到了知识的应用、思维的训练和技能的提升。通过这种方法,学生能够在探索化学的同时,加深对学科逻辑和科学思维的理解,从而实现学习内容的深度挖掘、广度拓展和思维优化。

五、以学生的自主发问促成长

在高中阶段,学生的学习与成长对其未来发展有着深远的影响。在这一阶段,学科知识的学习方式会潜移默化地影响学生的学习方法、思路和习惯,从而影响他们的学习能力和思考能力的发展。我们在教学中必须特别重视和关注学生思考能力的发展,因为只有通过思考,学生才能实现真正的学习。

思考能力的形成和提升需要在持续的学习过程中不断实现。在高中阶段,教师面临的挑战是如何在确保学生顺利完成学业的同时,也能有效地增强他们的思考能力及相关技能。教学实践中,可以从教学问题入手,通过教师在整个教学过程中的连续引导和深入渗透,加强学生在学习、思考和探索过程中发现问题的意识,进而培养他们解决问题的积极行动力。

启动这一过程的关键是鼓励学生的自主发问,以此开启他们的学习探究之旅。通过这样的学习模式,学生不仅能够在获取知识的同时增强自身的探究和问题解决能力,还能在日积月累的学习和思考中不断成长,最终形成高效的学习习惯和强大的思维能力,为未来的学术和职业生涯打下坚实的基础。

(一)以问题提出和解决的方法方式促自主发问

在教学过程中,问题解决活动是核心内容。教学本质上是一个问题解决的过程,这源于人们对未知领域的好奇心,以及对探索未知世界的热情。学习是在不断地发现问题、提出问题,并利用已有知识解决问题的过程中进行的。在这个过程中,学生不仅习得新知识,掌握新方法,还会持续发现和提出新的问题,使学习得以持续深化和拓展。

在高中化学教学中,教师的问题意识、设问能力以及对学生自主解决问题能力的培养至关重要。有效的问题设问可以显著增强教学过程的思考性、探究性和吸引力。教师需要根据不同的教学内容,持续关注并促进学生在学习中的积极参与。在教学中应用"抛砖引玉"的方法,即通过恰当的问题设置,激发学生的思考、研究和自主发问。

对于问题的解决,教师不应该独自承担,而应通过适当的点拨和启发,让学生通过自己的努力解决问题。这种教学方法更能突出学生的主体地位,使学生真正拥有学习的主动权,能够自主地提出和解决问题。只有这样,学生才能在真正的思考中完成自主学习,实现自我完善和成长。

综上所述,教师在教学实施中应采用引导而非讲授的方式来处理问题的提出和解决,教学中应留有一定的空白,使学生有机会自主发问和成长。这样的教学策略不仅有利于学生的知识积累和技能提升,也有助于培养他们的创新意识和科学态度。

(二)以师生的互动方式促自主发问

在高中化学的问题式教学实施中,我们通过问题的提出与解决来推动师生互动和生生互动,这对于激发学生的主动学习和自主发问至关重要。有效的师生互动不仅应围绕问题进行,还应创建一个民主、和谐的课堂氛围,让学生在学习中能自主地提出问题。这种互动方式使得教学过程不再是教师一方面的问题提出,而是变成了师生共同探讨和解决问题的过程,使学生能够举一反三,主动识别和提出问题。

为了使学生在这样的教学互动中能积极思考并主动探究,教师需要具备开放和包容的心态,认真培养学生的主动发问意识,并通过教学方法的引导,强化学生的类推、对比和联想能力。此外,教师应创设一个活跃、充满探究精神的课堂环境,这不仅能增强学生的学习动力,还能促进他们在学习过程中的能力提升。

在教学互动的实施中,教师应以平等、尊重的态度对待学生,将他们视为学习的伙伴。这种平等的互动关系有助于建立学生的自信,使他们敢于在学习中提出问题,善于自主寻找解决策略。通过这种方式,学生的自主发问能力将得到增强,化学学习将变成一个促使学生不断在思考中深入、在探究中成长的良性循环。这样的教学互动不仅优化了学习过程,也为学生的全面发展奠定了坚实的基础。

(三)以民主和谐的教学氛围促自主发问

在高中化学问题式教学中,教师致力于让学生能够自主地发现并提出问题,这是学生主动参与学习和探索的重要标志。高中学生正处于青春期,感情细腻、自尊心强,有时可能不愿意公开表达自己的疑问或看法,特别是一些女生,可能因为羞怯而避免提问或发言。因此,教师在对待学生时需进行换位思考,深入理解学生的个性、情感及能力上的差异和局限,积极采取措施帮助学生克服这些障碍。

具体而言,教师需要放下教师的威严,更多地从学生的视角出发,成为他们的学习指导者和朋友,共同应对学习中的挑战。在行为上,教师应注意自己的语言、表情、眼神和细微的肢体动作,确保这些非语言行为传达出对学生的鼓励和支持。通过这种方式,教师可以让学生感受到正面的引导和关怀,从而更自信和积极地参与学习和探究。

此外,教师在处理课堂问题时应展示一种可以接受错误的态度,让学生明白即便老师也可能犯错。这种态度可以激励学生正视自己的学习错误,认识到及时发现并纠正错误才是学习的核心。教师应在课堂上公开讨论自己的失误,并邀请学生参与找出解决方案,这不仅能修复教师与学生间的关系,还能促进师生共同成长。

通过这些方法,教师不仅在教学内容上引导学生,而且在心理和情感层面支持学生,使他们能够在安全和支持的环境中成长,不断提升自主学习和问题解决的能力。这样的教学策略可以帮助学生在探究和学习的过程中不断进步,最终形成独立和自信的学习者。

第七章 任务驱动教学法在高中化学教学中的应用

第一节 基于小组合作学习的任务驱动法在高中化学教学中的应用

一、任务驱动下的小组合作学习的概念界定

任务驱动下的小组合作学习是结合任务驱动教学法和小组合作学习的一种教学模式。在这种模式中，教师会设计具体的教学任务，这些任务不仅指导学生学习的方向，还推动他们的合作进程。通过以小组为单位的合作方式，学生可以在小组内部互相利用各自的优势，协同作业，共同完成任务，从而在解决实际问题的过程中获得新的知识和技能，提升解决问题的能力。这种教学方式强调学生主体性和实践性，通过实际操作来加深理解和应用，有效促进学生综合能力的发展。

二、任务驱动下的小组合作学习模式

（一）任务驱动下的小组合作学习模式的结构

1. 任务设计

在设计任务时，教师需充分考虑学生当前的心理和认知特点。高中学生正处在从少年期到青春期的转变阶段，他们的思维逐渐从具体化向抽象化、概括化、逻辑化发展。在情感上，他们特别重视来自教师和同伴的评价，并渴望通过这些评价获得认可和满足感。同时，每个学生都有其独特性，包括观察能力、性格和思维习惯上的差异，这些都需要教师在任务设计时予以考虑。

教师在设计任务时应紧扣教学目标，选择符合教学目标的内容和方法。不仅要关注知识和技能的教学目标，还应关注学习过程以及学生在学习方法和情感态度上的成长。

同时,任务的设计还需要考虑可利用的教学资源,如教科书、网络资源、模型和实验器材等。考虑到高中生的时间和资源限制,教师应指导学生如何自行查找资料和利用网络资源,并尽可能地为他们提供必要的学习资源。

此外,教师在任务设计时还应创设具体而生动的教学情境,这不仅能激发学生的学习兴趣,减轻他们的学习疲劳,还能使学生更积极地投入学习。一个良好的教学情境能够缩小学生与教师之间的经验差异,将教学内容与学生的实际生活紧密联系起来,从而提高教学的效果和效率。

2. 任务实施

在任务驱动的教学过程中,教师的角色是引导学生有效利用各种资源,深入任务情境中学习。无论在自主学习还是合作学习的阶段,教师都需要密切关注学生的学习行为,及时提供必要的指导和支持。这种教学方法不仅旨在培养学生的自主学习能力、分析和解决问题的能力,同时也强调合作技能的发展。

在完成具体任务的过程中,学生不仅能学到相关的知识和技能,还能通过与他人的合作学习,学会团队协作。在共享信息、交换意见和相互质疑的过程中,学生可以在实际操作中构建知识体系,增强实际应用能力。这种学习方式使学生在认知和社交技能上都得到了全面的提升,为其未来的学术和职业生涯奠定了坚实的基础。

3. 任务评价

在教学中,及时的评价对于激发学生的学习动机和兴趣至关重要,能帮助学生准确了解自身的学习状况,并对其后续学习表现进行调整。为此,建立一个多元化的评价机制是必要的,这主要涉及评价内容和评价主体的多元化。

首先,评价内容的多元化应包括:一是评价知识与技能,确保学生掌握必要的学术和实操能力;二是评价学习过程与方法,关注学生的学习策略和问题解决技巧;三是评价情感态度与价值观,考察学生的情感反应和价值取向,这对培养全面发展的个体尤为重要。

其次,实现评价主体的多元化,可以通过以下方式:设置教师评价小组,进行正式的评估;实施组长与学科长对组员的双向评价,以及组员之间的互评,这样的互动评价可以增强评价的全面性和公正性。

在小组合作学习中,评价不仅应针对个体进行公正客观的评价,还应包括对整个小组的捆绑式评价。这种评价可以通过量化考核来实现。具体而言,量化分数由学习分和活动分组成,其中学习分包括自主任务分、合作任务分和拓展任务分。这些分数可以由值周班长负责,实施每周汇总和每月评比,通过积分累积方式进行奖励,旨在鼓励学生的积极参与和持续进步。通过这样的评价机制,不仅可以促进学生的个人发展,也能加强团队间的合作和竞争,从而提高整体的教学质量和学习效果。

(二)任务驱动下的小组合作学习模式的流程

任务驱动下的小组合作学习模式是"以任务为主线、以教师为主导、以学生为主体",建立在新型合作学习小组基础上的一种教学模式。它可以分为三个阶段:自主任务阶段、合作任务阶段和拓展任务阶段。

1.自主任务阶段

在高中化学教学中,教师在自主学习阶段应根据教学目标设计一些基础性任务,这些任务不仅要难度适中以提升学生学习的兴趣,还应能反映出课程的基本要求。教师需要为学生提供必要的学习资源,并进行适当的自学指导,帮助学生自主完成任务。在任务执行过程中,学生可能会遇到困难。对于学生个别的问题,教师可进行一对一的辅导;对于具有讨论价值的问题,应引导学生进行深入思考;而对于暂时无法解决的问题,应记录在"我的疑问"中以备后续探讨。

此外，教师应将自主学习阶段中频繁出现的普遍问题汇总，并将这些问题整合到接下来的合作学习任务中，以便进行集体讨论和解决。对于自主任务的完成情况，应由教师和学科长进行评价，分为A、B、C三个等级：

A级：教材上有明显的标记和思考笔记，作业答题规范且整洁，正确率高，并能提出高质量的问题。

B级：教材上有标记，答题较为规范且整洁，正确率较高，能够提出一定质量的问题。

C级：教材上标记较少，答题不够规范和整洁，正确率较低，提出的问题数量少且质量较低。

通过这样的评价体系，不仅可以激励学生在自主学习阶段认真对待学习任务，还能促进他们在后续的合作学习阶段中更积极地参与和探究，从而有效提高教学质量和学生的学习效果。

2.合作任务阶段

(1)合作任务的设计

在合作任务阶段，教师的职责不仅是解决自主学习阶段普遍存在的问题，还要设计更具挑战性的合作任务，激励学生通过小组讨论和协作完成。在设置合作任务时，教师应注意以下要点：

①任务的情境性

创建任务情境应紧密联系学生的实际生活或学科实验。例如，可以展示包装材料上的化学成分标签引出"如何从石油中得到聚乙烯制成保鲜膜"的任务；或在学习乙醇时，设计任务让学生根据有机物键的理论自行构建乙醇分子的所有可能结构，增强学生对课程内容的兴趣。

②任务的层次性

合作任务通常较为复杂，应将大任务分解为多个子任务，设计成由浅入深、由易到难的学习阶段，使学生能逐步掌握。

③任务的可操作性

确保任务在学生的认知范围之内或稍有挑战,但不应超越学生的当前能力。例如,不应要求学生独立推测化学反应的断键方式等过于专业的内容,除非提供足够的引导和资源。

④任务的复杂性

合作任务应具有一定的难度,用以促进学生知识的深入理解。简单的、书本上已有明确答案的内容应作为自主任务安排,复杂的、需要深入讨论的内容则作为合作任务,以促进学生之间的深入交流和知识的共建。

通过这种结构化和层次化的任务设计,教师不仅能有效促进学生之间的合作,还能帮助学生建立系统的知识结构,激发他们的学习动力和探究能力,从而更好地适应高中教学的要求和挑战。

(2)合作任务的实施

在高中化学的任务驱动合作学习中,教师需要转变传统观念,从单纯的任务驱动转向深入的动机驱动,通过内在和外在动力激励学生。内在动机可能是解决问题的满足感或实现自我价值,而外在动机则可能来自同伴的认可、教师的表扬或成绩的提高。通过小组合作学习,利用学生的成就动机驱动他们完成学习任务。

在小组合作学习中,课前的角色分配至关重要,确保每个学生都能参与并贡献自己的力量。例如,指定记录员、质疑者、分析者和展示者等角色,并定期轮换,以使每位学生都有机会尝试不同的角色。

小组合作学习过程中要重视两个关键环节:

①小组讨论

在讨论前,教师需明确学习目标,帮助学生理解可用的资源。

在讨论中,学生应站立分组进行,先进行一对一讨论,再进行全组讨论,难以解决的问题记录在黑板指定区域。

教师应在课室内巡视,对各组进行指导,及时发现并指出问题,这有助于小组成员间的交流和相互启发。

②展示、质疑与点评

教师组织学生代表各自小组进行成果展示和问题解答。

展示包括解题思路、过程及可能的错误点,其他学生进行点评并提出疑问。

教师回答解决学生的疑问,完善知识点解释,确保学生从基本理解到深入掌握。

控制讨论和展示的时间,确保学生间的多向互动,促使知识的深入理解。

通过这种教学方式,学生不仅学习知识技能,还学会了如何合作和有效沟通。教师的角色是引导和激励学生在学习过程中不断发现和解决问题,充分发挥每个学生的潜力,实现他们的积极参与和个人成长。

(3)合作任务的评价

第一,对学生知识的掌握情况进行评价,可以通过课堂检测的方式来实施。课堂检测的题目数量宜少不宜多,要反映出本节课的主要内容,能体现学生知识的掌握程度。由于时间有限,可以是选择题或填空题的形式,不应该选择大型实验题、推理题或计算题。第二,对学习的过程与方法进行评价,可以采用如表8-1所示的评价量表来实现对各组员合作学习行为的评价。

表7-1 个人合作学习行为评价表

项目		自评	互评	教师评	总评
合作任务完成情况	讨论参与度				
	展讲情况				
	质疑情况				
课堂检测完成情况					

3.拓展任务阶段

在高中化学教学中,拓展任务的安排应考虑实际教学需求和学生的具体情况,可采用多样化的形式,如举办专题研究讲座或小组辩论赛等,以小组合作为主要完成方式。鉴于高中生课余时间相对有限,此类活动不必每课必做,而是可以在某一专题教学结束后,按需组织一次。在这一阶段,教师应提出一些具有研究价值的拓展任务供各小组选择,同时也鼓励学生自行设计任务,但这些自设任务需经教师审核确认其实际可行性和研究价值。

拓展任务应尽可能与学生日常生活相关,既可以是理论研究,也可以是实验操作。在任务执行过程中,教师应指导学生利用各种资源,如图书、期刊、网络等获取信息,促进学生在小组内部的信息交流和知识共享,并明确研究的主题、方法和预期目标。对于在任务执行中遇到的问题,应首先鼓励学生自行在小组内讨论解决,必要时再向教师寻求帮助。整个拓展任务阶段要求全体学生参与,各司其职:有的负责收集信息,有的负责资料整理,有的负责记录进程,有的负责成果展示等,确保小组成员能相互学习、共同进步。

三、基于学案导学的任务驱动教学法的实施

（一）前期准备

实施化学导学案任务驱动教学模式,前期的准备是非常重要的。就像一部好的电影,不仅要有好的故事情节,还需要编剧精心设计,否则难以吸引观众。教师在采用这种教学模式前,要充分准备,精心编制导学案,用心设计任务过程。

1.导学案的设计与编写

（1）导学案的编写原则

导学案的编写是实行导学案任务驱动教学模式的重要环节,一个好的导学案能够达到事半功倍的效果,是学生"愿学""乐学"和"会学"的前提,是顺利完成教学任务的关键。不同的学科在编写导学案

时有不同的要求和侧重点,但是大体上要满足以下四个原则。

①教与学相统一的原则

在制作导学案时,教师需考虑如何最大限度地激发学生的主动性,提供充足的机会让学生动手思考,确保他们能主宰自己的学习过程,真正成为学习的主体。同时,教师在课堂上的主导作用亦不可忽视。在这种教学模式中,学生扮演着"演员"的角色,而教师则是幕后的"导演",负责实时调控教学进程,确保课堂活动按照既定脚本顺畅进行。对于表现尚未达标的学生,教师需引导他们准确展现角色特性,帮助他们在成功的体验中增强自信和获得成就感。

②探究性原则

在编写导学案时,教师应深入分析《课程标准》和学生的知识水平,设计真实具有挑战性的问题,以此不断激发学生的积极性和求知欲。这种探究性的设计原则促使学生自主分析问题并积极寻找答案,鼓励他们提出创新的思路和独到的见解,从而拓宽思维。在这一过程中,学生不仅能扩展知识的深度和广度,也会增强对探究活动的兴趣,有助于形成创新思维和自主学习的习惯。

③系统性原则

教学需要沿着知识的自然逻辑,系统性地展开,这是因为学科知识之间存在天然的联系。编写导学案时,教师应致力于成为学生知识体系构建的助手,重视旧知识与新知的连贯性和系统性。教师应有效地识别和利用知识之间的联系点,引导学生迅速融入新知的学习并对已有知识进行深化与拓展。一个系统性强的导学案可以帮助学生清晰地理解知识结构,促使他们能及时进行知识的联想与总结,极大地提高学习效率和促进个人的全面发展。

④高效性原则

在高中这一教育阶段,学生面临的学习压力和课业负担非常重。因此,教师在教学中需思考如何提高学生在课堂上的学习效率,确保在有限的45分钟课时内有效传授知识。在使用导学案时,教师需关注其编写的有效性和科学性,导学案应成为指导学生学习的明灯,指引他们不断探索新的知识点。导学案的编写不能仅仅是简单堆砌课本知识和习题,而应是基于对学生学情和三维教学目标深入分析后的知识整合。在设计导学案时,题目应该精选不多,既要确保学生能掌握必要的知识点,又要保证能在限定的课时内完成所有教学内容。有效并科学设计的导学案题目不仅能减轻学生的学习压力,还能显著提高学习效率,达到优化教学效果的目的。

(2)导学案的编写过程

导学案是推动素质教育全面实施、构建高效课堂的关键工具,它引导学生自主学习、积极参与和合作探究,是学生学习的指南和助手。导学案的质量对课堂教学质量有直接影响,编制过程需集中备课组的智慧与力量。编制导学案的步骤包括:集体讨论、个人设计、再次讨论和个人梳理。初始阶段,备课组成员集体讨论,确定教学目标和策略,提出初步设计意见。然后,主备教师整合意见,结合导学案的标准和教学大纲,深入研究教材和学生情况,草拟初稿。接着,再进行一次集体讨论,集合备课组教师的智慧,优化导学案,确保教学的系统性和有效性。最后,各教师根据自己的教学风格和班级学生特点,调整优化后的导学案,使其更符合实际教学需求。

根据学生为主体的教育理念和导学案设计原则,常见的导学案内容包括学习目标、重点与难点、学习方法指导、预习要求、课堂研究任务、知识总结、练习题及学习评价等。针对不同课型和知识点,导学案的内容和侧重点应适当调整,确保教学活动既系统又富有针对性。

①学习目标

导学案中的学习目标应具体明确,体现所谓的三维目标,不应简单复制教材原文,而应根据实际教学班级的学生情况进行调整。目标的表述需精确通俗,如使用"能够运用……解决……问题"等具体动作,而避免使用模糊的"了解""理解""掌握"。明确的目标能够增强学生的学习动力,使学习活动更加目标明确。在制订学习目标时,教师应确保理解教材与《课程标准》之间的联系,明确本节课在学科知识体系中的位置,了解教学内容的具体意义,并深入研究学生的需求。这样,所设定的学习目标才能与《课程标准》保持一致,符合学科特点,同时最适应学生的学习需求。

②学习重点和难点

在导学案中确定学习的重点和难点时,不仅要包括课程中学生需掌握的核心知识和技能,也应涵盖学习方法及教学策略的关键点和挑战。备课过程中,教师需详细阅读《课程标准》并深入了解学生的学习状况,从而准确识别课程的学习焦点和潜在难题。此外,教师应向学生明确展示如何有效突破这些重点和难点,提供具体、明确的策略和指导,帮助学生克服学习障碍,提高学习效率。

③学法指导

学法指导是教学中至关重要的一环,旨在为学生提供有效的学习策略,帮助他们更高效地解决学习中遇到的问题,达到学习目标。有效的学法指导可以直接向学生展示解决具体问题的方法和步骤,许多导学案尚未充分包含这一要素。通过具体的学法指导,学生在遇到学习困难时能够找到正确的解决方式,例如,引导学生如何阅读课本、如何有效地进行小组讨论、如何进行实验等,都是学法指导的实际应用。这种指导不仅能提高课堂学习的效率,还能有效减少学生的挫败感,使学习过程更加顺畅和高效。

④知识准备

知识准备或旧知识回顾是导学案中的关键组成部分,有时被称为课前测评或诊断检测。这一环节的主要作用是帮助学生回顾和复习之前学过的内容,从而检验他们对既往知识的掌握情况,为新知识的学习做好准备。教师在设计知识准备活动时,应考虑到班级学生的具体特点和本节课的教学目标,灵活安排相关内容。通过有效的知识回顾,学生可以更好地链接新旧知识,确保学习的连贯性和深度,为接下来的学习内容打下坚实的基础。

⑤课堂研学

课堂研学是导学案中的核心环节,通常以具体任务的形式进行。在这一环节中,教师需要结合所在学校的具体条件和学生的认知水平,依照教学目标,将教学内容转化为一系列连贯且细化的任务模块,并在导学案中展示这些任务,引导学生完成它们。任务的设计应充分反映出知识的系统性,详尽分解学习内容,梳理知识架构,清晰定义学习目标。基于这些精细化的任务,学生在教师的指导下,能够在强烈的学习动机推动下,通过自主学习或小组合作的方式,有序地完成各个学习任务。这种方式不仅有助于学生获得新知,还能有效培养他们的问题分析与解决能力。

⑥归纳总结

归纳总结是导学案中对学习内容进行整理和概括的环节。在这部分中,关键知识点应该设计成由学生自行填写的形式,这样可以增强他们通过动手活动进行记忆的能力。同时,教师应当有效地引导学生对本节课的学习方法和学习规律进行深入总结,使他们能够深刻理解整个学习过程。学生应被鼓励在现有知识的基础上提炼新的知识点,并探索旧知与新知之间的内在联系和规律,以更好地把握学习内容的核心。

⑦诊断练习

如果在课堂上能够对学生所学知识进行检测诊断,将会收到很好的反馈效果。因此,可在导学案上面安排一些诊断练习。教师结合本节课的具体要求,精挑细选出一些具有代表性和诊断功能的习题,让学生能够及时了解知识的掌握程度,从而查缺补漏,提高学习效率。诊断练习可以穿插在不同的环节(如探究、问题解决)中,也可以单独作为一个环节来检验。在题型的设置上,种类尽量要多,但是数量要适中,以每堂课5～6分钟的题量为宜;难度要合适,通过设置一些分层习题,提高学困生和优等生的学习水平。题目做完之后要注意反馈纠正,这样才能进一步提高课堂有效性。所以,每一个知识点对应的练习都要紧扣本节课的重点和难点、易错点、易混点和易漏点、高考热点等,以巩固所要掌握的知识和技能。

⑧学习评价

在每节课的结尾,引导学生进行自我评价或互相评价,并分享各自的学习感受,这是非常有益的做法。这种评价方式可以促进学生之间的相互学习,加强自我反思的习惯,同时也帮助教师收集反馈,对教学效果进行客观的分析和进一步的优化。通过这种互动,学生可以更清楚地认识到自己的学习进步和存在的不足,而教师则可以根据学生的反馈调整教学策略,改进教学方法,确保教学内容和教学方法能更好地适应学生的需求。这样的评价机制不仅增强了课堂的互动性,也建立了一个持续改进的教学环境。

2.任务的设计

任务设计的合理性是关键因素,不仅关系到导学案任务驱动教学模式能否成功实施,也直接影响课堂学习的效果。设计任务时,应紧密结合教学目标,同时能激发学生的兴趣,从多个层面促进学生主动思考所要解决的问题。

(1)任务设计原则

①明确目标

每个任务应围绕具体的教学目标设计,确保任务与学习目标的一致性。

②适度挑战性

任务应符合学生的"最近发展区",既不能过于简单,导致学生缺乏思考,也不能过于困难,让学生感到挫败。任务应具有适当的挑战性,激励学生通过努力达到更高的认知水平。例如,在教授"氢氧化亚铁的制备"时,可以让学生探讨哪些实验装置适合制备,从而应对氢氧化亚铁容易氧化的问题。

③层次分明

根据学生的不同能力水平设计任务,为各层次的学生提供合适的学习支撑,确保每个学生都能在自己的水平上获得进步。

④贴近实际

任务应与生产实践、科技、化学历史、社会热点、自然现象及学生日常生活相联系,增强学习的实用性和趣味性。例如,在学习铁及其化合物时,可以关联到生活中的铁盐净水处理和铁补充剂的应用。

⑤可行性

确保任务设计在现有条件下可行,学生能够在教师指导或通过小组合作下完成。考虑到化学是实验科学,实验操作是化学学习中不可或缺的部分,应尽可能融入动手实践的元素。

通过遵循这些原则,可以确保任务设计不仅符合教学目标,而且能有效激发学生的学习动机,提高课堂效率和学习成效。

(2)任务设计的基本步骤

在制订导学案的任务设计时,教师需根据教学目标和教学内容以及学生的能力水平,将一节课的教学内容细化为总任务、模块任务、子任务等不同规模的任务单元。以下以"苯"为例阐述任务设计的基本步骤:

①研究教学目标和内容

教学的核心目标是推动学生能力的发展,这通常通过日常教学逐步实现,其中课堂教学是关键环节。教师必须深入研究教学目标与内容,明确学生必须掌握的三维目标,并将这些目标融入具体的教学内容中。例如,在教授"苯"的第一课时,教学目标如下:

知识与技能:学生需要能够列举苯的主要物理性质,并掌握及描述苯的分子结构。

过程与方法:通过探究苯的物理性质和分子结构,加强学生的观察、归纳和推理能力,深入理解有机化学的研究方法。

情感态度与价值观:利用苯的发现过程,教育学生理解"勤奋与机遇"的关系,通过探究学习方式,让学生体验科学研究的过程和乐趣。

②研究学情

教师应了解学生的能力水平和已掌握的知识,分析本节课中学生需掌握的新知识和技能。区分哪些知识学生能自行探究,哪些需教师引导。例如,在学习"苯"之前,学生应已了解甲烷和乙烯的基础结构和性质。教师可以引导学生探究苯分子的结构,验证其正确性。同时,预测学生可能遇到的困难,如苯的碳碳键性质的理解,这是教学中的难点,教师需设计策略帮助学生突破。

这种方法不仅确保教学内容的系统性和连贯性,还使学生在任务驱动下积极参与学习过程,逐步提高解决问题的能力。

③研究任务

依据以上对教学目标、教学内容和学情的分析,可以将抽象的教学目标细化为具体的任务,如图7-1所示。

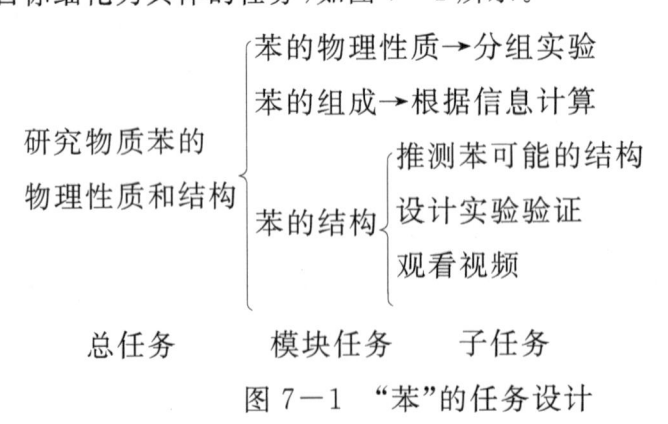

```
                    ┌ 苯的物理性质 → 分组实验
                    │
                    │ 苯的组成 → 根据信息计算
研究物质苯的        │
物理性质和结构      │              ┌ 推测苯可能的结构
                    │ 苯的结构    ┤ 设计实验验证
                    └              └ 观看视频

   总任务           模块任务           子任务
```

图7-1 "苯"的任务设计

(二)实施流程

本研究采用的导学案任务驱动教学模式,是以教师精心设计的导学案作为主要教学工具。本模式强调"教师主导、学生主体"的互动原则,通过教师的引导和导学案中的具体任务,引发师生之间的共同探讨。在这种模式下,学生通过完成各项任务主动探求知识,使学习过程以任务为核心,连接学生已有的知识和新的学习内容。具体教学活动包括:教师依据导学案进行教学,学生依据导学案自主学习;教师创设学习情境,激发学生探讨分析任务;教师在关键时刻提供指导,学生通过协作完成学习任务;教师组织学生交流和评价,学生则展示并反思自己的学习成果;最后,教师与学生共同进行知识的总结和拓展应用。这样的教学安排让学生在教师的指导下积极参与到每一个学习环节,有效提升了学习的深度和广度。

本教学模式采用导学案作为教学的核心载体,强调教师的主导作用和学生的主体地位。具体过程分为以下几个关键步骤:

1. 教师依案导学,学生依案自学

教师负责精心编制每节课的导学案,并提前将其分发给学生,使学生能够在课前通过导学案自行预习,了解学习目标、重点和难点。这一阶段主要是为了让学生做好充分的课前准备,并培养他们的自学能力。

2. 教师创设情境引发任务,学生依案思考分析任务

教师通过设置具体的学习任务来引导课堂,这些任务通常通过创设生动的教学情境来实现,如进行直观的化学实验,利用生产生活实例,或使用多媒体资源,以此激发学生的学习兴趣和探究欲望。学生在这些情境中使用已有的知识和信息,对任务进行深入分析和探索。

3. 教师适时指导,学生自主协作完成任务

在学生进行任务探究的过程中,教师的角色转换为辅助者和引

导者。对于基础知识和学生难以自行掌握的内容,教师需要提供明确的讲解和指导。同时,教师应适时给予学生适当的帮助和提示,避免学生在学习中走过多的弯路,确保学生能在不同的任务中有效链接新旧知识,提升掌握的能力。此外,教师需精确把握指导的深度和时机,尊重学生的独立学习过程,促使他们通过自主或合作的方式解决问题。

4.教师组织学生交流并评价,学生展示整合成果并反思

在任务完成后,教师应组织学生进行成果展示和交流。针对个人完成的任务,学生应展示个人的工作成果;对于小组合作项目,选派代表汇报成果和使用的方法。在此过程中,学生通过比较自己的成果和方法,相互学习,从中交换意见,评价彼此,进行自我反思。通过这样的互动,学生能学习他人的优点,识别并解决自己的问题,促进知识的内化。

同时,教师的角色是积极参与,认真聆听学生的报告,并进行适当的评价,指出学生在任务中表现的优势和不足,提出未来努力的方向。对于不同能力层次的学生,教师应采取差异化的评价策略。对优秀学生应持高标准严格要求,激励他们持续进步;对基础较差的学生,以表扬为主,认可他们的每一点进步;对于中等水平的学生,应结合激励和指导,肯定其优点的同时,明确指出其不足,指导他们如何改进。这样的策略旨在确保每位学生都有所收获,最大化激发学生的学习动力,提高教学效果。

5.教师和学生一起归纳总结,迁移拓展

在完成课程内容学习后,教师应引导学生进行深入的反思,确保学习过程不仅停留在知识层面。教师需要引导学生思考三个核心问题:今天学到了什么?学习过程是如何进行的?为什么要这样学习?这不仅是对本课重点知识的总结和归纳,也是对新旧知识的比较和分析,以形成清晰的知识结构。

此外，教师应引导学生回顾自己的学习过程，反思在学习中遇到的挑战：今天遇到了哪些困难？使用了哪些化学概念、学习方法或思维策略来解决这些问题？通过整合这些学习策略和方法，帮助学生在未来的学习中应用这些技巧，从而促进他们的综合能力提升。

最终，这种系统的反思和总结不仅加深学生对知识的理解，还提升了他们自我监控和自我调整的能力，为他们在后续的学习中建立坚实的基础。这样的学习循环确保了学生能从每次学习中都获得最大的成长和发展。

第二节 任务驱动教学法在高中化学实验教学中的应用

一、传统化学实验教学方法解析

(一)传统化学实验教学方法的形式及实施程序

在我国的化学实验教学中,普遍采用的是以演示实验为主的形式以及验证性的教学模式。这种教学模式主要包括演示讲授模式和学生实验模式两种典型形式。

1. 演示讲授模式

这种模式结合了演示实验和教师的启发式讲授,通常遵循以下教学流程:首先由教师明确实验要解决的问题,然后进行实验演示,通过启发式讲授帮助学生理解实验现象,最终得出结论。

2. 学生实验模式

在这种模式下,学生在学习单元内容之后,为了复习和验证所学知识,通常在教师的组织和引导下独立进行实验操作。具体步骤包括:学生先进行实验的预习,教师随后解释实验的具体内容和注意事项,学生按照操作步骤进行实验,并撰写实验报告。

这两种模式具有清晰明确的优点,有助于学生加深对知识的理解和记忆,并便于教师控制整个教学过程。然而,传统的化学实验教学模式也存在一些局限性。主要表现在实验教学主要以验证已知结论为主,可能限制了学生的探索精神和创新思维的培养。此外,过于依赖演示实验可能导致学生在实际操作能力上的提升不足。因此,这种传统模式虽有其有效性,但也需结合现代教育理念进行适当的改革和创新。

(二)传统化学实验教学方法中存在的不足

1. 学生的主体地位被忽视

传统的化学实验教学往往是以教师为中心的,学生的活动通常局限于按照教师的指示或教材规定的步骤进行。在这种模式下,学生缺乏主动探索和实验设计的机会,他们的角色更多是执行者而非思考者。实验材料和工具均由教师预先准备好,学生只需按部就班地操作,这极大地限制了学生的创造性和独立思考的能力。学生很少有机会对实验的方法和结果进行深入思考,如探索不同实验方法的可能性或将所学知识应用于解决现实问题。这种教学模式不利于学生主体性的发展,也难以激发学生的学习兴趣和创新精神。

2.重结论轻过程

传统教学模式中,教师往往过分强调实验结果的正确性和准确性,而忽视了实验过程本身的教育价值。这种做法可能导致学生对实验结果产生依赖,而忽略了实验设计和实施过程中的探究和思考。这不仅限制了学生对科学方法的理解和掌握,也减少了学生在实验中的探索和创新的机会。因此,教师应更加注重培养学生在实验中的观察、推理、判断和问题解决能力,而非单纯追求实验结果的正确。

3.过于封闭

传统的化学实验教学模式往往是封闭且预设的,通常由教师完全设计并通过讲授方式传授给学生,这种模式过分强调实验对化学概念和原理的验证功能。学生在此模式下只需机械地遵循实验步骤,以期达到预定的结论,而无须任何实质性的探索。此外,实验内容往往与实际生活脱节,学生难以感知所学知识的实用价值,仅在考试中发挥作用,不能真正体会到其应用于日常生活和生产的意义。这种教学方式的内容和过程均是固定的,信息传递单向,使学生只能处于被动接受的状态,这不利于充分发挥实验的教育功能和培养学生的实践能力。

从培养学生的综合能力和创新能力的角度出发,单一依赖这种传统的化学实验教学模式显然是不足的。随着社会对创新型人才需求的增加,素质教育和创新教育已成为新的教育趋势。现代社会需要那些能够提出新观点、实现新发明,并推动社会进步的创新人才。

然而，传统的验证性实验教学忽略了培养学生的主体性和创新性，限制了学生创新能力的发展。尤其是在高中阶段，化学实验教学对于激发和培养学生的创新思维具有至关重要的作用，因此，改革传统的化学实验教学模式成为一项迫切的任务。

二、任务驱动教学法在高中化学实验教学中的应用原则

（一）主体性原则

在教学设计中，教师应当尊重学生作为学习的主体的地位，最大限度地发挥学生的主动性、自觉性、独立性和创造性。教学活动，包括实验设计、操作、观察记录、数据处理及结论的得出等，应尽可能让学生自行完成。通过亲自进行实验来学习化学，不仅激发学生的主动参与精神，而且真正体现了"以学生为中心"的教育理念。

（二）探究性原则

根据中学化学的新课程标准，科学探究是课程改革的重点。特别是在高中阶段，教育应进一步推广和加深这一点，即通过以化学实验为核心的多样化探究活动，让学生亲身体验科学研究的过程。因此，教学中应重视探究活动，让学生通过实验观察和分析来自行解决问题，从而在实践中学习科学方法，体验科学探究的挑战与乐趣。

（三）开放性原则

开放性原则体现在以下几个方面：首先，实验内容应超越课本，涵盖与学生日常生活紧密相关的问题。其次，由于学生的知识背景和思维方式各异，应鼓励他们采用多样化的问题解决方法和思路。最后，实验场所不应局限于教室内，也可以拓展到课外和其他可利用的环境中，这样可以增加实验的实用性和互动性。

三、高中化学实验任务驱动教学法的构成要素

（一）高中化学实验任务驱动教学法的目标

研究高中化学实验任务驱动教学法的核心目的是激活学生的学习热情，培养他们的自主学习、创新思维及实际操作能力，以全面提升学生的科学素养。在中国,提高国民的科学素养尤显关键,因为虽然资金、设备和专业技能可以通过外部引入,科学素养的提升却必须依赖于教育本身的深化和创新。

通过实施高中化学实验任务驱动教学法,可以达到以下几个具体的教学目标:

第一,使学生在特定的社会环境中学习化学,使学习内容与生活实际、社会需求紧密联系,提高化学学习的实用性和社会相关性。

第二,强调学习过程的重要性,通过解决实际问题培养学生的探究和问题解决能力。

第三,注重学生在学习过程中的情感体验,通过各种教学活动培养学生的意志力和品质。

第四,促进学生采用自主学习、合作探究等多样化的学习方法,形成灵活多变的学习方式。

这样的教学改革不仅提升学生的化学知识技能,更重要的是,它培养学生综合应用知识解决问题的能力,为学生未来的学习和生活打下坚实的基础。

(二)高中化学实验任务驱动教学法的操作程序

操作程序定义了应用教学模式时的步骤和每个步骤的关键任务。使用任务驱动的教学模式,一般的教学流程包括呈现任务、分析任务、完成任务和总结评价。基于实践的理解,建议的具体操作步骤如下:首先,创设情境并提出任务;其次,进行师生讨论以分解任务;接着,通过实验探究来得出结论;然后,交流分享并重新关联到任务;最后,执行评价并进行反思总结。值得注意的是,这些步骤不是固定不变的,教师可以根据个人的理解和经验进行适当调整。这里对高中化学实验任务驱动教学法的操作程序进行了详细说明。

1.创设情境,抛出任务

在这一步骤中,教师需要构建一个真实、生动且开放的教学情境,让学生在情境中遇到与实验密切相关的问题。教师根据这些问题提出具有实操性的总任务,促使学生从已有的认知结构中提取相关经验进行同化,即使他们初时无法直接应用已知知识。这种设计有效地激发了学生的认知冲突,唤起了他们的探索欲望。

2.师生讨论,分解任务

总任务通常较为复杂,直接解决可能较难,故需在师生讨论中将其拆解为若干个更小、更具体的子任务。这些子任务相互关联,形成一个有机的整体,使得信息处理和任务执行更为系统。

3.实验探究,得出结论

在将总任务细化为具体的子任务后,学生在教师的引导和支持下,对子任务形成初步理解,设立假设,并进行验证。通过相关的实验活动,学生将收集完成任务所必需的证据和资料。

4.交流分享,回归任务

尽管学生已经收集了完成任务所需的证据和资料,这些只是物理存在的"事实",学生还需对这些事实信息进行合理的解释。这一解释过程中,学生将实验结果与已有知识联系,形成新的理解。由于各学生形成的理解可能有所差异,故需通过合作、交流、讨论来分享思考,最终将各个子任务的成果归纳整合,回归到总任务,完成从整体到部分再到整体的学习过程。

5.实施评价,反思总结

在探究活动结束后,学生应进行自我评价,如反思自己学到了什么、理解了哪些内容、掌握了哪些方法以及还有哪些需要改进的地方。此外,学生也应在小组内进行互评,总结合作中的有效经验和存在的问题,为未来的小组合作提供反馈。教师同样应对整个教学过程进行评价,以帮助学生通过反思进一步提升其知识和技能。

总之,任务驱动教学模式与探究教学模式相似,均以问题或任务为起点,通过多种探究活动来获取知识或解决问题,但任务驱动模式更侧重于任务的实际性、趣味性和层次性,旨在激发学生完成任务的内在动力。

(三)高中化学实验任务驱动教学法的实现条件

实现条件关乎教学模式能否有效发挥其功能,达到预设的教学目标。这些条件可以分为内部和外部两大类。内部条件主要涉及学生本身的特质,包括他们的学习兴趣、动机、已有的知识和技能、学习能力以及学习风格等。这些因素直接影响学生如何接受和处理学习内容。外部条件则涵盖支持学习过程的各类资源,如必要的物质资源、信息资源、可用的方法资源和人力资源等。这些资源为学习提供必要的环境和工具,使得教学模式得以在适宜的条件下实施,进而有效地促进学生的学习和发展。

(四)面向学生全面发展的评价体系

评价是教学过程的核心环节,起着诊断、纠正和反馈的关键作用,确保教学的正确性和有效性。每种教学方法由于其独特的教学理念、目标和操作程序,其评价方法和标准也各不相同。为确保教学方法的持续改进和优化,必须建立相应的评价指标和体系,以维持教学的活力和进步。

在以任务驱动为核心的化学实验教学中,鼓励自主、合作和探究的学习方式,目的是培养学生的学习能力、创新精神和实践技能。这种教学不仅侧重于知识的传授,更强调学生的主体经验和心智发展,让学生享受学习过程,体验学习的乐趣。因此,评价的重点应放在学生的互动、参与和课堂交流上,即强调以学生的学习表现来评估教学的效果。

基于新课程的理念和任务驱动教学的特点,可以构建一个全面发展学生科学素养的化学实验教学评价体系,该体系应包括多元的评价主体、全面的评价内容和多样的评价方式:

1.评价主体多元化

打破传统的教师主导评价模式,鼓励学生、学习小组以及家长或其他教育管理者参与到评价过程中。这样可以促进学生对自己学习过程的反思,增强他们的学习主动性和自信心。

2.评价内容全面

评价不仅要考查学生的基础知识和技能掌握情况,还应重视他们的思维能力、实验操作能力、科学方法应用及其迁移能力。同时,还应关注学生在学习过程中的参与程度,克服传统评价中忽视学习过程和情感体验的不足。

3.评价方式多样

采用观察、访谈、问卷调查、作品展示、项目活动评价等多种开放性评价方式,并结合必要的笔试评价,使评价更全面、客观。

通过这样的评价体系,不仅可以更准确地衡量学生的学习成果,也能有效地促进学生在化学实验教学中的全面发展。

四、基于任务驱动的化学实验教学设计

(一)设计引领学生的目标

设计引领学生的目标也就是设计"引领学生到哪里去"。该过程涉及确定教学任务、选择教学内容和明确教学目标。这些又是以准确把握《课程标准》和学生实际学习需要为前提的。将《课程标准》和教材内容转化为实际的教学目标或教学任务,关键在于确定学生现有实际水平和期望水平之间有多大差距,所以重点介绍学生分析和确定化学实验教学目标两个方面。

1.学生分析

教学大纲中主要以"教师教学"为核心,而《课程标准》则聚焦于"学生学习"。这种转变体现了以学生为主体、教师为主导的教育理念,强调教学设计应关注学生的当前发展水平和潜在成长。在设计教学计划时,教师需全面考虑学生的通用和独特特性,已有的知识经验,以制订适宜的教学目标和任务,优化学习活动的组织。

(1)通用特性

高中学生通常在16至18岁之间,从少年期过渡到青年期。他们的认知发展趋向于抽象、逻辑和综合思维,具有较强的知识迁移能力。情感上,他们渴望被认可,成功和满足感对他们极为重要。在化学学习中,除了理解化学知识和技能外,他们还寻求情感的满足,即学习过程中的创造性和选择性挑战。教师应通过连接化学研究的真实情境,激发学生如同化学家一样的探索精神和问题解决能力。

(2)独特特性

学生之间在观察实验现象、性格类型、思维风格等方面存在明显差异。

观察差异:有的学生能深入观察实验的关键现象,有的则可能仅觉察表面。

性格差异:自主型学生喜欢独立学习,顺从型学生则倾向于跟随他人;外向型学生乐于合作讨论,内向型学生则可能独自思考。

思维风格差异:分析型学生倾向于逐步分解问题,而整体型学生则偏好全面把握问题。

(3)已有知识经验

学习是一个将新旧知识结合的过程。教师在介绍新知识前应评估并激活学生的已有知识,通过诊断测试、作业、课堂互动等手段,确保学生能在已有的基础上构建新知识。有效的知识激活可以通过传统的教学测验或更深入的对话和认知冲突设置来实现,帮助教师更好地了解学生的学情,从而优化教学策略。

教师在了解学生的基本和个体特征后,可以更有效地设计教学活动,确保每个学生都能在学习中找到成长和成功的机会,最终达到提升他们的学习效率和学科理解的目标。

2.确定化学实验教学目标

在化学实验教学中,确立教学目标是至关重要的一步,这不仅为教学活动提供明确的方向，也确保学生能够达到期望的学习成果。制订这些目标需依据严谨的标准，全面考虑课程要求与学生的实际情况。以下是制订化学实验教学目标的主要依据：

(1)课程标准

课程标准中明确了学生需要达到的基本要求，包括具体的学习内容和程度。制订教学目标时，首先需要参考这些内容标准，确保目标具有可追踪性和明确性，使教师在教学过程中有明确的指导。

(2)化学实验教学目标体系

当前的课程改革强调以实验为基础的学科特色，并已设定化学实验教学的总目标是提升学生的科学素养，具体分为三大目标：实验知识与技能的掌握、实验探究能力的提升以及实验情感态度与价值观的培养。教师在制订具体的教学目标时，应确保这些目标围绕这三个维度展开。

(3)实验教学内容

实验内容是实现教学目标的核心载体，是连接教师指导和学生学习的桥梁。在确定教学目标时，教师需深入研究实验内容，考虑对实验内容的适当调整——如修改、重组或创新，确保这些内容能满足课程标准的要求，并引导学生达到预定的学习目标。

(4)学生特点

教学目标的设置应充分考虑学生的个体差异，包括他们的学习基础、认知能力和接受速度。在设置目标时，应确保这些目标既符合课程标准，又贴近学生的实际需求和能力水平，从而确保教学活动的有效性和实用性。

通过综合这些要素，教师可以制订出既符合教育标准又贴合学生实际的化学实验教学目标，从而有效促进学生全面而深入的学习。

(二)规划导向目标的策略

规划导向目标的策略就是设计"如何引领学生到达想去的地

方",即导向目标的过程有赖于选择相应的教学策略。把教学策略看成一切有利于达到教学目标的师生互动的总和,主要包括引入和设计任务,创设情境、引发任务,组织活动、完成任务和设计化学实验教学资源的支持四个方面。

1.引入和设计任务

任务设计在教学过程中占据核心地位,直接关系到教学成效。在设计任务时,教师需在明确学生的学习需求和实验教学目标的基础上,运用恰当的设计策略,形成能有效达成教学目标的操作性强的任务。

(1)设计任务的一般步骤

教学设计不存在固定模式,不同教师可能采用不同的方法,因此设计的结果也会有所不同。以下是任务设计的基本步骤:

(2)确定任务的内容

教师在设计任务时,首先参考《课程标准》中的要求以及实验内容的安排。根据学生的实际学习需求和《课程标准》的具体要求,教师应调整和重组实验内容,从而精确地定义任务的具体内容。

(3)规划落实任务的途径

任务的实现依赖于具体的教学活动。这些活动可以是实验探究、调查研究或交流讨论等。教师需要选择适合任务内容的活动方式,并考虑到学校的教学资源和自己的教学风格。选择的活动方式应该促进学生在认知和情感上的参与,激发他们的思维创新,从而有效完成任务。

(4)选择任务情境素材

确定了任务内容和实现途径后,接下来是选择合适的情境素材来激发任务。优秀的任务情境应具备驱动性、诱发性和真实性,能够紧密联系学生的生活经验,激发他们的学习兴趣,促使学生在真实的环境中学习化学,从而将这种兴趣转化为持续的内部动力,推动学生主动完成学习任务。

2.设计任务的策略

学生在学习化学时常常疑惑:化学知识在生活中的用途是什么？在哪些场景中会用到化学？这种困惑反映出当前的化学教学未能充分展示化学与日常生活和社会的密切联系,也未能突出化学教学的实际意义。要解决这个问题,教师需要在设计教学任务时采取恰当的策略和技巧,将化学教学与学生的实际生活紧密结合,让学生通过完成具体任务体验化学的实用价值。这需要教师精心挑选与生活紧密相关的化学应用场景,设计相关的教学任务,通过实践活动帮助学生理解和应用化学知识,从而让学生认识到学习化学的重要性和价值。

(1)从化学与生活的结合点入手进行设计

化学与日常生活紧密相关,几乎每一个生活场景都与化学有关。教师可以设计与人体、食品、营养、家居以及环境化学相关的任务,通过这些具体的实例引导学生解决问题,并实际体验化学的应用。比如,通过任务驱动的实验来探索口服铁剂和天然食品中的铁元素形态,这种方式能让学生在日常生活中发现化学的踪迹,增加学习的互动性和趣味性。将传统的演示实验转变为学生自己的操作实验,不仅加深了对知识的理解,还增加了探究的深度,使教学过程中学生的主动参与和教师的引导更加突出。通过这种方法,学生能在实际操作中看到化学的存在,激发他们的学习兴趣,体会到化学学习的实用性和重要性,从而培养他们的创新能力和科学精神。

(2)以解决社会问题为线索进行设计

通过关注化学科学的进展、化工生产、化学事故、环境污染等社会重大事件,教师可以从中提取与化学相关的科学知识,将这些知识与实验教学内容相结合来设计课程任务。这种方法不仅能够有效地激发学生对化学学科的兴趣,还能增强他们的探究欲望。通过这样的教学策略,学生在学习解决实际问题的过程中能够积累丰富的经验和策略,从而在实际操作中不断提高自己解决问题的能力和创新能力。这样的教学方式使学生能够在面对具体社会问题时,应用所学的化学知识,实现知识与实践的有效结合。

(3)以实验史实为线索进行设计

化学实验的历史是一门通过实验方法探索以获取实验事实和建立科学理论的学科。在《课程标准》中提出,通过结合人类探索物质及其变化的历史与化学科学的发展趋势,可以引导学生学习化学的基本原理和方法,形成科学的世界观。因此,利用化学实验的历史事实作为线索来设计基于任务驱动的化学实验教学是一种有效的教学策略。

通过这种设计方式,学生不仅能体验和了解化学家如何认识和改造世界的科学思想与过程,还能从化学的教学中发现科学思想和方法。这种教学方法不仅关注化学知识的传授,更重视如何通过化学实验的历史展现科学思想和方法的演变,从而在不知不觉中提升学生的多方面能力,全面提高他们的科学素养。

(4)课内与课外相结合,将任务向课外延伸

鉴于课堂时间的限制,有时需要将化学实验扩展到课外活动,以提供更多的实践机会。例如,在完成"化学反应中的能量变化"这一课程后,教师可以指导学生利用所学知识制作简易冰袋,以达到快速保鲜的效果;或在学习了"钠及其化合物"之后,组织一次"食品制作大赛",让学生亲手制作各类饮料和糕点。参与这些活动的学生需要进行资料的查阅和信息的收集,协作完成实验,分步骤地展示实验结果,并独立撰写实验报告,同时还需要使用恰当的方法进行评估。

这种结合课内外的教学方法,使得学生能够将课本知识、网络资源与实际生活紧密结合,进而增强团队合作能力,培养团队精神,激发学习兴趣,同时提升动手操作的能力。此外,还可以把文学作品中

蕴含的化学知识用作教学的线索,以此丰富教学内容。这些策略能够帮助一线教师在教学过程中探索和发现更多有效的教学任务设计方法。

2.创设情境,引发任务

有关情境的研究很多,如情境的概念、分类、来源、功能、理论基础、应用。与任务设计和引发有关的两个问题:一个是情境素材的获取与选择问题,另一个是引发任务时的情境创设问题。

(1)情境素材的获取和选择

创设情境需要依赖于丰富的情境素材。化学作为一门以实验为基础的学科,本身具备强烈的情境性,能为探究活动提供极佳的实验情境。同时,化学实验的历史事实也是不可忽视的重要情境素材,通过展示化学规律和现象,易于让学生感受到情境的真实性。此外,专业杂志如《化学教育》和《化学教学》,特别是其中关于社会生活和实验教学的栏目,也是重要的情境素材来源。例如,"走向科学的明天丛书",该系列书籍介绍了当代科学知识及其历史背景、重要人物和科学前景,并对社会发展的热点问题做了专题介绍,这些内容中蕴含了丰富的实验教学情境素材,教师需要积极挖掘和利用。另外,互联网作为情境素材的一个重要来源,提供了获取与实验教学相关的素材的便捷和有效途径。

情境素材具备后,对它的鉴别和合理利用非常重要。选择任务情境应遵循以下几条原则。

①目的明确

任务情境服务于任务和教学目标。所以,要求它能够在学习活动与学习内容之间搭建平台,成为学生与新知识之间的桥梁。

②与学生已有的知识经验相联系

学生接触与自己的生活经验密切相关的情境时会感到亲切,从而积极主动地投入学习中。

③重视学生的情感体验

面对具体、生动、形象的情境素材,学生可以产生积极的情感体验,形成积极的态度,便于教师从情境出发来引发任务,促使学生积极参与学习,提高教学效率。

(2)任务情境的创设

情境创设的方法和手段有多种,以下重点讨论运用化学实验、文字材料、实物展示和多媒体创设情境的方法。

①运用实验创设情境,引发任务

化学实验具有直观性、生动性、变化性等特点。因此,利用化学实验创设任务情境,呈现真实、生动、直观的教学情境,能引发学生对化学概念、物质结构、某种实验方法、物质性质、化学反应规律或原理等的探究。

②通过文字材料创设情境,引发任务

文字材料具有信息量大、详细真实等优势和特点。例如,化学实验史、生活中的自然现象、化学科学与技术发展及应用、化工类新闻、化学事故和历史故事等,可以作为引发任务的情境素材。它们以文字材料的形式呈现给学生,而学生通过阅读信息,接受文字材料信息的冲击,可成功激发其学习兴趣和动机,促使其积极进行探索。

③利用实物创设任务情境,引发任务

化学教学中的实物主要有模型、标本、图片、图表等。在教学过程中可以通过展示实物来创设任务情境,这是一种直观手段。它不仅有利于任务的引出,还是学生情感态度与价值观培养的有效途径。

④利用多媒体呈现情境素材,引发任务

随着信息技术的普及,多媒体技术和网络技术为学生的学习提供了丰富的资源。通过播放联系实际的多媒体录像片,播放录制的活动录像片或浏览专门网站,创设一种感知情境,使抽象的内容变得具体、鲜活,引起学生注意,激发学生思维的积极性,让学生在轻松愉快中获得知识,提高解决问题的效率。

总之,任务情境呈现方式和策略并不是唯一的。教师应不时变换呈现情境的方式,同时注重任务情境创设的策略,不断设计出角度新颖的任务,使学生的思维处于活跃状态,激发学生对情境中所蕴涵问题的思考,为接下来任务的顺利完成提供动机和内驱力。

3.组织活动,完成任务

在高中化学实验的任务驱动教学模式中,教师的教学活动和学生的学习活动应该如何设计和开展,以实现教与学的有机统一,并有效促进任务的完成?这需要对这两类活动的基本环节及其组织策略进行深入研究。

(1)活动环节分析

在高中化学实验的任务驱动教学方法中,学生的学习活动环节通常包括:明确任务,即清楚了解所要完成的任务;执行任务,主要通过活动探究并得出相应的结论;任务反馈,即对任务及其完成过程进行反思和总结。这一连串的活动环节——从明确任务到活动探究,再到得出结论和反思总结——构成了学习的完整过程。教师的教学活动应服务于学生的学习活动,确保其顺利有效地进行。因此,在高中化学实验的任务驱动教学中,教师的活动环节应包括:引发学习活动、组织和指导学习活动以及总结和评价学习活动。这些教学活动与学生的学习活动在教学过程中是相互联系、互动统一的。

(2)组织教学活动的策略

①学习活动引发的策略

学习活动的引发是为了让学生进入一个积极主动的学习状态,并明确要完成的任务。有效的策略是创设生动且真实的任务情境,激发学生的思考和质疑,明确任务目标,并激发探究欲望,为后续教学活动做好准备。

②学习活动的组织和指导策略

在学生执行任务的阶段,教师的角色转变为组织者和指导者。教师应根据学生的学习需要确定学习活动的形式和内容,并提供必要的指导和支持以确保任务的顺利完成。活动的形式可以是个人活动、小组合作或集体讨论,具体取决于任务的复杂性和所需的协作水平。教师的指导可能包括技能指导(如化学实验技能、信息技术使用等)和提供必要的资料支持。

如果说学习活动的引发是为了确立学习的起点,那么教师的组织和指导则是保证学习活动能顺利进行到底的关键。教师应营造一个宽松、民主的学习氛围,适当使用表扬和奖励,以激励学生自信地投入到学习中。通过这种方式,学生不仅能完成任务,还能在过程中发展关键的科学思维和实验技能,从而实现教与学的有效统一。

③学习活动的总结策略

学生在完成活动探究并得出结论后,对任务和完成过程进行梳理和反思是非常必要的。这个环节不仅是对整个学习过程的总结和归纳,还是提升学生科学素养的重要途径。

总结阶段主要由学生完成,而教师则可以进行必要的补充和指导。一种有效的做法是先让学生在小组内部展开讨论,然后在小组之间进行成果分享,以扩大范围。在讨论之前,学生应该有足够的时间进行反思和思考,以提高总结的质量。总结的内容应该包括知识技能的提升、完成任务的过程和方法的评价,以及科学探究能力、态度和情感方面的变化。总结可以采用口头或书面表达等形式,根据实际情况选择合适的方式。

尽管这个环节可能用时不多,但其重要性是不可忽视的。通过总结和反思,学生可以更好地理解学习的过程,发现自己的不足之处,并为今后的学习提供指导和方向。

4.设计资源的支持

基于任务驱动的化学实验教学,是学生在教师的帮助下,利用各种化学实验教学资源进行的有意义的探究学习活动。这些化学实验教学资源包括能帮助实现教学目标的各种资源,如图书、杂志、实验室设备,以及网络资源和人力资源等。这些资源在实验教学的设计、实施和评价过程中都有重要作用。按资源的获取方式,化学实验教学资源可以分为本地资源、网络资源和泛资源。

(1)本地资源

本地资源指的是教师为上课准备的化学实验药品、仪器、化学实验情境素材以及教科书相关章节等。这些资源为学生的学习提供指导,并明确了完成任务所需阅读的理论和实验指导。特别是实验室的要求,随着新课程的推进,对实验室的建设提出了更高的要求。因此,学校应加大投入,更新实验设备,为实验探究活动提供物质条件。同时,应开放实验室,让学生有更多机会进行设计性、研究性的实验,这不仅能培养学生的实验设计和研究能力,也能满足对实验研究感兴趣的学生的求知欲。

(2)网络资源

以计算机网络为代表的信息化资源,为化学实验教学提供了便捷、丰富的资源。网络资源的引入可以使学生获取更广泛的信息,拓宽视野,获得最新的知识,帮助他们更深刻地理解课程内容。因此,学校应加快校园网的建设并向师生开放,利用网络信息资源培养学生的信息检索和处理能力。

(3)泛资源

完成学习任务时,学生还可能需要从各种不确定的信息来源获取信息和支持,例如查询文献、浏览网页、访问专家等。这种广泛的信息源称为泛资源。利用泛资源时,需要有明确的目标和计划,以避免在不必要的环节上浪费时间。

通过有效地利用这三类资源,化学实验教学可以更加丰富和有效,使学生在实践中深化理解并掌握科学的方法和技能。

(三)设计教学评价

设计教学评价就是评估"你是否到了那里"。在研究过程中,对如何评价基于任务驱动的化学实验教学做出了许多尝试,主要目的是及时得到反馈信息,了解存在的问题,为任务驱动下的化学实验教学的改进提供依据,提高教学质量和效率。以下从教学评价的内容和评价的方法两个方面进行阐述。

1. 教学评价的内容

任务驱动下的化学实验教学评价内容丰富且灵活。从学习条件、学习过程和学习结果三个维度进行评价,对每个维度进行细化。

(1)学习条件

学习条件主要包括设计任务和学习资源的准备。

①设计的任务的特点

a. 真实性

要求所设计的任务对学生来说具有实际意义,是真实的或接近真实的,能引发学生的主动探索欲望。

b. 挑战性

考虑学生已有的知识经验和背景,使学习处于学生的"最近发展区"内。所设计的任务不能太难,否则学生容易产生挫败感;也不能太容易,否则将无法激发学生的探究欲望,失去活动本身的驱动性。

c. 开放性

完成任务的思路和方法不是唯一的,应充分调动学生以适合自己的思维和方法去完成任务。

②学习资源的准备

学习资源的准备包括实验所用的物质资源和学习活动所用的信息资源,如实验仪器、药品、物质的结构模型等教学用品。这些资源是顺利完成任务的保障,同时需要丰富的信息资源的支持。

(2)学习过程

对学习过程的评价可以通过对教师和对学生两个方面的评价来实现。

①对教师的评价

对教师的评价主要是评价教师的指导和组织。教师对任务驱动学习过程的问题应进行针对性的指导,确保活动顺利进行,指导过多或过少都会妨碍学生学习活动;而教师的组织水平一般从能否充分调动学生学习的积极性,使全体学生主动、有效地投入学习等方面来评价,如对时间的把握、活动的调节。

②对学生的评价

对学生的评价包括以下方面:一是,学生能否准确理解教师抛出的任务;二是,能否准确把握教师提供的方法或资料支持;三是,能否运用恰当的方法获取信息、整理信息并得出结论;四是,能否准确表达完成任务的过程体会和获得的结论,并能对自己的方案或结论进行改进。

(3)学习结果

对学习结果的评价主要是针对课时教学目标进行设计。化学实验教学目标是从实验知识与技能、实验探究能力、实验情感态度与价值观三个维度来描述的。因此,对学习结果的评价也应从这三个方面进行设计,来确定具有可操作性的评价内容。

2.教学评价的方法

对高中化学实验任务驱动教学方法的评价方法多种多样,如问卷调查法、观察法、访谈法、纸笔测验法、作品分析法。使用哪种方法进行评价应根据教学过程的不同阶段和不同评价内容来做出选择。

五、任务驱动教学模式在高中化学实验教学中的特点

在高中化学教学中,实验任务驱动的教学模式具有以下几个显著特点:

(一)创设任务情境是前提

良好的任务情境能极大地激发学生的探究欲望和学习动机,帮助学生将已有的知识和经验与新知识联系起来,激活思维,积极参与到解决任务中。因此,通过设计多样且有意义的教学情境,不仅能有效激发学生的联想,还能使新知识具有特定的意义。

(二)任务是教学的主线

任务驱动学习模式下,教学开始时教师首先创设情境并提出任务,明确学生需要完成的具体目标,这是整个学习过程的起点。在此基础上,学生的实验操作、资料搜集、证据分析和讨论交流等活动均围绕着这一核心任务展开,并非无目的的活动;任务的完成情况则通过相应的评价方法来衡量。因此,任务不仅是教学的起点,也是贯穿始终的核心线索,指导每一个教学环节。

(三)学生自主参与是关键

在这种教学模式下,学生是学习过程的主体,教师的角色是引导者和促进者。正如教育学家叶圣陶先生所言:"教任何功课最终目的都在于不教。"教师的目标是通过建立一个平台,使学生能够从被动地接受知识的状态转变为主动探究的学习态度。这种转变不仅体现了学生的主体地位,也展现了学生在学习过程中的主动性,是实现教育目标的关键。

(四)教师的组织和指导是完成任务的重要保障

在任务驱动教学模式中,教师的角色从传统的信息传递者转变为学习的引导者和组织者,是学生意义建构的促进者。教师的组织和指导对学生完成任务至关重要。例如,教师不仅是任务的设计者,分析教学目标并设计相关任务,也是任务情境的创设者,创造有利于学生完成任务的环境,使学生能在真实的情境中体验和学习;同时,教师还扮演学生完成任务的协助者角色,关注学生的学习需求和感受,解决学习过程中遇到的问题,并提供方法指导和资料支持;此外,教师还是评价者,合理评估学生的学习表现,有效推动学生的发展。

(五)活动探究是完成任务的基本途径

化学实验本质上蕴含丰富的探究元素。在任务驱动的化学实验教学中，学生利用已有的知识理解情境中的任务，并在教师的引导下，通过查阅资料、小组讨论、合作、实验设计和探究等活动，顺利完成任务。这些活动不仅提高学生的探究能力、思维能力和创造能力，也是学生获得直接经验和深刻体验的重要方式，这些体验对完成任务以及能力的培养是必不可少的。

（六）合作交流是完成任务的重要环节

学生背景的多样性使得他们在解决问题时会有不同的思考方式。采用小组合作的学习方式可以促使每位小组成员承担一定的任务，并进行相互讨论和交流，之后再汇报小组结果。在这个过程中，学生不仅可以发表自己的观点和看法，还能听取其他小组的意见，这种交流不仅开阔了学生的视野，也有助于突破学习的重点和难点，实现资源共享，培养学生的团队精神和协作能力，从而使学习过程更加高效和富有成果。

（七）意义建构是主旨

高中化学实验的任务驱动教学模式旨在使学生通过实验中的探究活动完成特定任务，从而构建对问题的深入认识和科学理解，逐步提高其科学素养。在这种教学模式中，学生基于已有的知识基础，通过完成教师设定的任务，体验运用知识解决实际问题的全过程，从而获得新知识并掌握科学方法，实现积极的意义建构。

通过基于任务驱动的化学实验教学，学生能够在特定情境中深入体验任务，通过活动探究获取完成任务所需的资料和证据，与他人进行合作和交流。这不仅促使学生获得新的理解和顺利完成任务，还有助于学生获取知识，掌握科学方法，培养科学态度和品质，从而实现更深层次的意义建构。

总结来说，采用高中化学实验的任务驱动教学法不仅使学生学习到知识，还让他们经历了利用知识解决实际问题的过程，发展了知识的迁移和应用能力。这种能力对学生未来的学术和职业生涯都是极具价值的，为他们未来走上工作岗位打下了坚实的基础。

第三节　任务驱动教学法在高中化学复习课中的应用

一、基于任务驱动进行化学复习的必要性和可行性

化学复习课的最基本目的是学生通过复习,结合实际已经掌握的知识,对还未掌握的知识进行查缺补漏;通过复习,将所学的知识系统化并在头脑中形成联系紧密的知识网络;通过复习,准确熟练地掌握化学基础知识,并做到灵活运用。化学复习课更深层次的目的是使学生在系统掌握知识的同时,进一步提高思维能力,提高分析、解决问题的能力以及独立思考能力。

这些教学目标的实现需要充分发挥学生个体的主观能动性,使学生变被动学习为主动学习。基于任务驱动的学习理论正是倡导学生在一定的动力驱使下自主自发地完成对知识体系的构建及能力的培养。在复习阶段,学生已经通过新授课的学习获得了一定的知识基础,具备了通过合作等方式完成较为复杂的特定学习任务的可能性。因此,在化学复习课中,进行基于任务驱动的教学具有较强的可行性。

基于任务驱动的化学复习课不是直接将知识脉络呈现给学生,而是以一个个具体的学习任务为载体,驱动学生自己去完成任务,让学生在这一过程中构建起知识之间的联系,将蕴含于具体化学知识中的思想、方法抽象概括出来,在分析完成化学任务的过程中逐步培养自身解决实际问题的能力。这就需要在复习课中给学生提出较为明确具体的学习任务。

二、基于任务驱动的化学复习课教学设计理论构想

（一）任务驱动教学理论与化学学习任务的联系

基于任务驱动的化学复习课教学是指在教学实践过程中,学生在教师的帮助下,以任务为焦点,在鲜明的目标动机驱动下,通过自主运用信息材料和任务情境,进行积极思维和主动探究,最终达到学习知识、获得技能、培养能力的目的。这里的任务来源于真实的世界,教师要考虑到知识与学科之间的联系,同时兼顾学生的发展需求,设计生动的情境和内涵丰富、有启发性的任务。这些任务激发并维持着学生的学习兴趣,引导学生积极主动思考。

在任务驱动教学理论中,任务处于核心地位,这一核心地位体现如下:任务是教师教学设计的最小单元,整个课堂教学是以学生完成学习任务的形式进行的,学生需要掌握的真正内容就隐含在任务中。

(二)化学学习任务

1.化学学习任务的内涵

学生的化学学习是有一定目的性的活动,在此过程中需完成一定的化学学习任务。

每一节课都可以分成几个相对独立但又彼此密切联系的片段,每个片段中都包含学生需要完成的学习任务。它们环环相扣,构成了完整的课堂教学。这些经过教师精心设计的包含了学生必须习得的知识和掌握的技能的具体任务,引导学生由易到难、循序渐进地学习和培养能力的具体任务,都是此部分内容中提到的"化学学习任务"。

2.化学学习任务的构成要素

对于一个具体的学习任务,首先要回答两个问题,即"做什么"和"怎样做",其中包含了内容要素和方法要素这两个基本方面。但仅有这两方面要素的学习任务就成了单纯的对科学知识的学习。这样的学习任务是不足的、空洞的,不仅会使学生对学习任务感到难以理解,还容易导致学生在学习了科学知识后仍不会应用的局面。因此,为了使学生更好地理解学习任务,学会正确应用科学知识和自身技能,情境要素也是每个学习任务必不可少的。

(1)内容要素

化学教学内容是化学学习任务的内容要素最主要的来源,教学内容的选择与组织直接影响着化学学习任务的内容要素的选择与组织,并为化学学习任务的内容要素提供了重要的参考依据。依据新课程的基本理念,化学教学内容大致可以划分为以下三类。

①知识与技能方面的内容

知识与技能方面的内容是指有关化学物质的知识,包括化学概念与原理、结构与性质、基本规律,以及有关化学实验的基础知识和基本技能、学习实验研究的方法。

②过程与方法方面的内容

过程与方法方面的内容是指获得化学物质知识,包括经历科学探究的过程;提高科学探究的能力;运用观察、实验、查阅资料等多种方式收集获取信息,并运用比较、分类、归纳、总结等对信息进行加工处理。

③情感态度与价值观方面的内容

情感态度与价值观方面的内容是指化学物质知识价值,包括化学改善人类生活、促进社会可持续发展,还有树立对化学、自然、社会正确的情感态度与价值观。

以上三类教学内容分别对应了科学素养的知识与技能、过程与方法、情感态度与价值观三个维度。每个教学内容都可以归到其中一类,但并不是每个学习任务都只归到其中一类。实际上这三类教学内容经常彼此结合而依存在同一个化学学习任务中。以往的传统教学偏重知识与技能教学内容的传授,新课改则提倡要求三类教学内容的协调作用与发展。如何更好地分析和组织教学内容,从而设计出更有利于学生发展的学习任务,是我们需要探索思考的问题。

(2)方法要素

化学学习任务的方法要素要回答的问题是"怎么做",即"完成学习任务的途径"。静态的学习任务需要动态的活动作为支撑。如果没有活动,那么设计的学习任务也就没有意义。活动包括学生的化学学习活动和教师的化学教学活动。二者相互紧密联系，都是完成化学学习任务的载体。新课标强调以学生的化学学习活动为主，以教师的化学教学活动为辅，教师的化学教学活动要服务于学生的化学学习活动，学生的化学学习活动是完成化学学习任务的主要途径。

学习活动方式的设计有以下几点原则。

①价值性原则

课堂时间是有限的。在选择活动方式时，要综合考虑多种因素，尽可能赋予一项学习活动更多的教育价值，首选那些具有更多、更重要价值的学习活动。

②易参与性原则

一方面，所选的学习活动应尽可能使所有学生都参与进来，活动的难易程度适中，有一定的梯度，不同水平的学生都能在学习任务中得到不同程度的提高；另一方面，活动能调动学生各方面的参与，眼、耳、手、鼻、口都在活动中得到运用，表达能力、分析能力、总结能力等都得到发展。

③学科性原则

化学是一门以实验为基础的学科。这里的"实验"并不停留在实验的形式上，而是在实验目的、实验方法、实验过程、实验史实等方面都体现着化学独特的学科性优势。

再看"课堂教学实例"。电解质的导电性实验难度并不大，在学校实验条件允许的情况下，教师的"演示实验"能否改为"学生实验"？又如"灯泡的亮度是怎样的？电解质的导电性谁最强？"这样的问题能否改为学生在观察实验现象后自行提出而不是教师提出？不断协调，选择最有利于学生自主学习和发展自身探究能力的活动方式，也是我们需要思考的问题。

(3) 情境要素

学生的学习与学习情境之间有着密切的关系。一方面，知识是情境性的,知识在不同的情境中被个体重新建构从而获得自身的意义;另一方面,个体在获得具体科学知识的基础上,还要学会在不同的情境中运用所学知识,分析解决实际问题。学习情境实际上是一种优化处理后的特定学习环境,它为学生模拟了真实环境下的任务,学生可以从中找到与实际生活密切相关的学习内容,从而激发学习兴趣,使他们更好地理解和应用知识,在真实的探究过程中提高科学素养。

一般来说,学习任务的情境可以从日常生活实际与自然问题、社会生产实践与社会问题、化学实验、化学史四个方面入手。具体的学习情境的设计有以下几点原则。

①真实性原则

好的学习情境来自学生熟悉的生活事物或自然、社会中与之相关的问题,它们呈现出化学知识存在的实际背景,突出了化学与生活的息息相关。学生对这些真实情境心存疑问,并在这种情境下完成学习任务,在此过程中对知识进行意义建构。

②知识性原则

学习情境包含了学生要学习的知识和要解决的问题,学生可以在不同的情境中从多层次、多角度学习知识,情境设计得恰当与否也直接影响着学生对所学知识的掌握。

③针对性原则

在不同学习情境中开展的学习活动具有明确的学习目标,是目标定向的活动。学生能够通过学习情境来明确学习任务,从而有针对性地进行学习。

④驱动性原则

具有实际意义且贴近学生生活的学习情境可以激发学生的学习动机,学生由于心理上的贴切而产生兴趣。这种情感推动着学生主动承担学习任务,积极参与相关的化学学习活动,学习的过程也就成为一个满足自身好奇心和学习需要的过程。

(三)基于任务驱动的化学复习课教学设计思路

要通过基于任务驱动的化学复习课达到预期的复习目标,首先要依托对化学知识的复习。教学设计是科学地指导和实现教学的手段,要上好基于任务驱动的化学复习课,就要对复习课进行科学合理的教学设计。基于任务驱动的化学复习课教学设计,要符合一般教学设计的基本程序和要求,但又区别于一般教学设计的特点。任务驱动教学法最根本的特点是"以任务为主线、以教师为主导、以学生为主体"。因此,在基于任务驱动的化学复习课教学设计中最关键的是学习任务的设计。

在任务驱动教学法中,学习任务的设计是核心,教学内容分析和学情分析是学习任务设计的基础,教学目标的确定直接指向学习任务的设计。因此,教学过程设计应以学习任务为主线,教学活动通过完成学习任务来展开,教学完成后的教学评价设计也应体现在对学习任务完成情况的效果检测中。整个教学设计过程处处体现着任务分析与设计的特点。以下将具体讨论基于任务驱动的化学复习课教学设计的每一步应怎么展开。

1. 教学内容分析

(1)《课程标准》分析

化学复习课的教学内容与新授课教学内容不同。它是学生建构具体化学知识之间的内在联系,进而增强对知识的迁移应用能力的过程,是一种对所学化学知识高度概括的系统化认识。《课程标准》规定了学生需掌握的知识、习得的技能,是教师制订教学计划、进行学习任务设计的重要依据。因此,教师在进行教学前首先要根据《课程标准》对教材进行分析,明确复习课包含的具体教学内容,并概括它们之间的内在联系。复习课的教学设计要认真研读《课程标准》,从整体上进行把握。

(2)教材分析

对教材的分析主要包括教材编排分析和教材内容分析两方面。

在教材的编写过程中,把同一主题的知识分散到不同的学习阶段中分层次学习,这是遵循学生认知规律的体现。在进行复习课教学设计时,应将同一主题分散的、不全面的知识重新整理,分析不同学习阶段内容之间的关系,在全面把握的基础上重点分析所要设计的复习课内容,从而紧紧围绕学习重点来展开学习任务设计。

化学教材是专家学者经过反复论证开发的第一手教学资料,是教学内容最直接也是最主要的来源;对教材的深入挖掘程度体现着教师对教学内容的理解程度,影响着学生对知识的理解掌握程度。化学复习课应在新授课的基础上更深入地挖掘教材内涵,对教材内容进行更为综合整体的把握。对教材内容进行科学合理的分析是设计复习课学习任务的内容要素的重要基础。

2.学情分析

学生是课堂的主体和生成者,基于任务驱动的化学复习课教学设计要从学生的一般特征与学习风格、学生的起点能力两个方面来分析学生,从而为教学目标的制订、教学内容的选择与组织、学习任务的安排等提供科学依据。

对学生一般特征与学习风格的分析,有利于设计合理的学习活动。根据皮亚杰的认知发展阶段学说,处于不同学段的学生,需要满足的智力因素以及情感、态度、兴趣等非智力因素都带有不同的群体特点和需求,教学要从适应其特点、满足其需求出发,调动学生学习的兴趣与激情,使其参与到教学活动中。因此,学生的一般学习特征与具体化学学科内容的学习虽没有直接联系,但会对化学教学产生间接影响。而对学生学习风格的分析,这里的"学生"不是广义概念上的"学生",而是具体到"所教班级的学生";不同的班级有不同的特点,有的属于活泼型,有的属于内敛型;具体到班级的每一个学生个体又有不同的学习风格,只有了解学生的学习风格,教师才能设计出合适的学习任务。

学生的起点能力是指学生在学习之前已具有的知识、技能和态度的准备水平。对学生起点能力的分析有利于确定学习任务的起点与难度,较为准确地确定学生的起点能力对高效的教学设计至关重要。在教学设计之前,教师要了解学生已经掌握了什么,对哪些知识掌握得还不牢固。教师可以从多种渠道获取学生掌握知识的情况,如在课堂提问中学生回答反映的问题、作业批改中暴露的问题、考试测验中暴露的问题。对教学内容应结合学情去分析,这样有利于教师准确地确定教学的重点和难点,使设计的学习任务更合理,从而满足学生发展的需要。

3.教学目标设计

在开始教学之前,教师必须要考虑通过教学学生应该获得哪些知识和技能,学生在教学过程中要经历怎样的体验,学生发生哪些行为变化,学生要达到怎样的标准。这样的问题就涉及教学目标的设置与陈述。教学目标的设计就是要使这些问题明确具体化,为学习任务的制订及学习活动的开展提供依据。化学复习课教学目标是制订学习任务的最直接的指导,也是检测教学设计的实施效果的第一标准。

4.学习任务设计

化学学习任务的三大构成要素是内容要素、方法要素、情境要素,三者是一个统一的整体。内容要素的设计是化学学习任务的基础,情境要素的设计是关键,方法要素的设计是途径,化学学习任务的设计就是对这三大要素设计的整理和综合。

进行化学学习任务设计,首先是在已有教学分析和学情分析的基础上,系统规划学习内容,划分学习任务,这是对内容要素的设计;然后根据划分的学习任务内容,创设每个任务呈现的情境;最后根据每个学习任务的内容和情境,设计完成任务的活动。由于多种因素的不确定性,在进行化学学习任务设计时,要同时把握多个要素,对每个要素的设计要反复推敲。整体设计过程就是一个不断完善发展的过程,经过深入思考所得到的化学学习任务,才可能是一个合理的学习任务。

5. 教学过程设计

基于任务驱动的化学复习课以任务为主线,通过学生完成一个个具有驱动性的任务来推进教学。教学过程设计主要针对学生的"学",而不是教师的"教",基于任务驱动的教学过程设计以学习任务的设计为基础,对学生学的活动进行丰富和完善,对教学过程中教师的引导进行必要的补充,对各学习任务之间进行合理的转折与过渡设计,根据教学重点和难点对各学习任务进行时间分配设计,从而形成完整的教学过程设计。

6. 教学评价设计

科学的教学评价体系是实现教学目标的重要保障。对学生学习的评价,既要关注学生对知识技能的掌握,又要重视学生综合能力的发展,还要关注学生情感态度与价值观的表现。其中,学生综合能力的发展是在长期过程中逐步积累实现的,很难在短期内看到明显效果;学生情感态度与价值观的表现可以通过课上的积极表现与课下的访谈观察到;而学生对知识技能的掌握情况,最容易通过测试卷的方式得到直观的结果。要考查学生知识技能的掌握情况,就要求教师针对每一个学习任务设计相应的测查问题,注意把握测试卷的难度和广度,力求贴切地体现教学目标要求;根据教学评价所反映的问题,对复习课中的学习任务进行适当的调整与改进,促进教学的良性循环发展。

参考文献

[1]郑光黔.高中化学教学方法与实践.长春:吉林人民出版社,2020.

[2]刘翠.高中化学项目式教学实践研究.济南:山东科学技术出版社,2020.

[3]郑胤飞.郑胤飞高中化学讲义.上海:上海教育出版社,2020.

[4]蒋灵敏,肖仕飞.化学课堂教学与实验研究.长春:吉林人民出版社,2020.

[5]江合佩.走向真实情境的化学教学研究.福州:福建教育出版社,2020.

[6]冯彦国,赵长宏,李莹.高考命题改革背景下化学教学中的关键问题.北京:中国青年出版社,2020.

[7]裴传友.中学化学数字化实验案例研究.安徽师范大学出版社,2020.

[8]陈日红,赖英慧.化学教育与科学素养.长春:吉林人民出版社,2020.

[9]容学德,盘鹏慧,杨柳青.普通化学实验.北京:北京理工大学出版社,2020.

[10]沈坤华,沈明珠.实验创新.杭州:浙江工商大学出版社,2020.

[11]姜建文.化学教学设计与案例研讨.北京:化学工业出版社,2020.

[12]杨涵雄,吕晓燕.核心素养视域下高中化学教学实践思考.陕西师范大学出版总社,2021.

[13]陈颖,支瑶,尹博远.基于核心素养的高中化学教学关键问

题解析.北京:高等教育出版社,2022.

[14]马瑞红,陈军,杜曾.高中化学核心素养培育研究.广州:华南理工大学出版社,2021.

[15]王世存.化学学习负迁移诊断及矫正研究.武汉:华中师范大学出版社,2021.

[16]叶跃娟.指向深度学习的高中化学教学设计与实践.杭州:浙江教育出版社,2021.

[17]邱德瑞.高中化学有效教学理论与实践探究.长春:吉林人民出版社,2022.

[18]何贵明.基于核心素养下的高中化学教学.长春:吉林文史出版社,2022.

[19]钱扬义,陈谦明,肖常磊.高中新课程化学学科核心素养优秀教学设计.广州:广东高等教育出版社,2022.

[20]刘翠,宋立栋,顾喜阅.问题解决教学与关键能力培养基于学科核心素养发展的高中化学教学研究.济南:山东科学技术出版社,2022.

[21]濮江,陈星勇.化学问题解决认知模型研究.成都:四川大学出版社,2022.

[22]赵宇,陶淑真.微课在教学中的应用.合肥:中国科学技术大学出版社,2022.

[23]袁红娟,陆海峰.高中化学课堂教学与体系构建.长春:吉林人民出版社,2019.

[24]蒋红梅,牛洪英,张美画.近代化学实验高中化学实验教学探索.合肥:合肥工业大学出版社,2019.

[25]陈学敏.高中化学优质课堂情境创设的研究.延边大学出版社,2019.

[26]温海波.基于学生核心素养培养的化学教学实践.吉林出版

集团股份有限公司,2019.

[27]赵春梅.基于真实情境的微项目式化学教学实践.上海:华东师范大学出版社,2022.

[28]刘翔雁.高中化学教学理论与实践探讨.北京:团结出版社,2020.

[29]陈世廷.案例式教学法研究与实践.成都:电子科技大学出版社,2020.

[30]蒲生龙.高中化学新课程课堂教学的创新与实践.辽宁教育电子音像出版社,2022.

[31]商桂苹.核心素养视角下的高中化学教学实践.天津:南开大学出版社,2022.

[32]吕晓燕,魏文珺.核心素养视域下高中化学教学实践思考问题式教学与设计.西安:陕西师范大学出版总社,2022.

[33]张莉.高中化学学案导学实践研究.上海:上海交通大学出版社,2022.